En Souvenir
d'une escapade
à Las Vegas.
Octobre 2012.

Biss
Catherine

D1732787

LE MEILLEUR & LE PLUS SIMPLE
DE ROBUCHON

JOËL ROBUCHON

LE MEILLEUR

&

LE PLUS SIMPLE DE ROBUCHON

130 recettes présentées par
PATRICIA WELLS
Traduit de l'américain par Sylvie Girard

PHOTOGRAPHIES DE STEVEN ROTHFELD

ROBERT LAFFONT

Joël Robuchon

Élu, en France, « cuisinier du siècle » par le Guide Gault-Millau, puis nommé aux États-Unis par l'*International Herald Tribune* « meilleur cuisinier du monde », Joël Robuchon est une star internationale. Les gourmets du monde entier se sont pressés dans ses restaurants...

La réussite spectaculaire de ce fils d'un artisan maçon du Poitou est donnée, à juste titre, en exemple par tous les critiques gastronomiques de la planète. La gloire ne lui a d'aucune façon tourné la tête et il est demeuré tel qu'il était – l'expérience en plus – lorsque, jeune adolescent, il fut admis dans le cercle très fermé des compagnons qui regroupe les ouvriers de diverses professions : tailleurs de pierre, charpentiers, ébénistes, horlogers, pâtissiers ou cuisiniers. À l'école de ces artisans, il a acquis une formation rigoureuse, l'amour intransigeant du travail bien fait et une formidable joie de vivre, qu'il a enrichis au fil des ans de sa propre et époustouflante créativité.

À cinquante ans, et comme il l'a toujours dit, Joël Robuchon s'est arrêté. Il a quitté son célèbre restaurant parisien le 5 juillet 1996. Mais il conserve la direction de son restaurant de Tokyo et s'investit dans diverses activités culinaires.

Patricia Wells

L'Américaine la plus gastronome de France vit à Paris depuis 1980. Comme journaliste, elle a été la première et la seule femme d'origine étrangère à signer la chronique gastronomique de *L'Express*.

Pour ses critiques gastronomiques dans l'*International Herald Tribune*, elle voyage souvent et partout, en Europe et en Amérique. Collaboratrice au *New York Times*, elle est aussi l'auteur de plusieurs guides gastronomiques et livres de cuisine.

Pour mener à bien ce livre avec Joël Robuchon, elle a travaillé quatre ans dans sa cuisine pour voir comment se préparent les précieuses recettes du célèbre chef, n'hésitant pas à les tester et les retester elle-même pour vérifier qu'elles sont réellement à notre portée. Elle a aussi accompagné Joël Robuchon aux sources vives de son inspiration : en Auvergne, chez son éleveur du veau de Salers, en Bretagne, pour assister à la criée, en Poitou-Charente, pour partager des recettes de famille... Quatre années d'un passionnant travail.

En cuisine, pour doubler le bonheur
il faut le partager.

SOMMAIRE

Remerciements

Nombreux sont ceux qui vont être soulagés de voir cet ouvrage enfin parvenu à son terme, et en particulier toute l'équipe qui travaille chez Jamin.

Pendant des années, ils m'ont poursuivie de cette même question : « Alors, il est fini, ce livre ? » Je ne savais pas très bien s'il s'agissait de simple curiosité, ou si plutôt ils espéraient enfin ne plus m'avoir sur leurs talons ! La brigade en cuisine et tous les membres du service en salle méritent une médaille pour leur admirable patience. Je remercie tout particulièrement les chefs Benoît Guichard et Philippe Gobet, qui m'ont permis de rester à côté d'eux pendant des heures tandis que je les harcelais de questions ou que je leur demandais de faire autant de pauses que l'exigeaient les prises de vue. Merci à Guy et à Monique Ducrest pour avoir accordé à la traduction française un soin si méticuleux et merci aussi à Antoine Hernandez, le sommelier, pour avoir choisi avec son talent d'expert le vin de chaque recette. J'ai beaucoup apprécié les performances de l'équipe en salle, avec notamment Jean-Jacques Caimant, Gonzagues Charpentier et André Wawrzyniak qui ont toujours gardé le sourire, même lorsque le photographe Steven Rothfeld et moi-même mettions leur patience à rude épreuve.

En dehors de Jamin, je voudrais remercier Laura Washburn qui a passé des heures à transcrire les fiches de recettes, à saisir les textes, à déchiffrer les formules et à adapter les mesures, ainsi que Sylvie Girard pour son travail de traduction et de mise au point du texte en langue française.

Ce livre n'aurait pas pu voir le jour sans l'aide de nombreux amis et parents qui, en France et aux États-Unis, ont testé les recettes avec beaucoup d'enthousiasme : merci notamment à Judy Jones, Susan Herrmann Loomis, Betsy Bernadaud et Lydie Marshall. Merci également à Maggie Shapiro qui a pris en charge l'édition du manuscrit en sachant toujours poser les bonnes questions. Merci enfin à Michel Bernardaud de Limoges pour nous avoir permis d'effectuer un shopping de choix dans son magasin de Paris.

Mes remerciements chaleureux s'adressent par ailleurs à Janine Robuchon dont la présence amicale et compréhensive a été constante tout au long de ces années de travail, et à Steven Rothfeld qui a su transformer chaque séance de photo en un moment d'harmonie et de complicité. Merci, monsieur Steven, pour vos magnifiques photographies.

Bien entendu, le seul qui ait rendu tout cela possible n'est autre que Joël Robuchon lui-même : les leçons qu'il m'a données dépassent de loin les limites de la cuisine.

Il y a enfin un homme qui, même durant les moments les plus tendus, a su faire régner le calme et l'harmonie autour de ce travail : celui qui partage ma vie, Walter Newton Wells, et sans lequel je ne serais pas parvenue au terme de cette aventure.

Patricia Wells

La cuisine
de Joël Robuchon

Plusieurs fois par jour, la table nous offre la promesse d'un moment de bonheur. Rares sont les rituels quotidiens qui, comme source de satisfaction, de joie, de découverte ou de renouveau, possèdent un potentiel aussi extraordinaire que l'acte de préparer et de partager un bon repas.

Il va sans dire, en l'occurrence, que le mot clef est « bon ». Mais si la bonne cuisine n'est jamais fortuite, elle n'est pas non plus d'une difficulté insurmontable. J'ai pu m'en rendre compte d'une manière tout à fait particulière en travaillant pendant plusieurs années sur ce livre avec Joël Robuchon, l'un des meilleurs chefs que l'on puisse trouver en France aujourd'hui.

Je ne saurais pas dire qui, au début, a eu l'idée de cette collaboration, ni comment elle est née. Mais j'ai l'impression qu'elle a grandi naturellement, à partir d'un respect professionnel mutuel et d'une conception de la cuisine que je partage avec le chef du fameux restaurant parisien Jamin.

Tard le soir, lorsque tous les clients étaient partis, j'avais l'habitude de m'asseoir à une table avec Robuchon pour bavarder, soit de l'un des merveilleux plats qui avaient été servis dans la soirée, soit tout simplement des plaisirs que peuvent procurer des produits de qualité, frais et naturels. Nous en venions toujours au même propos : la cuisine est en réalité l'un des plus beaux actes de générosité et d'amour dont est capable l'être humain.

Au début, c'est un peu par égoïsme que je me suis lancée dans ce travail : qui ne voudrait étudier en compagnie d'un tel maître ? Je considérais l'entreprise comme une sorte de défi pour quelqu'un qui, comme moi, est à la fois journaliste gastronomique et maîtresse de maison. En fait, je me suis aperçue, au terme de cette collaboration, que je partageais ma vie de cuisinière en deux périodes distinctes : avant Robuchon et après Robuchon ! Car aussi modeste et réservé soit-il, avec toute la réflexion et l'intuition dont il est capable, ce chef a changé du tout au tout les manières de faire qui étaient les miennes en cuisine.

Nous avons travaillé ensemble pendant quatre ans environ, à raison de quelques heures ou quelques jours par-ci par-là. Le plus souvent, ces séances de travail ont eu lieu dans les cuisines de Jamin. Mais parfois nous sommes partis pour le week-end avec nos conjoints respectifs dans ma maison de campagne en Provence. Joël a le caractère enjoué et naturellement taquin. Parfois il a presque des allures de lutin. Les jours que nous avons passés en sa compagnie et celle de sa femme Janine ont été mémorables. Simplicité, naturel et spontanéité : tout le charme des bons moments passés à faire la cuisine avec des amis. Nous avons aussi voyagé ensemble en

Bretagne et en Auvergne, à Bougival ou Joël Robuchon possède des caves à vin, ainsi que dans sa région natale, le Poitou, partageant le même amour des bons produits et des merveilles qu'ils donnent sur la table.

À l'origine, mon but était simplement de « traduire » ces recettes de la cuisine trois étoiles et de les mettre à la portée d'une maîtresse de maison ou d'un cuisinier amateur qui travaille sans le concours d'une brigade entière. J'avais déjà passé assez de temps dans ses cuisines pour savoir que Robuchon est un obsédé de la perfection. Je savais aussi qu'il est un maniaque du détail et qu'il exige que tout le monde autour de lui partage cette dévotion pour la moindre opération, si minime soit-elle. J'espérais secrètement que ces traits de caractère s'effaceraient naturellement et que la cuisine qui en sortirait prendrait de nouvelles dimensions.

Je savais bien que ce projet élargirait mon répertoire culinaire et raffinerait certaines des méthodes que j'avais apprises dans des cours de cuisine et des techniques qui étaient les miennes. Jamais je n'aurais cru qu'il bouleverserait à ce point la manière dont je fais la cuisine à proprement parler, pour détailler un ingrédient ou assaisonner un plat, le faire cuire dans le four, composer un menu, découvrir une nouvelle recette ou même tenir propre ma cuisine.

Qu'il s'agisse d'apprendre le moment exact qui convient pour saler un poulet rôti ou une viande (tout de suite avant la cuisson et à nouveau tout de suite après) ou de comprendre qu'un ingrédient finement émincé dégage davantage de saveur que s'il est haché grossièrement, ce travail en compagnie de Robuchon a été pour moi une véritable révélation.

Une grande partie du succès de Robuchon comme chef tient à ce talent qui est le sien d'extraire la véritable nature d'un produit, en créant un style de cuisine personnel qui exalte les saveurs, celles qui sont pures, intenses et caractéristiques.

Robuchon m'a appris que le talent d'un chef tient à sa capacité de réaliser des miracles avec les produits les plus simples. N'est-il pas celui qui a séduit le palais des gourmets les plus avertis avec une salade verte assaisonnée comme il faut ou avec une prodigieuse purée de pommes de terre ?

L'enseignement de Robuchon vous fait comprendre que, même si la perfection n'est pas de ce monde, il n'y a pas d'excuse pour ne pas chercher à l'obtenir quand on fait la cuisine. Sa recette de salade demande davantage de temps que l'on en prend générale-ment pour laver une laitue et l'effeuiller, mais elle révèle dans le même temps toute la saveur d'un bouquet de verdure fraîchement cueilli.

Au début, je passais sur certains détails qui me semblaient des complications superflues. Passer cette sauce une deuxième fois, cela faisait-il donc une si grande différence ? Si je ne cuisais pas les asperges et les petits pois dans deux casseroles séparées, qui remarquerait la différence ? Et cette cuillerée de beurre à la fin, était-elle réellement nécessaire ?

Puis, petit à petit, en me mettant à suivre les indications à la lettre, j'ai fini par déceler les liens de cause à effet. Les détails ont commencé à compter. Je suis devenue de plus en plus exigeante avec moi-même et plus critique quant aux résultats. Des recettes qui au début me semblaient compliquées devenaient claires et évidentes. Je comprenais que, si la simplicité n'est pas une chose simple, rien non plus n'est impossible.

Instinctivement, des gestes me venaient naturellement en cuisine. Mes haricots verts n'avaient jamais eu un tel goût. Un simple trait de jus de citron dans mon sauté de champignons le métamorphosait littéralement. Lorsque j'assaisonnais mon poulet rôti comme il faut, nous dégustions ensuite un chef-d'œuvre de simplicité. Si je prenais le temps de blanchir séparément les légumes d'une jardinière, chacun d'eux conservait son propre parfum et le résultat n'était pas qu'un simple mélange, mais une symphonie de printemps.

Assez rapidement, le bon assaisonnement au bon moment devint chez moi une seconde nature. Mes plats avaient un goût différent, bien meilleur, plus authentique. J'apprenais ainsi à extraire des saveurs complexes des mélanges d'ingrédients les plus simples.

Désormais je n'ajoute rien de superflu dans une recette, pour le simple plaisir de changer, une pratique qui bien souvent passe pour de la créativité. Maintenant, je réfléchis toujours à la manière dont un nouvel ingrédient, à la place d'un autre ou en plus, risque de changer le caractère du plat et je me demande si cela vaut vraiment la peine.

Je n'oublierai jamais ce que Robuchon m'a dit à propos du respect pour le produit, le produit naturel, et j'ai compris que la plupart d'entre nous interprètent le mot « frais » dans un sens trop flou, trop large. Que l'on habite aujourd'hui en ville ou à la campagne, en France ou dans un autre pays, nous avons à notre disposition tous les produits frais que nous voulons. Ce ne sont pas les mêmes partout, en variété, en quantité, en qualité, en prix, mais nous les avons à notre portée. Il s'agit essentiellement d'une question de choix. Si vous décidez de faire attention à ce que vous servez à votre table, il n'y a aucune raison pour ne pas choisir les ingrédients les plus frais, les plus savoureux, qu'il s'agisse de faire griller un steak, d'assaisonner une salade verte ou de composer un menu recherché.

Cela dit, je sais très bien que tout le monde ne sait pas d'instinct choisir le meilleur homard ou la plus belle darne de saumon, ne peut pas deviner la fraîcheur d'un artichaut ou la qualité d'un poulet. Tout cela vient avec l'expérience, l'attention au détail, le désir de faire bien. À mon avis, savoir choisir les bons produits devrait être le souci premier de tous les cuisiniers.

J'ai aussi compris que, lorsqu'ils ont réuni les meilleurs produits, bien des cuisiniers déploient toute leur énergie à les « embellir », à les transformer, au lieu de laisser s'exprimer leur saveur propre, le vrai goût de l'asperge ou du saumon. Et souvent nous négligeons d'utiliser des trésors, comme le jus de rôti de viande ou la cuisson d'un poisson, qui ne demande qu'à être mis en valeur.

La cuisine de Robuchon est tout simplement bonne, ce qui ne veut pas dire forcément « simple », mais elle n'exige pas non plus une technique culinaire hautement sophistiquée. Ce qu'elle exige, c'est le souci du détail, une certaine discipline dans le travail, de la patience, du soin et de l'organisation, ainsi qu'une sélection exigeante des produits.

En fin de compte, j'espère que vous trouverez dans ce livre plus qu'un simple recueil de recettes signées par un grand chef. Il faut y découvrir, petit à petit, une approche différente de la cuisine, une sorte de philosophie qui vous suivra tout au long de votre vie.

C'est une intelligence des ingrédients qui vous fait sentir qu'un brin de cerfeuil ou de persil n'est pas une garniture gratuite, mais qu'il complète parfaitement le caractère d'un plat. C'est de savoir qu'en ciselant des feuilles de persil avec des ciseaux, on en retire plus de saveur qu'en les hachant au couteau ou dans un mixer. Vous découvrirez le plaisir que l'on prend à passer une sauce, à respecter le temps de repos d'une pâte, à gratter les petites graines noires d'une gousse de vanille, à peler patiemment un poivron ou à garnir une tarte : ce n'est pas du temps perdu. C'est au contraire un gain de saveur supplémentaire dont vous apprécierez tous les bienfaits dès la première bouchée.

Une conversation
avec Joël Robuchon

Qu'est-ce qui vous procure le plus de plaisir lorsque vous êtes dans votre cuisine ?

Mon rêve, c'est de créer un plat du début à la fin, sans une seule interruption. Aujourd'hui, j'ai organisé ma cuisine de telle sorte que, lorsqu'un plat l'exige, j'ai la liberté d'aller aux fourneaux et de travailler moi-même sur le plat.

Quel que soit le degré de maîtrise professionnelle d'une brigade, il y a certains principes de cuisine que l'on ne peut pas expliquer, ni par des mots ni par des gestes. L'un de ces principes est la manière de fixer, de stabiliser les saveurs.

Par exemple lorsque je prépare un ragoût de truffes, il y a un moment – on le sent au parfum – où la pleine saveur de la truffe est exaltée : c'est le moment précis où je dois intervenir. Et je sais ce qu'il faut faire : couvrir le récipient, ajouter un peu de bouillon ou régler le feu. Si je n'interviens pas exactement à ce moment-là, tous les parfums s'envolent, mais si j'interviens juste au bon moment, les parfums sont fixés. Quand on aime faire la cuisine, même si le principe est appris, c'est uniquement l'expérience pratique qui permet de le maîtriser, en faisant des essais et des erreurs.

Je l'ai déjà dit plusieurs fois, mais en tant que cuisinier, j'ai un devoir, celui de respecter l'essence du produit, son authenticité, son goût. Je n'ai pas le droit de le changer à mon gré. Prenez des champignons, par exemple : vous n'avez pas le droit d'en faire quelque chose qui n'a pas goût de champignon. Si votre plat a goût de paille ou de sable, vous n'avez pas respecté la nature du champignon.

C'est la même chose pour savoir si une préparation est prête ou non. J'aime bien donner à ce propos l'exemple du thé. Lorsque vous faites l'infusion, il y a un moment précis, entre pas assez longtemps et trop longtemps, où les feuilles de thé sont restées dans l'eau bouillante exactement la durée qui convient. Ce n'est pas là un principe facile à expliquer avec des mots, mais si vous aimez faire la cuisine, vous ferez l'effort de préparer un thé infusé à la perfection.

Au cours de ce siècle, la cuisine française est passée de la tradition à la nouvelle cuisine, puis elle revient à la tradition. Est-ce que la cuisine contemporaine, comme la vôtre, porte un nom ? Et où va la cuisine d'aujourd'hui ?

Aujourd'hui, personne ne veut plus utiliser l'expression de nouvelle cuisine, parce qu'on en a trop abusé. Mais elle a exercé une influence positive en faisant sortir la cuisine française de sa léthargie. Regardez ce que l'on servait à table il y a quarante ou cinquante ans : si vous faites bien attention, vous vous apercevez qu'il s'agit d'une cuisine conçue pour des gens qui ne pouvaient pas mâcher. À l'époque où mes grands-parents étaient de jeunes adultes, les gens avaient souvent les dents gâtées ou ils n'avaient plus de dents. C'est pourquoi la cuisine traditionnelle française comporte tant de purées, de hachis ou de plats très cuits.

C'est pourtant la tradition, je veux parler de la vraie cuisine régionale, qui a fait la réputation de la cuisine française. C'est une bonne cuisine, mais on ne savait plus très bien ce que l'on mangeait car les saveurs étaient masquées ou éliminées.

La cuisine d'aujourd'hui est une cuisine actuelle, une cuisine dans laquelle on redécouvre les saveurs, les arômes, les goûts des produits. Lorsque l'on mange du homard, il faut qu'il ait un goût de homard. Un cuisinier a le droit de souligner, de rehausser la saveur naturelle d'un ingrédient, il n'a pas le droit de la détruire.

Quels conseils donneriez-vous à un cuisinier amateur ?

Premièrement : travailler proprement. On ne peut pas faire de bons plats dans une cuisine mal tenue. Il ne se passe pas un jour sans que j'examine ma propre cuisine et les gens qui travaillent avec moi. Un cuisinier qui est propre, qui a devant lui un plan de travail bien net a des chances de réussir. Celui qui est brouillon et qui travaille dans le désordre ne pourra jamais créer un plat convenable. Deuxièmement, si vous choisissez une recette, tenez-vous-y : vous avez le droit de la modifier seulement si vous comprenez le sens exact de la recette. Suivre une recette de cuisine, ce n'est pas comme obéir aux instructions du mode d'emploi d'un téléviseur ou d'un magnétoscope. Avant de réaliser une recette, prenez le soin de la lire deux ou trois fois à l'avance, de manière à comprendre clairement le sens des opérations que vous aurez à exécuter. Ensuite seulement, vous pourrez éventuellement changer ou modifier telle ou telle chose. Ne travaillez jamais dans l'excitation ou la hâte : la cuisine demande du temps et de la patience. Choisissez les meilleurs produits que vous permettent vos finances. Si vous travaillez avec de bons ingrédients, en y mettant du soin et de l'amour, vous ne pouvez pas faire de mauvaise cuisine. C'est impossible. Même s'il y a des maladresses, votre repas sera réussi. C'est ça la bonne cuisine. Les recettes sont secondaires.

Tout le monde est d'accord pour reconnaître que vous êtes le meilleur chef aujourd'hui en France, peut-être au monde. Comment acceptez-vous cette responsabilité ?

Tout d'abord, je ne suis pas le meilleur, il y a toujours eu dans mon caractère une tendance qui me pousse à faire du mieux que je peux. Quand on fait de son mieux, il n'est pas difficile d'être un bon cuisinier.

Mais la plupart du temps, c'est en réalité une compétition avec soi-même, pour toujours faire mieux que ce que l'on a fait la veille ou le jour précédent. En fait, ce qui me rend triste, c'est de ne pas toujours être à la hauteur de ce que je pourrais faire.

Quels regrets pouvez-vous ressentir à propos de votre métier ?
Aujourd'hui, dans un restaurant, tout doit être fait trop vite. On n'a jamais assez de temps. Or la bonne cuisine a besoin de temps. On ne peut pas faire ou déguster de la bonne cuisine sans y passer un certain temps. Dans le monde qui est le nôtre, il n'y a pas assez de place pour le plaisir.

Lorsque vous n'êtes pas dans un restaurant, si quelqu'un d'autre fait la cuisine, y a-t-il des erreurs qui vous gênent ou qui vous empêchent de jouir du repas ?
Jamais. Lorsque je suis invité chez des amis, le simple fait que je sois là veut dire que j'ai du respect pour eux. Je ne viens pas pour juger ou pour analyser. C'est vrai, parfois, les gens se lancent dans des préparations trop difficiles, mais je ne viens pas chez eux comme un critique. Je suis là pour passer un bon moment. Dans le privé, la cuisine n'est pas une compétition.

Que pensez-vous de l'avenir de la restauration en France et quel est pour vous le restaurant idéal ?
Je suis incapable de prédire l'avenir des restaurants en France, mais je sais qu'il sera de plus en plus difficile de continuer à offrir le type de grand restaurant que nous connaissons aujourd'hui. Pour ma part, j'ai quarante employés à ma charge pour une moyenne de quarante-cinq clients. Dans l'avenir, nous ne serons plus en mesure tout simplement de trouver autant d'ouvriers qualifiés et il deviendra impossible d'employer autant de personnel.
Ce que j'aimerais pour les années à venir, c'est le restaurant qui pourrait offrir la meilleure cuisine possible. Il serait petit, pas plus de quinze ou vingt couverts. Il y aurait une ou deux personnes en cuisine. Ce serait un style de cuisine spontané, fondé sur ce que le chef trouve au marché chaque jour. Il n'y aurait pas de menu, simplement une ou deux entrées et un ou deux plats principaux.

Lorsque vous invitez des amis à dîner, vous leur servez ce que vous avez envie de cuisiner, n'est-ce pas ?
C'est la même chose pour le restaurant idéal : le chef devrait pouvoir cuisiner ce qu'il a envie de préparer ce jour-là, avec les produits du jour. Tout le monde mangerait la même chose. C'est ça, mon rêve. Mais je ne crois pas que ce soit réalisable.
Dans un restaurant, le menu est une contrainte. Une mauvaise contrainte. Il vous faut servir un plat uniquement parce qu'il est sur le menu, même si vous avez du mal à trouver les meilleurs ingrédients, même si vous n'avez aucune envie, ce jour-là, de le préparer. Dans ces conditions, c'est très difficile d'être parfait pour chaque plat.
Il y a des jours où vous brûlez d'envie de réaliser tel plat en particulier. C'est là où commence la vraie cuisine.

Quelle est votre conception du repas parfait ?
Le repas parfait n'existe pas dans l'absolu. Ce peut être une simple tranche de pain grillé avec du fromage, ce que j'appelle une fondue, à partager avec un ami. Comme les bons moments, les bons

repas ne se décident pas à l'avance sur mesure. C'est une question de simplicité, de spontanéité, de sympathie avec des amis. Le plus souvent, c'est après, longtemps après avoir participé à un bon repas que l'on s'aperçoit à quel point il était parfait et merveilleux.

Quelle a été l'influence la plus forte sur votre cuisine ?
Lorsque j'étais jeune séminariste à Mauléon, j'ai souvent travaillé aux cuisines avec les sœurs. Je préparais les légumes, je nettoyais les casseroles et le fourneau, c'étaient pour moi des moments de grand plaisir. À l'âge de quinze ans, lorsque j'ai dû trouver du travail à cause de difficultés familiales, j'ai choisi la cuisine parce qu'il me semblait que cette activité m'apporterait des satisfactions dans la vie. C'est le seul métier - et je crois que nous avons le droit d'appeler la cuisine un art - qui fait appel aux cinq sens.
Comme apprenti, j'ai été très influencé par le premier chef avec lequel j'ai travaillé : avec quelques carottes et un peu d'eau, il était capable de concocter un bouillon exceptionnel. Il m'a enseigné une leçon que je n'ai jamais oubliée : la véritable grande cuisine n'a jamais besoin d'ingrédients rares ou de produits luxueux.

Qui est Joël Robuchon ?

Il y a plusieurs chemins pour arriver au sommet. La voie que Joël Robuchon a suivie est directe, sans aucun détour. Modeste, réfléchi, toujours concerné par son travail, Robuchon est en cuisine depuis l'âge de quinze ans.

Il est né le 7 avril 1945 à Poitiers, ville historique du centre de la France, à mi-chemin entre Paris et Bordeaux. Son père était maçon, sa mère femme au foyer.

À douze ans, il entre au séminaire et se destine à la prêtrise. Mais trois ans plus tard, des difficultés familiales le contraignent à trouver du travail. Le jeune séminariste avait aussi rêvé d'être architecte, mais les études sont désormais hors de portée. Pendant qu'il était au séminaire, les meilleurs moments, c'est dans les cuisines avec les sœurs qu'il les a passés. Ainsi, en 1960, Joël Robuchon devient apprenti au Relais de Poitiers, un hôtel-restaurant où il va rester pendant trois ans. Cette expérience lui fournira la base des techniques culinaires classiques.

Comme apprenti, Joël Robuchon nettoie les légumes et prépare les bouillons, mais aussi il lave le sol des cuisines et passe des heures à récurer les casseroles. Une tâche qu'il n'oubliera jamais : « Une fois que vous avez nettoyé des marmites et des casseroles en cuivre pour quelqu'un d'autre, vous ne traitez jamais plus les ustensiles de cuisine de la même façon, même si quelqu'un d'autre les nettoie pour vous », explique-t-il. Aujourd'hui, Robuchon est un maniaque de la propreté et les cuisines de son restaurant sont lavées deux fois par jour, y compris les filtres d'aération et les hottes de cheminée.

En 1966, Robuchon devient compagnon du Tour de France. Il commence alors son voyage à travers le pays qui lui permet de travailler avec tous les chefs de France, non seulement pour découvrir des points de vue différents sur la cuisine, mais aussi pour travailler directement à la source des produits du terroir qui rendent la cuisine régionale si riche et si diversifiée.

Cette expérience lui apprend non seulement des techniques, mais lui inculque aussi des valeurs morales, ce qu'il appelle « le respect du travail bien fait et du but que l'on se fixe ». À travers la France, tous les compagnons, qu'ils soient maçons, cuisiniers ou charpentiers, travaillent dans le même esprit, pour atteindre à une perfection morale, manuelle et physique. C'est l'image traditionnelle du compagnon telle que la conserve l'imagerie populaire, avec son chapeau noir et sa grande canne. « Comme compagnon, j'ai appris une chose, rappelle Robuchon. Même si l'on pense avoir bien fait une chose, on peut toujours faire mieux. Et il n'y a pas de plus grande satisfaction personnelle que de donner le meilleur de soi-même. »

C'est aussi la philosophie des compagnons qui l'inspira lorsqu'il reçut la prestigieuse troisième étoile au Guide Michelin : « La troisième étoile ne veut pas dire que je mérite trois étoiles. Mais maintenant je dois les justifier. »

De 1963 à 1973, Robuchon travaille dans plusieurs restaurants à Paris et en province. Au cours de cette période, il se concentre sur divers concours culinaires, gagnant à chaque compétition des médailles de bronze, d'argent et d'or.

Au début de 1974, à l'âge de vingt-huit ans, il est nommé chef du tout nouvel hôtel Concorde-Lafayette, à la tête d'une brigade de quatre-vingt-dix cuisiniers, pour servir trois mille couverts par repas. Ce qui n'empêche pas Robuchon de continuer à exercer sa pratique au sens le plus large, à la fois comme cuisinier et comme chef d'équipe.

Deux ans plus tard, il décroche la plus haute distinction à laquelle un travailleur manuel peut prétendre en France : le titre de Meilleur Ouvrier de France.

Robuchon est alors invité à prendre la direction des cuisines de l'hôtel Nikko à Paris, puis, en décembre 1981, il décide de voler de ses propres ailes et c'est alors qu'il devient chef et propriétaire du restaurant Jamin, rue de Lonchamp à Paris.

En l'espace de trois ans, Robuchon reçoit les trois étoiles Michelin, la plus haute récompense dans ce métier. On le voit rarement dans la salle à manger chez Jamin. Il préfère suivre sa philosophie personnelle : « S'exprimer par la qualité de son travail, et non simplement avec des mots. »

Une cuisine
trois étoiles chez soi

J'ai voulu que les recettes de ce livre soient accessibles à tout le monde et j'ai essayé de limiter autant que possible la gamme des produits ou des ustensiles difficiles à trouver. En cuisine, aucun élément, aucun ingrédient n'est secondaire. J'ai voulu rassembler ici quelques réflexions sur les techniques, les tours de main et certains produits de base, que je vous conseille de garder à l'esprit si vous voulez améliorer le niveau de qualité de votre cuisine. Ce n'est pas un manuel d'enseignement culinaire, mais je serais étonnée si vous ne continuez pas ensuite à vous perfectionner au fur et à mesure que vous apprenez à bien faire. Comme je l'ai fait moi-même.

LE SEL ET LE POIVRE. On n'insistera jamais assez sur l'importance d'utiliser en cuisine un sel de mer de qualité supérieure, ainsi que du poivre blanc ou noir fraîchement moulu. Ne négligez jamais ces ingrédients apparemment modestes. Le sel de table ordinaire a un goût chimique qui masque les saveurs des aliments. Le sel de mer en revanche possède un arôme distinctif très pur qui donne de l'intensité aux saveurs en les faisant ressortir. En outre, je me suis aperçue que l'on emploie toujours moins de sel de mer que de sel ordinaire pour assaisonner correctement un plat.
Le poivre déjà moulu devient vite fade et se caractérise par un arrière-goût âcre plutôt désagréable. Le poivre fraîchement moulu, utilisé judicieusement, ajoute la touche de « fini » qui convient et complète l'harmonie du plat.

LE SENS DU GOÛT. J'ai passé beaucoup de temps dans les cuisines des restaurants, mais jamais je n'ai vu des cuisiniers goûter aussi souvent que chez Jamin. Goûter un plat semble pourtant être un réflexe évident, mais bien des chefs négligent de le faire aussi souvent qu'ils le devraient. C'est une habitude à prendre, sans hésiter à la mettre en pratique aussi souvent que nécessaire, qu'il s'agisse d'une sauce, d'une farce ou même d'une pâte. Ainsi, seulement, on obtient un assaisonnement parfaitement équilibré.

LES VERTUS DES FINES HERBES. C'est volontairement que les recettes de ce livre ne comportent pas d'herbes séchées. La plupart du temps, ces aromates ont un goût de poussière qui peut gâcher un plat, rendre une sauce amère ou dissimuler les saveurs naturelles. Aujourd'hui, les fines herbes fraîches sont disponibles à peu près partout, sur le marché ou chez les marchands spécialisés, et leur approvisionnement ne pose réellement aucun problème. À Paris, sur mon balcon, j'entretiens un petit jardin de fines herbes dans des pots, des jardinières ou des mini-serres. Non seulement c'est un vrai plaisir quotidien, mois après mois, mais en outre j'ai à portée de la main toute la verdure aromatique que je désire : ciboulette, basilic, menthe, romarin, thym, laurier, sauge, persil, fleurs et feuilles de capucine.

LE RATAGE D'UNE RECETTE. Lorsqu'une « bonne » recette est ratée, c'est en général pour l'une des deux raisons suivantes : soit la recette n'a pas été lue assez attentivement, soit les ingrédients ont été modifiés. Et pas à bon escient.

J'ai souvent entendu des gens déclarer : « Délicieux, votre lapin à l'estragon, je l'ai préparé en utilisant du poulet à la place du lapin et du yaourt maigre au lieu de la crème, et comme je ne trouvais pas de thym frais, j'en ai pris du séché... » Dans ces conditions, jamais le plat final ne pourra ressembler à l'original. Alors pourquoi se préoccuper d'une recette ?

Si vous ne voulez pas consommer de beurre, choisissez une recette qui n'en comporte pas, mais ne vous contentez pas de margarine. Et surtout, ne croyez pas que vous pouvez interchanger sans problème du poulet et du lapin, des filets de poisson et un poisson entier, un homard surgelé et un homard frais, de la crème fleurette et de la crème double, et en règle générale un produit frais et le même surgelé ou séché.

Une recette peut aussi rater sans la faute de personne, simplement à cause des variations de température d'un four à un autre. Ayez à portée de main un thermomètre spécial et surveillez toujours la cuisson de votre plat, sans aller bavarder au téléphone. Apprenez à cuisiner instinctivement, à l'odeur.

N'oubliez pas en outre que la cuisine est en quelque sorte une activité subjective. Il y a des jours où je suis si fatiguée ou débordée que je me refuse à faire la cuisine, ou bien je prépare quelque chose de très simple, car je sais que je n'aurai ni la patience, ni la clarté d'esprit, ni l'attention nécessaire pour réussir ce que j'entreprends.

LE BON GESTE. En observant Joël Robuchon au travail, je me suis rendu compte que chacun de ses gestes est lent, réfléchi, comme inspiré par une pensée précise. Chaque mouvement qu'il fait donne l'impression d'être étudié, mesuré, analysé. Lorsqu'il prépare une pâte, par exemple, ses gestes sont si bien calculés qu'il ne fait jamais un mouvement qui ne puisse être repris. Jamais rien de hâtif ou de précipité. Avant de débiter une pomme en tranches, de découper un rôti ou de hacher des oignons, il fait une petite pause où l'on devine du respect, comme s'il examinait l'ingrédient au plus profond de lui-même pour savoir comment en extraire le maximum de saveurs.

BIEN DÈS LE DÉBUT. Aucun client venu dîner chez Jamin ne peut imaginer la somme d'attention consacrée à ce que l'on prend pour un simple purée de pommes de terre. Presque chaque jour, Robuchon rejette pour une raison ou une autre la fameuse purée qui doit avoir son approbation pour passer en salle. Souvent, il ne dit même pas ce qui ne va pas, laissant le cuisinier responsable trouver lui-même l'erreur. Le conseil est toujours le même : en faisant bien du premier coup, on évite les problèmes. Le conseil est valable pour tout le monde.

Amuse-gueules, crèmes, potages et soupes

GOUGÈRES

Ces petits choux au fromage sont mes amuse-gueules préférés. En Bourgogne, on les sert traditionnellement lors des dégustations de vins, tout chauds sortis du four. Ils fondent littéralement dans la bouche, avec une consistance croustillante à l'extérieur, moelleuse et légère à l'intérieur. Servez-les à la sortie du four, mais vous pouvez les préparer à l'avance et les conserver au réfrigérateur dans une boîte hermétique : vous n'aurez qu'à les réchauffer au dernier moment.

POUR 30 À 36 CHOUX

beurre et farine pour la tôle
1 pincée de gros sel de mer
120 g de beurre doux, froid et coupé en morceaux
125 g de farine, tamisée
4 œufs légèrement battus
60 g de gruyère fraîchement râpé

1. Préchauffez le four à 200 °C (thermostat 6-7).

2. Beurrez légèrement et farinez 2 tôles à pâtisserie.

3. Versez 25 cl d'eau dans une casserole de taille moyenne à fond épais. Ajoutez le sel et le beurre et faites chauffer sur feu vif en remuant de temps en temps. Dès que le mélange se met à bouillir, retirez la casserole du feu. Ajoutez toute la farine d'un seul coup et mélangez vigoureusement avec une cuiller en bois jusqu'à consistance bien homogène : la préparation doit se décoller des parois de la casserole. Remettez celle-ci sur feu doux et continuez à travailler la pâte pendant 1 minute pour la dessécher.

4. Versez rapidement le contenu de la casserole dans le bol d'un mixer électrique équipé d'une spatule souple. Incorporez peu à peu les œufs et 40 g de fromage râpé en actionnant l'appareil sur vitesse moyenne pour incorporer le maximum d'air à la préparation. Celle-ci doit avoir la consistance d'une mayonnaise très épaisse.

5. Versez la pâte dans une poche à douille équipée d'une douille unie de 1 cm de diamètre. Selon la taille de la poche, vous aurez à préparer les choux en une ou deux fois. Poussez la pâte en petits tas de 5 cm, en les espaçant de 5 cm sur la tôle. Si vous n'avez pas de poche à douille, servez-vous simplement d'une cuiller à café.

6. Poudrez les choux avec le reste de fromage râpé. Enfournez à mi-hauteur et faites cuire entre 20 et 25 minutes jusqu'à ce qu'ils soient bien dorés. Évitez d'ouvrir la porte du four pendant la cuisson des choux, sinon l'humidité qui y règne s'échappera et les choux seront secs.

7. Lorsque les choux sont dorés, vérifiez s'ils sont cuits. Sortez-en un du four : il doit être souple et moelleux à cœur. Décollez les choux de la tôle et mettez-les sur une grille. Servez-les chauds ou à température ambiante.

Vin conseillé : champagne, blanc de blanc.

BÂTONNETS
AUX PÉTONCLES

Les pétoncles ressemblent à de toutes petites coquilles Saint-Jacques que l'on trouve vendues en général avec le corail. Un jour, en hiver, juste avant le déjeuner de midi, j'ai observé Joël Robuchon dans sa cuisine en train d'imaginer un nouvel amuse-gueule à servir à ses clients. Il assaisonna ses pétoncles (sans le corail) avec un peu d'huile et de beurre, sauce soja et vinaigre de vin rouge, sel, poivre et une touche de thym frais. Puis il les servit sur des petits bâtonnets en leur ajoutant des lamelles de champignons de Paris juste frits à l'huile. Dans la variante que je propose ici, j'oublie tout simplement les champignons : les seuls bâtonnets de pétoncles, si rapides et si simples à préparer, sont tout aussi délicieux tels. Comme chaque fois qu'une recette demande du poivre fraîchement moulu, utiliser un moulin à poivre pour concasser vos grains entiers de poivre blanc et en apprécier l'arôme et le piquant.

POUR 4 PERSONNES À L'APÉRITIF

8 bâtonnets en bois	2 c. à café de sauce soja
250 g de pétoncles décoquillées	2 c. à café de vinaigre de vin rouge
(3 douzaines en tout)	gros sel de mer
1 c. à soupe d'huile d'olive extra-vierge	poivre blanc concassé
30 g de beurre	1 c. à café de fleurs de thym frais

1. Embrochez les noix de pétoncles sur des bâtonnets en bois, en comptant 4 ou 5 noix de pétoncles par brochette. Vous devez obtenir 8 brochettes.

2. Mélangez l'huile et 15 g de beurre dans une grande poêle à revêtement antiadhésif sur feu modéré. Lorsque le mélange est bien chaud, avant qu'il ne fume, ajoutez les brochettes sur une seule couche et faites-les cuire d'un côté pendant 1 minute. Quand elles sont dorées, salez et poivrez, retournez-les et faites-les cuire encore 1 minute.

3. Tout en laissant les pétoncles dans la poêle, ajoutez la sauce soja, le reste de beurre et le vinaigre. Déglacez en remuant la poêle et faites rouler délicatement les brochettes dans la sauce.

4. Lorsque les brochettes sont bien enrobées de sauce, égouttez-les et disposez-les sur quatre petites assiettes de service (2 par assiette). Il ne doit pratiquement pas y avoir de sauce dans les assiettes. Ajoutez une pincée de gros sel, poivre concassé et fleurs de thym. Servez aussitôt.

Vin conseillé : champagne, blanc de blanc.

CREVETTES SAUTÉES AU BEURRE

Rares sont les amuse-gueules aussi délicieux et simples à préparer que ces petites crevettes vivantes rapidement sautées à la poêle avec un peu de beurre. Servez-les avec des tranches de pain de seigle légèrement tartinées de beurre salé, avec un verre de vin blanc frais.

POUR 4 PERSONNES

500 g de petites crevettes grises	*sel fin de mer et poivre blanc du moulin*
75 g de beurre	*quelques gouttes de cognac*

1. Lavez les crevettes à l'eau froide, puis égouttez-les à fond.

2. Faites fondre le beurre dans une grande poêle sur feu moyen. Laissez-le chauffer pendant 2 à 3 minutes, jusqu'à ce qu'il devienne brun et qu'il dégage un parfum noiseté. Surveillez-le, car il ne doit surtout pas noircir. Ajoutez les crevettes et faites-les cuire pendant 2 à 3 minutes jusqu'à ce qu'elles deviennent roses, en secouant la poêle pour bien les enrober de beurre fondu.

3. Ajoutez une pincée de sel et poivrez largement. Ajoutez enfin le cognac et faites cuire encore 1 minute.

4. Versez les crevettes dans une coupe et servez aussitôt. Pour déguster ces petites crevettes, retirez la tête et croquez tout le reste sans les décortiquer.

Vin conseillé : un muscadet ou un graves blanc bien frais.

BROCHETTES DE POULET AU CURRY

Voici une recette qui ne demande qu'un peu d'imagination pour se transformer au gré de votre fantaisie. Chez Jamin, ces brochettes formées de petites bouchées de poulet et de poireau en sauce au curry sont souvent servies en guise d'amuse-gueules, pour s'ouvrir l'appétit avec un mets relevé. Joël Robuchon utilise la chair des cuisses de poulet, plus foncée et qui sèche moins à la cuisson, mais vous pouvez aussi prendre les blancs. Vous pouvez également confectionner des brochettes plus grosses en faisant alterner des morceaux de poulet et des tronçons de poireau ou des quartiers d'oignon, poudrés de curry et grillés sur des braises chaudes. Servez-les avec du riz basmati et la sauce curry chaude à part.

POUR 8 BROCHETTES

8 bâtonnets en bois
15 petits poireaux, parés et nettoyés
2 cuisses de poulet, dépouillées,
désossées et dénervées (ou le poids
équivalent de blancs de poulet)

25 cl environ de sauce curry chaude
(voir page 299)
quelques c. à café de sauce soja
1 pincée de curry en poudre
30 g de beurre doux
gros sel de mer

1. Préparez les poireaux : coupez-les en bouchées de 3 cm de long. Remplissez d'eau une grande marmite, portez-la à ébullition, salez et ajoutez les poireaux. Laissez bouillir pendant 2 minutes. Versez-les dans une passoire et rafraîchissez sous l'eau froide. Égouttez et réservez.

2. Préparez les brochettes. Détaillez la chair de poulet en bouchées de 3 cm de diamètre. Enfilez sur une brochette en bois un morceau de poulet, un tronçon de poireau, une bouchée de poulet, un autre tronçon de poireau et encore un morceau de poulet. Confectionnez les autres brochettes, 8 en tout, avec le reste des ingrédients. Poudrez chaque brochette de curry et arrosez-les de quelques gouttes de sauce soja. Laissez-les mariner pendant 5 minutes (pas plus, sinon le poulet risquerait d'être trop salé).

3. Faites fondre le beurre sur feu modéré dans une grande poêle à revêtement antiadhésif. Placez-y les brochettes et faites-les cuire pendant 2 minutes en les retournant sur toutes les faces jusqu'à ce qu'elles soient bien dorées. Posez-les sur une assiette, arrosez-les de sauce curry chaude et servez aussitôt.

Vin conseillé : champagne, blanc de blanc.

CROÛTES AU FROMAGE
« FREDY GIRARDET »

Du bon pain, du bon fromage, et votre repas est fait. Je n'ai pas de mal à imaginer la scène. Joël Robuchon et son ami Fredy Girardet, deux parmi les plus grands cuisiniers du monde, sont partis faire une grande promenade à pied dans les montagnes suisses avec leur femme et leurs enfants. De retour au chalet Girardet, l'estomac dans les talons, ils font l'inventaire : du pain, du fromage, du vin blanc, des pommes de terre, voici toutes leurs richesses. De quoi préparer ce royal casse-croûte, une spécialité suisse traditionnelle conçue pour calmer la faim au plus vite. Plus qu'une simple tranche de pain garnie de fromage fondu, il s'agit plutôt d'une symphonie de saveurs où le pain et le fromage jouent les premiers rôles, tandis que l'ail, le vin blanc et le poivre apportent en contrepoint leurs notes distinctives. Il existe plusieurs variantes de cette recette. Certains aiment frotter le pain d'ail, d'autres y étalent une fine couche d'oignon haché, d'autres encore ajoutent à la fin une pointe de paprika. Pour faire un repas substantiel, étalez d'abord sur la tranche de pain, avant le fromage, quelques très fines tranches de jambon de campagne ou de viande des Grisons, cette succulente spécialité suisse faite de viande de bœuf séchée à l'air. On peut même ajouter en point d'orgue un œuf poêlé à part, posé « à cheval » sur le tout. Pour un simple casse-croûte, servez les croûtes garnies telles quelles. Pour un vrai repas, proposez en même temps une salade verte agrémentée de noix fraîches ou des petites pommes de terre en robe des champs, avec des cornichons et un pot de moutarde forte. Débouchez une bouteille de fendant et vous aurez aussitôt l'un de ces festins montagnards que l'on appelle tout bonnement un repas « sans façon ». Veillez à détailler le fromage en lamelles aussi fines que possible pour donner à ces croûtes la touche de raffinement nécessaire.

POUR 4 PERSONNES

8 tranches assez épaisses de pain de campagne
30 g de beurre doux ramolli
250 g de fribourg
2 c. à café de vin blanc sec, fendant suisse de préférence
1 gousse d'ail fendue en deux (facultatif)
poivre blanc du moulin

Pour l'accompagnement :
500 g de petites pommes de terre cuites à l'eau dans leur peau
moutarde blanche
cornichons ou pickles

1. Préchauffez le four à 200 °C (thermostat 6-7).

2. Enduisez légèrement les tranches de pain sur les deux faces avec le beurre ramolli. Rangez-les côte à côte sur la tôle du four, enfournez à mi-hauteur et faites-les cuire environ 5 minutes : elles doivent être dorées mais encore moelleuses à cœur. Sortez-les du four et frottez chaque tranche de pain avec l'ail, si vous le désirez. Aspergez-les ensuite de quelques gouttes de vin blanc.

3. Détaillez le fromage écroûté en très fines lamelles à l'aide d'un couteau bien aiguisé. Étalez-les sur les tranches de pain, en comptant environ 30 g de fromage par tranche. Remettez les tranches garnies au four 5 minutes jusqu'à ce que le fromage soit fondu et grésillant. Sortez-les du four et poivrez-les généreusement. Servez aussitôt avec les pommes de terre en robe des champs, les cornichons et la moutarde.

Vin conseillé : un vin blanc sec, fendant suisse de préférence.

CRÈME AU POTIRON

La soupe au potiron est l'un des plats que je préfère depuis l'enfance. Mais je dois avouer que l'élégante version qu'en donne Joël Robuchon, qui met bien en valeur la saveur du potiron, est à mille lieues de celle qui m'était servie jadis dans le Middle West ! Cette recette peut servir de modèle pour tous les potages que l'on appelle des crèmes : au lieu de potiron, vous pouvez prendre la même proportion de chou-fleur, d'asperges ou même de fèves fraîches. C'est l'émulsion finale qui donne au potage sa consistance onctueuse.

POUR 6 À 8 PERSONNES

1 kg de pulpe de potiron pelé,	*2 c. à soupe de Maïzena*
coupée en cubes	*30 cl de crème fraîche*
1 l de bouillon de volaille	*90 g de beurre très froid*
(voir page 307)	*coupé en petits morceaux*
2 c. à café de sucre en poudre	*sel fin de mer et poivre blanc*
	du moulin

1. Mettez les morceaux de potiron dans une casserole, ajoutez le bouillon et le sucre. Couvrez, portez à ébullition et comptez 18 minutes de cuisson à petits bouillons à partir du moment où le liquide se met à bouillir. (Le potiron doit cuire rapidement, sinon il risque de devenir amer.) Lorsque le potiron est cuit, réduisez-le en purée au mixer ou dans un robot, puis passez la purée au tamis et remettez-la dans la casserole.

2. Faites dissoudre la Maïzena dans un bol avec 3 cuillerées à soupe d'eau.

3. Faites de nouveau chauffer le potage et écumez-le quand il se met à bouillir. Retirez la casserole du feu et ajoutez la Maïzena en fouettant vivement. Ajoutez la crème et portez de nouveau à ébullition. Passez encore une fois le potage au mixer batteur, tout en ajoutant le beurre en morceaux. Le potage doit avoir une consistance crémeuse et veloutée.

4. Faites réchauffer le potage sur feu doux et goûtez pour rectifier l'assaisonnement. Ne salez pas pendant la cuisson, car le bouillon de volaille est en principe suffisamment salé. Servez aussitôt. Si vous voulez, vous pouvez ajouter au dernier moment quelques petits croûtons frits dans un peu de beurre clarifié.

Plus qu'un simple gadget : le mixer batteur est un ustensile très utile qui devrait faire partie de toutes les batteries de cuisine. Il ressemble à un mixer électrique à main, avec un long manche et une lame rotative à l'extrémité, et sert à fouetter, à mélanger, à réduire en purée ou en liquide. Soit il se branche sur le secteur, soit il est doté d'une batterie, mais on trouve aussi la formule de l'accessoire à monter sur un robot ménager. J'utilise mon mixer batteur pratiquement tous les jours pour préparer des potages ou des sauces : on plonge l'appareil directement dans le récipient de cuisson, sans avoir besoin de verser la préparation dans un bol mélangeur puis de la verser de nouveau dans la casserole. C'est un ustensile simple et presque magique, qui transforme les grosses soupes en purées fines sans faire d'éclaboussures et évite de multiplier les accessoires.

POTAGE POIREAUX
POMMES DE TERRE

Voici le modèle de tous les potages-purées. La formule la plus courante est à base de poireaux et de pommes de terre, mais elle est également valable avec n'importe quel légume : des carottes ou des navets, et même des mange-tout. La touche de beurre frais au moment de servir la rend particulièrement délicieuse et la seule cuillerée de crème fraîche lors de la préparation lui donne une onctuosité remarquable.

POUR 6 PERSONNES

750 g de petites pommes de terre nouvelles	*gros sel de mer*
2 poireaux	*1 c. à soupe de crème fraîche épaisse*
(le blanc et la partie tendre du vert)	*1 poignée de pluches de cerfeuil frais*
45 g de beurre doux	*ou feuilles de persil plat ciselé*
	poivre blanc du moulin

1. Pelez les pommes de terre, coupez-les en quartiers, lavez-les et épongez-les. Réservez.

2. Préparez les poireaux. Coupez-les à la base des racines. Fendez-les en deux pour les nettoyer plus facilement. Lavez-les sous l'eau froide courante, puis faites-les tremper dans une terrine d'eau froide. Lorsque tout le sable s'est déposé au fond, égouttez-les et épongez-les. Émincez-les finement et réservez.

3. Faites fondre 30 g de beurre sur feu doux dans une cocotte de taille moyenne. Ajoutez les poireaux et faites-les suer sans coloration 3 minutes jusqu'à ce qu'ils soient tendres, en les remuant constamment. Ajoutez 1,5 litre d'eau, salez et mettez les pommes de terre. Couvrez et laissez cuire doucement pendant 35 minutes.

4. Réduisez le contenu de la cocotte en purée fine à l'aide d'un robot ménager ou d'un mixer. Remettez-le ensuite dans la cocotte et portez de nouveau à ébullition. Écumez les impuretés qui peuvent remonter à la surface. Incorporez la crème fraîche puis, après quelques secondes, passez au chinois et remettez à chauffer. Ajoutez le reste de beurre (15 g) et mixez rapidement avant de servir.

5. Répartissez le potage dans des assiettes creuses bien chaudes. Parsemez de cerfeuil ou de persil. Servez aussitôt, en proposant à part le moulin à poivre.

GASPACHO

C'est Benoît Guichard, l'assistant de Joël Robuchon, qui nous a préparé un jour pour déjeuner ce classique potage froid à la tomate dont il existe de nombreuses variantes, alors que nous étions plongés dans une séance de photos. Servez-le en entrée par une chaude journée d'été et vous êtes sûr de remporter tous les suffrages. Il est facile à préparer dès le matin, même en grandes quantités, ce qui vous donne moins de travail à l'heure du déjeuner. Le gaspacho comporte en général de l'ail ou de l'oignon cru, parfois difficile à digérer, mais cette recette n'en contient pas.

POUR 4 PERSONNES

1 kg de tomates équeutées, pelées,	*tabasco*
épépinées et concassées	*1 ou 2 tiges de basilic frais*
25 cl d'eau	*1 poivron rouge, équeuté, épépiné*
6 cl de très bon vinaigre de xérès	*et finement émincé*
6 cl de concentré de tomates	*1 concombre pelé, épépiné*
sel fin de mer	*et finement émincé*

1. Mettez les tomates concassées dans un robot ménager et mixez jusqu'à ce qu'elles soient réduites en purée fine. Ajoutez l'eau, le vinaigre, le concentré de tomates, du sel et du tabasco. Mixez encore pour bien mélanger. Goûtez pour rectifier l'assaisonnement. Vous pouvez préparer le gaspacho jusqu'à cette étape 4 heures à l'avance. Couvrez le récipient et mettez-le au réfrigérateur.

2. Pour servir, répartissez le potage dans des assiettes creuses froides. Ajoutez le poivron et le concombre en garniture. Ciselez les feuilles de basilic et parsemez-les sur le dessus. Servez aussitôt.

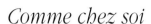

Comme chez soi

Un assortiment de crudités variées, voilà une bonne idée pour commencer le repas quelle que soit la saison, en lui gardant une touche de simplicité. L'un de mes plats favoris, pour suivre, consiste à faire rôtir une pintade que je sers avec son lit de pommes de terre, un plat qu'il faut accompagner d'une bonne bouteille de bordeaux rouge. Comme dessert, servez la tarte aux pommes avec un jeune sauternes.

Carottes râpées au citron et à l'ail

Salade de champignons au parmesan

Salade de poivrons rouges au thym

Pintade rôtie aux pommes de terre confites

Tarte fine aux pommes

POTAGE CULTIVATEUR

L a réelle élégance de ce potage très simple dément la modestie de son nom. La plupart des légumes qui le composent sont taillés en petits triangles presque transparents, ce qui lui donne une délicatesse très parfumée. Servez-le en hiver avec un pain de campagne toasté bien croustillant et du fromage râpé.

POUR 4 À 6 PERSONNES

60 g de lard maigre	*2 carottes moyennes*
2 poireaux	*2 petits navets*
(le blanc et la partie tendre du vert)	*45 g de beurre doux*
90 g de chou vert	*gros sel de mer*
3 petites pommes de terre rondes,	*60 g de haricots verts frais*
grattées et pelées	*1 poignée de feuilles de cerfeuil frais*
1 branche de céleri	*poivre blanc du moulin*

1. Faites bouillir de l'eau dans une casserole. Mettez-y le lard maigre dans une passoire et plongez le tout dans l'eau bouillante pendant 10 secondes. Égouttez et réservez.

2. Préparez les poireaux. Coupez-les à la base des racines. Fendez-les en deux pour les nettoyer plus facilement. Lavez-les à fond sous l'eau froide courante, puis faites-les tremper dans une terrine d'eau froide. Lorsque tout le sable s'est déposé au fond, égouttez-les et épongez-les. Émincez-les finement et réservez.

3. Préparez les autres légumes. Taillez le chou en fine julienne et coupez-la en petits morceaux. Coupez les haricots verts en morceaux de 1,5 cm de long. Pour les pommes de terre, le céleri, les carottes et les navets, procédez de la manière suivante : coupez chaque légume en deux dans la hauteur, puis chaque moitié en trois toujours dans le même sens et enfin débitez chaque morceau en minces triangles presque transparents. Cette taille des légumes est déterminante pour le goût et la consistance du potage. Réservez chaque légume séparément dans un bol d'eau froide.

4. Faites fondre 30 g de beurre sur feu doux dans une grande marmite. Ajoutez les poireaux, le céleri, les carottes et les navets. Faites suer doucement sans coloration et en remuant constamment jusqu'à ce qu'ils soient tendres. Salez (le sel permet aux légumes de donner tout leur jus). Ajoutez 1,4 litre d'eau et portez à ébullition.

5. Ajoutez ensuite le lard maigre et le chou. Goûtez pour rectifier l'assaisonnement. Couvrez pour empêcher la vapeur de s'échapper et éviter que le liquide ne réduise. Laissez cuire doucement pendant 40 minutes.

6. Pendant ce temps, préparez les haricots verts. Faites bouillir une grande casserole d'eau. Salez, ajoutez les haricots et laissez-les bouillir environ 4 minutes. Égouttez-les aussitôt et plongez-les dans une grande terrine d'eau glacée jusqu'à ce qu'ils soient complètement refroidis. Ainsi, ils resteront croquants et bien verts. Égouttez-les à fond et réservez.

7. Après 40 minutes de cuisson, les légumes du potage doivent être cuits mais encore un peu fermes. Retirez le lard et mettez-le de côté. Ajoutez les pommes de terre, couvrez et montez le feu. Détaillez le lard en petits dés et remettez-les dans la marmite. Poursuivez la cuisson pendant 15 à 20 minutes. Ajoutez les haricots verts, baissez le feu et faites mijoter 5 minutes.

8. Pour servir, répartissez le potage dans des assiettes creuses bien chaudes. Ajoutez le reste de beurre en morceaux dans les assiettes ainsi que les pluches de cerfeuil. Servez aussitôt en proposant à part le moulin à poivre.

Légumes taillés menu : pour les soupes, les légumes taillés en très petits morceaux présentent plusieurs avantages. Ils cuisent plus régulièrement, et dégagent également davantage de saveur que des morceaux irréguliers. En outre, lorsque vous les dégustez, vous associez en une seule cuillerée plusieurs légumes différents avec le bouillon, ce qui donne à cette bouchée bien plus de saveur.

Salades

SALADE
AUX HERBES FRAÎCHES

Joël Robuchon aime dire qu'il a bâti sa réputation sur la salade et la purée de pommes de terre. Mais quelle salade ! Et quelle purée ! C'est là que se dévoile sa personnalité : être le meilleur et séduire les convives avec une salade parfaite à tous égards. J'ai assisté un matin à la préparation quotidienne de la salade verte. Ne sont retenues que les verdures les plus fraîches et les plus tendres, un savant mélange de laitue feuille-de-chêne rouge et verte, de chicorée blanche et verte, de trévise, de cresson, de pissenlit, de roquette et de mâche, dont on ne garde que les sommités. Comme assaisonnement, le mélange des fines herbes est aussi varié et aussi frais : cerfeuil, sauge, estragon, aneth, basilic, marjolaine, persil plat et menthe. On peut aussi ajouter du pourpier, de l'oseille et des fleurs de capucine. L'important est de réaliser une composition où se marient les couleurs, les textures et les saveurs.

POUR 4 À 6 PERSONNES

1 tasse (25 cl) de fines herbes mélangées, lavées et égouttées (de préférence : cerfeuil, sauge, estragon, aneth, basilic, marjolaine, persil plat et menthe)
4 tasses de petites salades détaillées en bouchées, lavées et égouttées
(de préférence chicorée, frisée, trévise, cresson, mâche, pissenlit et roquette)
1 c. à soupe de truffe noire émincée (facultatif)
6 c. à soupe de vinaigrette (voir page 302)

1. Mélangez les fines herbes et les petites salades dans un grand saladier et remuez-les avec vos mains. Ajoutez la truffe émincée et remuez encore.

2. Versez la vinaigrette sur la salade et mélangez doucement mais à fond jusqu'à ce que tous les éléments soient légèrement enrobés de sauce. Servez aussitôt.

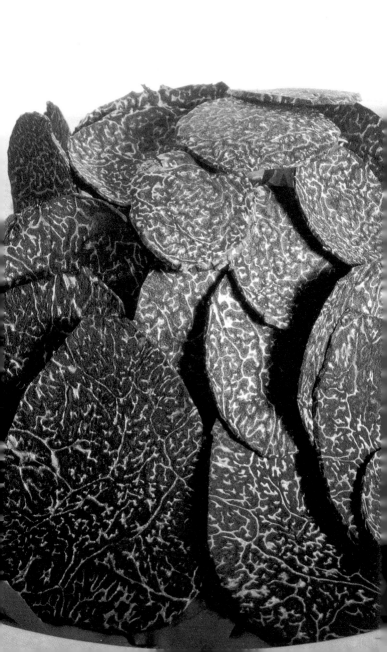

SALADE MARAÎCHÈRE
AUX TRUFFES

L e nec plus ultra de la salade, le voici : un merveilleux mélange de couleurs, de textures et de saveurs, grâce à la rencontre de toutes ces verdures fraîches que surmontent les lamelles de truffes. Pour moi, cette salade est une entrée idéale pour un tête-à-tête en amoureux.

POUR 4 PERSONNES

2 têtes de trévise	2 c. à soupe de jus de citron
150 g de chicorée frisée,	sel fin de mer et poivre blanc du moulin
la partie blanche seulement	12,5 cl d'huile d'arachide
90 g de mâche	10 g de truffe fraîche hachée
45 g de pissenlit	75 g de truffes fraîches en fines lamelles
45 g de mesclun	

1. Parez et lavez les salades ; égouttez-les et séchez-les. Mettez la trévise dans une terrine à part. Mélangez toutes les autres verdures dans une autre terrine.

2. Préparez la vinaigrette : mélangez dans un bol le jus de citron et le sel. Ajoutez l'huile d'arachide en fouettant et rectifiez l'assaisonnement.

3. Humectez la trévise avec un peu de vinaigrette et remuez les feuilles pour bien les enrober. Parez le bout de chaque feuille de manière qu'elles soient plates quand on les étale. En les aplatissant au maximum, disposez-les en couronne dans le fond de quatre assiettes.

4. Assaisonnez de vinaigrette le reste des salades en ajoutant la truffe hachée. Disposez-les en monticule au milieu des feuilles de trévise et recouvrez-les de lamelles de truffes. On ne doit plus voir que le bord extérieur des feuilles de trévise. Poivrez au moulin et servez aussitôt.

Vin conseillé : un vin blanc de la vallée du Rhône puissant et doré comme l'hermitage.

Ce que l'on nomme mesclun : le mesclun (dont le nom vient du niçois « mesclumo », mélange) est un assemblage savoureux et coloré de jeunes pousses et de salades sauvages originaires du Midi. Il associe généralement de la scarole frisée, de la trévise, de la chicorée sauvage, de la mâche et du pissenlit, parfois de l'oseille et des pousses de moutarde, mais, traditionnellement, le mélange doit aussi comporter de la roquette, du seneçon, du cerfeuil, de la barbe-de-bouc, du pourpier et de la laitue feuille-de-chêne. Très fraîche, légèrement amère, cette salade mélangée est relevée de fines herbes (personnellement, j'aime beaucoup lui ajouter de la sauge, de l'aneth et de l'estragon).

Truffes noires : savoureuses, délicates, parfumées et de plus en plus rares, les truffes noires restent l'un des grands luxes gastronomiques d'aujourd'hui. La truffe noire fraîche – disponible sur le marché de la fin novembre à la fin février – est ferme, arrondie et noire ; sa grosseur va de celle d'un pois à celle d'une orange. Soigneusement brossée, finement pelée et parée, la truffe se sert crue ou cuite, entière, émincée en fines lamelles ou taillée en julienne, pour agrémenter un plat de sa saveur étrange, de son parfum pénétrant d'humus et de feuilles mortes. Chez Jamin, Joël Robuchon fait un emploi généreux des truffes fraîches à la saison. Chez soi, la truffe fraîche est un luxe évident, mais les truffes en conserve de qualité extra sont tout à fait recommandables. Lorsque vous achetez des truffes en conserve, préférez celles qui sont vendues dans de petits bocaux : vous voyez ce que vous achetez. N'achetez que des « truffes brossées au naturel », stérilisées dans de l'eau avec du sel, sans ajout d'alcool ou d'épices qui pourraient masquer son arôme. (N'utilisez pas de pelures de truffes, de truffes en morceaux ou de jus de truffe en boîte : ce sont en général des produits décevants.)

Un jardin d'herbes : si j'avais à faire la liste des dix plus belles leçons que j'ai apprises en faisant ce livre, je commencerais peut-être par les vertus des fines herbes. Jamais je n'insisterai assez sur ce qu'elles peuvent apporter à un plat en fraîcheur, en couleurs, en saveurs, bref en qualité. Chez moi à Paris comme en Provence, les aromates occupent la place d'honneur. Quelle que soit l'époque, au moins neuf mois sur douze, mes balcons parisiens et mon jardin m'offrent plusieurs variétés de sauge, d'estragon, de cerfeuil, de persil, de laurier, de romarin, de ciboulette, etc. Je vous assure que si les fines herbes deviennent aussi pour vous une habitude, vous ne pourrez plus jamais avoir recours aux herbes séchées, qui ne sont jamais qu'un piètre substitut. Vous pouvez facilement trouver le meilleur choix de fines herbes en pots chez les pépiniéristes ou les fleuristes bien approvisionnés.

Joël Robuchon et le trufficulteur Yvon Bontoux, avec son chien truffier Pamela, en train de déterrer des truffes noires, un jour d'hiver à Richerenches, dans le nord de la Provence.

Un sac plein de truffes fraîchement déterrées, à l'aide d'un pic spécial en métal recourbé pour les dégager soigneusement sans les abîmer.

BETTERAVES, SAUCE CRÈME AU RAIFORT

L e raifort est un condiment largement sous-estimé. Lorsqu'il est mélangé avec la douceur sucrée des betteraves, vous obtenez un accord particulièrement intense. Voici une entrée exquise pour donner un peu de relief à une journée d'hiver maussade. Remuez la salade pendant que les betteraves sont encore tièdes, pour qu'elles absorbent bien toute la sauce.

POUR 4 À 6 PERSONNES

3 à 4 betteraves crues de taille moyenne (500 g)
Pour la sauce :
1 c. à café de vinaigre de vin rouge
1 c. à café de vinaigre de xérès

sel fin de mer et poivre blanc du moulin
2 c. à soupe d'huile d'olive extra-vierge
2 c. à soupe d'huile d'arachide
2 c. à soupe de crème fraîche
2 c. à soupe de raifort râpé

1. Mettez les betteraves dans la partie supérieure d'une cocotte à vapeur. Couvrez et faites cuire sur feu modéré pendant 45 minutes jusqu'à ce qu'elles soient tendres. Vous pouvez aussi les faire cuire dans un four à micro-ondes : dans un plat couvert avec 6 cl d'eau, pendant 10 minutes à pleine puissance. Lorsque les betteraves sont refroidies, pelez-les et coupez-les en dés de 1,5 cm de côté. Mettez-les dans un saladier et réservez.

2. Préparez la sauce : fouettez dans un bol les deux vinaigres avec un peu de sel. Incorporez lentement les huiles en fouettant jusqu'à consistance homogène. Ajoutez la crème et le raifort et mélangez. Poivrez au goût.

3. Pour servir, verser la sauce sur les betteraves et mélangez. La salade peut être préparée plusieurs heures à l'avance : gardez-la au réfrigérateur en couvrant bien le récipient. Sortez-la assez tôt pour la servir à température ambiante.

SALADE
DE CÉLERI-BRANCHE
AU ROQUEFORT

L e céleri et le roquefort forment un accord classique, et cela n'a rien d'étonnant. Tout le monde aime le croquant du céleri-branche, et l'intense arôme du fromage persillé souligne à merveille la saveur délicate du légume.

POUR 4 À 6 PERSONNES

9 à 10 branches de céleri bien tendres (500 g environ), épluchées
Pour la sauce :
1 c. à café de vinaigre de vin rouge

2 c. à café de vinaigre de xérès
sel fin de mer et poivre blanc du moulin
3 c. à soupe d'huile d'olive extra-vierge
55 g de roquefort émietté

1. Émincez finement chaque branche de céleri dans le sens transversal pour obtenir des petits morceaux en forme de demi-lune. Mettez-les dans une terrine et réservez.

2. Préparez la sauce : fouettez ensemble dans un bol les deux vinaigres et un peu de sel. Incorporez lentement l'huile en fouettant jusqu'à consistance homogène. Ajoutez le roquefort et écrasez-le à la fourchette dans la sauce.

3. Versez la sauce sur le céleri et mélangez bien. Poivrez. Servez aussitôt.

SALADE DE MÂCHE,
POMMES DE TERRE
ET TRUFFES

« L a terre est une merveille, pour comprendre ce qu'est la terre, mangez des truffes... » C'est ainsi qu'un ami, un jour, me parla des truffes comme la meilleure manière de comprendre la nature. Pourquoi ne pas associer deux merveilles qui poussent sous le sol, la truffe et la pomme de terre ! Voici une salade sublime, uniquement constituée de rondelles de truffes noires et de pommes de terre cuites à la vapeur, longuement marinées dans une vinaigrette parfumée à la truffe. Si la truffe est un luxe, la truffe fraîche est un super-luxe. Il est vrai que cette salade est incomparable avec des truffes fraîches, mais vous pouvez néanmoins choisir des truffes en boîte de toute première qualité.

POUR 4 PERSONNES

1 ou 2 truffes noires entières (60 g)
15 cl de vinaigrette pour salades vertes
(voir page 302)
une poignée de mâche
lavée et égouttée

10 petites pommes de terre de 100 g
chacune, non pelées et bien brossées
gros sel de mer
un petit bouquet de ciboulette ciselée

1. Commencez la préparation 5 heures au moins avant de servir la salade. Avec un couteau bien aiguisé ou un couteau économe, parez soigneusement les truffes pour qu'elles soient bien rondes. Placez-les dans un récipient hermétique et mettez-les au réfrigérateur. Gardez les parures pour la vinaigrette.

2. Préparez la vinaigrette et ajoutez-lui les parures de truffe. Réservez.

3. Mettez les pommes de terre dans une marmite à vapeur et faites-les cuire pendant 15 à 20 minutes, jusqu'à ce qu'une brochette enfoncée dans une pomme de terre ressorte facilement.

4. Pelez les pommes de terre alors qu'elles sont encore chaudes et coupez-les en rondelles grosses comme des pièces de 10 francs. Mettez-les dans un saladier, ajoutez la vinaigrette et mélangez intimement. Couvrez et laissez reposer à température ambiante pendant au moins 4 heures, pour laisser les pommes de terre absorber la vinaigrette.

5. Égouttez les pommes de terre et réservez la vinaigrette. Laissez en attente.

6. Sortez les truffes du réfrigérateur. Avec un couteau bien aiguisé, coupez-les en rondelles aussi fines que possible et passez-les rapidement dans la vinaigrette. (Ne les laissez pas tremper dedans : il s'agit simplement d'ajouter une saveur supplémentaire à la sauce.)

7. Garnissez quatre petites assiettes de service avec la mâche, en disposant les feuilles en couronne. Placez ensuite les rondelles de pommes de terre et de truffes alternées en les faisant se chevaucher légèrement, de manière à former des ronds concentriques. Commencez par l'extérieur en progressant dans le sens des aiguilles d'une montre : une rondelle de pomme de terre, puis une rondelle de truffe et ainsi de suite, en recouvrant légèrement les feuilles de mâche. Pour le deuxième rang, progressez dans le sens inverse en recouvrant légèrement le premier, toujours en alternant truffes et pommes de terre. Procédez de même pour le troisième rond. Placez enfin au centre une rondelle de truffe. Ajoutez une pincée de sel sur les truffes et un peu de ciboulette sur les pommes de terre. Servez aussitôt, avec des tranches de pain de campagne grillées.

Vin conseillé : un vin blanc de la vallée du Rhône bien parfumé, comme le châteauneuf-du-pape.

La cuisson des pommes de terre : pour qu'elle soit uniforme, choisissez des pommes de terre qui ont pratiquement toutes la même taille. Si vous les faites cuire à la vapeur ou à l'eau, prenez des petites qui vont toutes cuire ensemble à la même rapidité. Pour qu'elles aient meilleur goût, préférez la cuisson à la vapeur plutôt qu'à l'eau bouillante. Ne pelez pas les pommes de terre et mettez-les dans une passoire posée au-dessus d'une casserole d'eau bouillante, à moins que vous ne disposiez d'un couscoussier ou d'une marmite à vapeur. Inutile de saler l'eau : le sel ne sera pas absorbé par les pommes de terre.

CRUDITÉS

L'assiette de crudités assorties est souvent devenue un tel lieu commun sur la table que l'on oublie parfois à quel point les légumes crus peuvent être délectables lorsqu'ils sont traités avec un peu de goût et d'attention. Voici un assortiment de petites salades crues : préparez-en une ou plusieurs pour un repas familial ou un buffet. Les recettes fournissent d'excellentes idées pour montrer les affinités entre certains ingrédients et les assaisonnements qui vont bien avec.

CAROTTES RÂPÉES AU CITRON ET À L'AIL

Goût sucré des carottes fraîches et saveur acidulée du jus du citron : un bel accord pour une entrée classique, à laquelle la touche d'ail donne de la personnalité.

POUR 6 À 8 PERSONNES

500 g de carottes pelées	***Pour l'assaisonnement :***
2 belles gousses d'ail hachées	*2 c. à soupe de jus de citron*
(ou plus, selon le goût)	*fraîchement pressé*
3 c. à soupe de feuilles	*sel fin de mer*
de persil plat	*1 1/2 c. à soupe d'huile d'olive extra-vierge*
ciselées	*1 1/2 c. à soupe d'huile d'arachide*

1. Préparez la sauce. Versez le jus de citron dans un petit bol, salez et fouettez vivement. Versez doucement les deux huiles en fouettant jusqu'à ce que le mélange soit homogène. Rectifiez l'assaisonnement et réservez.

2. Râpez finement les carottes à la main ou à l'aide d'un robot électrique. Mélangez les carottes et l'ail dans une jatte. Versez la sauce par-dessus et remuez. (Vous pouvez préparer la salade plusieurs heures à l'avance, ou même la veille : dans ce cas, couvrez-la et mettez-la au réfrigérateur.) Parsemez de persil et servez à température ambiante.

À propos de sel : le sel est indispensable dans une bonne cuisine. Il ne doit pas être tenu pour quantité négligeable. En effet, il ravive les saveurs naturelles des aliments, il donne du relief aux fonds et aux sauces, il souligne les arômes des pâtisseries et des gâteaux, il donne la touche finale à tous les plats. Pour ma part, j'utilise uniquement du sel de mer non raffiné, produit en Bretagne, qui possède un parfum unique, subtil et délicat. Le sel de mer s'obtient par évaporation de l'eau de mer, tandis que le sel ordinaire est du sel gemme, existant à l'état de cristaux dans le sol. Je préfère le gros sel de mer pour l'assaisonnement en général et j'emploie le sel de mer raffiné lorsque le gros sel n'a pas le temps de se dissoudre ou n'intervient qu'à très petite dose, comme en pâtisserie. Que ce soit à la cuisine ou sur la table, je me sers d'un moulin à sel pour réduire le gros sel en poudre fine, au lieu d'utiliser une salière classique.

SALADE
DE CHAMPIGNONS
AU PARMESAN

Au chapitre des salades de légumes, voici l'une de mes préférées. Jamais je n'aurais pensé à combiner les champignons frais et le parmesan en fins copeaux. Il suffit d'ajouter une touche de jus de citron pour parfaire le mariage. Les fines herbes en complément sont indispensables. Si vous ne trouvez pas toutes celles qui sont suggérées ici, essayez d'en réunir au moins deux : l'estragon et le thym font merveille avec les champignons.

POUR 6 À 8 PERSONNES

250 g de champignons de Paris bien nettoyés	1 gousse d'ail finement hachée
6 cl de jus de citron fraîchement pressé	2 c. à soupe de persil plat
	2 c. à soupe de basilic frais
60 g de parmesan taillé en fines lamelles	2 c. à soupe d'estragon frais
	1 c. à café de thym frais
Pour la sauce :	sel fin de mer
3 c. à soupe d'huile d'olive extra-vierge	et poivre blanc du moulin

1. Préparez la sauce. Mélangez l'huile et l'ail dans un bol. Avec une paire de ciseaux, détaillez finement les feuilles de persil, de basilic, d'estragon et de thym. Salez et poivrez au goût. Réservez.

2. Émincez finement les champignons et mettez-les dans un saladier. Arrosez-les aussitôt de jus de citron et remuez délicatement. Ajoutez la sauce et remuez encore pour bien enrober les lamelles de champignons.

3. Parsemez les copeaux de parmesan sur le dessus et servez aussitôt. (Vous pouvez préparer la salade quelques heures à l'avance : dans ce cas, couvrez-la et mettez-la au réfrigérateur. Sortez-la assez tôt pour la servir à température ambiante.)

SALADE DE CONCOMBRE
À LA CRÈME AU CURRY

Pour une présentation attrayante, striez le concombre pelé avec une fourchette avant de l'émincer. En outre, pour que son eau de végétation ne détrempe pas la sauce, mettez-le une fois pelé et émincé dans un saladier et saupoudrez-le légèrement de sel. Ajoutez par-dessus plusieurs glaçons et mettez le tout au réfrigérateur pendant une heure. Ainsi, la pulpe se raffermira tout en rendant son eau. Égouttez le concombre à fond et jetez l'eau rendue ainsi que les glaçons, puis ajoutez la sauce de votre choix et servez aussitôt.

POUR 4 À 6 PERSONNES

---

1 concombre	*2 c. à soupe de yaourt nature*
gros sel de mer	*au lait entier*
Pour la sauce :	*curry en poudre au goût*
2 c. à soupe de crème fraîche épaisse	*sel fin*

1. Pelez et émincez le concombre. Faites-le dégorger au sel.

2. Préparez la sauce. Mélangez dans un bol la crème fraîche et le yaourt. Ajoutez 1 cuillerée à soupe de curry (plus ou moins selon votre goût) et salez. Mélangez et goûtez pour rectifier l'assaisonnement.

3. Versez le concombre dans un plat creux de service. Ajoutez la sauce et remuez. Cette préparation doit se faire juste au moment de servir, sinon le concombre rend trop d'eau.

HARICOTS VERTS
AUX TOMATES, À L'AIL
ET AUX ÉCHALOTES

C ette salade haute en couleurs et en saveurs est parfaite pour l'été. Vous pouvez préparer l'assaisonnement et les haricots plusieurs heures à l'avance, mais ne les mélangez qu'au dernier moment pour que la salade reste bien fraîche et croquante. Comme le mélange cru d'ail et d'échalotes peut sembler un peu agressif à certains, les deux ingrédients sont d'abord mis à mariner dans un peu d'huile pour en atténuer le goût.

POUR 4 PERSONNES

2 tomates moyennes,	***Pour la sauce :***
assez fermes	*1 cuillerée à soupe de très bon vinaigre*
30 g de gros sel de mer	*de xérès*
500 g de haricots verts extra-fins	*sel fin de mer*
3 c. à soupe de persil plat	*3 c. à soupe d'huile d'olive extra-vierge*
finement ciselé	*2 belles gousses d'ail hachées*
	2 échalotes hachées

1. Environ 1 heure avant de servir, préparez la sauce. Versez le vinaigre et le sel dans un petit bol. Fouettez pour faire dissoudre. Réservez. Mélangez dans un autre bol l'huile, l'ail et l'échalote. Laissez mariner. Juste avant de servir, mélangez les deux préparations et rectifiez l'assaisonnement. Réservez.

2. Pelez les tomates, coupez-les en deux, retirez les graines et concassez la pulpe. Mettez-les dans une passoire fine et saupoudrez-les légèrement de gros sel. Laissez reposer.

3. Lavez les haricots verts et effilez-les. Coupez-les en tronçons de 2,5 cm.

4. Préparez une grande terrine d'eau glacée.

5. Faites bouillir 3 litres d'eau dans une grande marmite. Salez et ajoutez les haricots. Faites cuire à gros bouillons pendant 4 minutes. Égouttez-les aussitôt et plongez-les dans l'eau glacée pour les rafraîchir aussi vite que possible. Égouttez les haricots verts et épongez-les dans un torchon.

6. Mettez les haricots dans un saladier. Arrosez-les de sauce et remuez intimement. Ajoutez les tomates et le persil. Remuez encore. Goûtez et rectifiez l'assaisonnement si nécessaire. Servez aussitôt.

Pour préserver le vert : si vous voulez garder vos légumes verts bien verts et croquants, comme ici les haricots verts, faites-les cuire dans beaucoup d'eau bouillante salée, puis égouttez-les et plongez-les aussitôt dans de l'eau glacée. Plus l'eau est froide, mieux c'est, car le froid stoppe aussitôt la cuisson et conserve la couleur verte. Dès que les légumes sont refroidis, égouttez-les à fond, car s'ils restent trop longtemps dans l'eau, ils vont vite perdre leur saveur.

SALADE DE POIVRONS ROUGES AU THYM

Cette salade colorée et relevée mérite d'être préparée en grandes quantités pour un buffet d'été. Le jus parfumé des poivrons se mélange à merveille avec l'huile d'olive et le vinaigre : un accord parfait que soulignent l'ail et le thym.

POUR 4 PERSONNES

3 c. à soupe d'huile d'olive extra-vierge
4 poivrons rouges (1 kg environ), épépinés et coupés en quartiers

5 belles gousses d'ail hachées
2 c. à café de thym frais
1 c. à soupe de vinaigre de xérès
sel fin de mer et poivre du moulin

Faites chauffer l'huile dans un grand poêlon sur feu vif. Lorsqu'elle est bien chaude, ajoutez les poivrons et baissez le feu. Salez et poivrez. Faites cuire en remuant de temps en temps jusqu'à ce que les poivrons soient bien tendres, mais sans les laisser noircir, pendant 10 à 15 minutes. Ajoutez l'ail et le thym. Poursuivez la cuisson 1 à 2 minutes de plus. Ne laissez pas roussir l'ail. Ajoutez enfin le vinaigre et remuez pour bien mélanger. Versez le tout dans un plat de service creux et servez chaud ou à température ambiante.

BETTERAVES ET NOIX
À L'HUILE DE NOIX

Les betteraves et les noix ont une affinité de prédilection les unes pour les autres, et l'intervention de la vinaigrette au citron et à l'huile de noix donne à cette salade simple une touche d'élégance.

POUR 4 À 6 PERSONNES

3 à 4 betteraves crues
de taille moyenne (500 g environ)
Pour la sauce :
1 c. à soupe de jus de citron
fraîchement pressé

sel fin de mer
3 c. à soupe d'huile de noix
3 c. à soupe de cerneaux de noix
(fraîches de préférence) concassés
poivre blanc du moulin

1. Mettez les betteraves dans la partie supérieure d'une marmite à vapeur. Couvrez et faites cuire sur feu modéré pendant 45 minutes jusqu'à ce qu'elles soient tendres. Vous pouvez aussi les faire cuire dans un four à micro-ondes : dans un plat couvert avec 6 cl d'eau, pendant 10 minutes à pleine puissance. Lorsque les betteraves sont refroidies, pelez-les et coupez-les en dés de 1,5 cm de côté. Mettez-les dans un saladier et réservez.

2. Préparez la sauce. Fouettez ensemble dans un bol le jus de citron avec un peu de sel. Incorporez l'huile toujours en fouettant jusqu'à consistance homogène. Goûtez pour rectifier l'assaisonnement.

3. Versez la sauce sur les betteraves et remuez à fond. Vous pouvez préparer cette salade plusieurs heures à l'avance, mais elle doit être dégustée le jour même. Pour la réserver, couvrez-la et mettez-la au réfrigérateur, mais elle doit être servie à température ambiante. Ajoutez les noix juste avant de servir et remuez. Poivrez généreusement et servez.

SALADE « BONNE FEMME »

T out le monde connaît le « céleri rémoulade ». La salade que voici est une charmante variation sur le même thème, dont je vais vous révéler le secret. Pour moi, c'est la reine des crudités. L'idée de Robuchon d'y ajouter de la pomme est parfaite : vous ne la distinguez pas à l'œil, car sa couleur se mélange à celle du céleri, mais vous en reconnaissez rapidement la plaisante acidité. Les têtes de céleri-rave sont d'une taille très variable : la quantité de sauce suffit pour assaisonner 500 g de céleri râpé. Augmentez ou diminuez les proportions en fonction de la taille de votre boule de céleri. S'il vous reste de la sauce, servez-la avec n'importe quelle crudité, carotte, céleri-branche ou concombre.

POUR 4 À 6 PERSONNES

1 céleri-rave de 500 g environ
1 pomme acide
(Granny Smith par exemple),
pelée et épépinée

Pour la sauce :
2 c. à soupe de jus de citron
fraîchement pressé
sel de mer
2 c. à soupe de moutarde blanche
25 cl de crème fraîche épaisse

1. Préparez la sauce : versez le jus de citron dans un bol, ajoutez du sel et fouettez pour faire dissoudre. Incorporez ensuite la moutarde et la crème fraîche. Mélangez jusqu'à consistance homogène. Goûtez pour rectifier l'assaisonnement. Réservez.

2. Coupez la boule de céleri en quartiers et pelez-les. Râpez le céleri dans un robot ménager. Ajoutez-le aussitôt à la sauce et remuez pour bien l'enrober.

3. Râpez également la pomme, puis ajoutez-la au céleri et mélangez à nouveau. Goûtez pour rectifier l'assaisonnement. Cette salade peut être préparée plusieurs heures à l'avance. Dans ce cas, réservez-la à couvert au réfrigérateur. Servez-la bien froide ou à température ambiante.

SALADE DE CHOU ROUGE ET
DE POIVRON À L'ANCHOÏADE

Voici une salade haute en couleur pour ceux qui aiment les saveurs fortes et vibrantes, avec en particulier une généreuse participation de l'ail et de l'anchois. Servez-la en entrée, préparez-la pour un buffet ou faites-en même un plat unique pour un déjeuner rapide, avec un bon pain bien croustillant. Si vous avez un reste de cette salade, utilisez-la pour compléter la garniture d'un sandwich au jambon ou au poulet. C'est en outre une salade qui se prête à de nombreuses variations. Au lieu de chou rouge et de poivron vert, prenez un chou vert et du poivron rouge. Dans ce cas, faites mariner le chou dans du jus de citron ou du vinaigre de vin blanc, mais pas du vinaigre de vin rouge, sinon votre chou vert sera coloré. Autre variante : essayez du fenouil émincé finement (mariné également dans du citron ou du vinaigre de vin blanc), avec du poivron rouge ou vert, ou les deux. Utilisez l'ail en fonction de votre goût personnel. La salade est excellente servie aussitôt, mais vous pouvez aussi la conserver pendant quelques jours : son goût deviendra un peu plus fort. Beaucoup de cuisiniers se servent d'un robot ménager pour émincer ou râper les ingrédients, mais je trouve les résultats décevants.

POUR 4 À 6 PERSONNES

1/2 chou rouge (750 g environ), râpé ou émincé finement	**Pour la sauce à l'anchois :**
	1 boîte (48 g) de filets d'anchois à l'huile d'olive égouttés, en réservant l'huile
3 c. à soupe de vinaigre de vin rouge	*3 à 5 gousses d'ail, finement hachées*
1 poivron vert coupé en petits dés	*2 c. à soupe de feuilles de persil plat ciselé*

1. Mettez le chou rouge dans une terrine. Réservez.

2. Plusieurs heures avant de servir la salade, versez le vinaigre dans une petite casserole, portez à ébullition sur feu moyen, puis versez-le aussitôt sur le chou et mélangez à fond. Couvrez le récipient et laissez reposer à température ambiante pendant plusieurs heures. Vous pouvez faire cette préparation 24 heures à l'avance ; dans ce cas, mettez le chou mariné au vinaigre à couvert dans le réfrigérateur.

3. Juste avant de servir la salade, préparez la sauce à l'anchois. Hachez finement les anchois en leur ajoutant leur huile. Ajoutez l'ail et le persil et hachez le tout à nouveau.

4. Versez le chou au vinaigre dans un plat creux de service, ajoutez la sauce et le poivron en petits dés. Mélangez et servez à température ambiante.

Entrées chaudes

TARTE DE TRUFFES
AUX OIGNONS ET LARD FUMÉ

Il s'agit là d'un plat qui sort de l'ordinaire, mais il y a des occasions qui demandent une certaine folie ! Imaginez une couche de lamelles de truffes que recouvre un mélange d'oignons, de crème et de lardons. Servez le tout avec un vin blanc bien frais et du pain à l'ail juste grillé : c'est un avant-goût de paradis ! Vous pouvez aussi faire l'économie des truffes et servir cette entrée délicieuse sous forme de ramequins à l'oignon et aux lardons, avec du pain de campagne frotté d'ail. Jamais l'accord de l'oignon et du lard ne vous aura semblé aussi parfait. N'oubliez surtout pas de détailler le lard très finement. Si vous le mettez au congélateur pendant 30 minutes, il sera plus facile à couper.

POUR 4 PERSONNES

4 truffes noires de 50 g chacune environ	*gros sel de mer et poivre blanc du moulin*
1 gousse d'ail coupée en deux	*4 fines tranches de lard maigre très froid*
45 g de beurre doux fondu	*(120 g environ)*
8 oignons moyens (1 kg environ)	*8 cl de crème fraîche*
2 c. à soupe de graisse d'oie	*sel fin*

1. Préchauffez le four à 240 °C (thermostat 9).

2. Découpez dans du papier sulfurisé 12 ronds de 13 cm de diamètre (3 par personne).

3. Parez les truffes de manière à les détailler en minces rondelles régulières. Hachez finement les parures.

4. Frottez d'ail les rondelles de papier, puis badigeonnez largement le côté aillé avec le beurre fondu. En commençant par le milieu, rangez les lamelles de truffes en cercle sur le côté beurré en les faisant se chevaucher légèrement. Badigeonnez légèrement de beurre le dessous de chaque lamelle de truffe avant de la mettre en place, de manière à faire adhérer toutes les lamelles les unes aux autres. Lorsqu'elles sont toutes en place, badigeonnez toute la surface obtenue avec une bonne couche de beurre et posez par-dessus une autre rondelle de papier, côté beurré contre les truffes. Appuyez fortement dessus. Confectionnez tous les « fonds de tarte » de la même façon. Mettez-les au réfrigérateur au moins une heure pour faire durcir le beurre. (Vous pouvez préparer ces disques de truffes 6 à 8 heures à l'avance ; dans ce cas, couvrez-les d'un film plastique et mettez-les au réfrigérateur.)

5. Coupez les oignons en deux. Posez-les à plat, face coupée contre le plan de travail, puis détaillez-les en lamelles très fines, presque transparentes.

6. Mettez la graisse d'oie dans un poêlon sur feu vif. Ajoutez les oignons, salez et poivrez. Faites cuire 10 minutes en remuant sans arrêt. Les oignons ne doivent pas prendre couleur. Réservez.

7. Sortez le lard du réfrigérateur. Enlevez le gras et détaillez le maigre en petits dés minuscules. Portez à ébullition une petite casserole d'eau. Mettez les lardons dans une passoire et plongez celle-ci dans l'eau bouillante pendant 10 secondes. Égouttez les lardons.

8. Ajoutez les parures de truffes aux oignons et réchauffez le mélange sur feu doux pendant 30 secondes. Ajoutez les lardons et poivrez largement en mélangeant sans arrêt pendant 1 minute. Incorporez la crème et faites cuire encore 1 minute en remuant. Goûtez pour rectifier l'assaisonnement. Le mélange doit être assez poivré.

9. Répartissez le mélange aux oignons sur 4 assiettes plates. Aplatissez-le en forme de galette, de la même taille que les disques aux truffes. Servez-vous du troisième cercle de papier comme patron, mais ne le mettez pas sous les oignons.

10. Pour assembler les « tartes » : sortez les disques aux truffes du réfrigérateur et retirez la rondelle de papier du dessus. Renversez-les sur les oignons et laissez en place la rondelle de papier. Passez les assiettes dans le four pendant 1 minute, le temps de faire fondre le beurre qui tient les truffes ensemble. Sortez les assiettes du four dès que le beurre est fondu et retirez la rondelle de papier. Salez et poivrez. Servez avec du pain de campagne frotté d'ail et grillé.

11. Pour préparer les ramequins, répartissez le mélange d'oignons aux lardons dans des ramequins en porcelaine d'une contenance de 12,5 cl et lissez le dessus avec le dos d'une cuiller. Couvrez les ramequins de film plastique et faites-les réchauffer pendant 1 minute au four à micro-ondes sur maximum ou dans une marmite à vapeur. Pour servir, démoulez les ramequins sur des assiettes chaudes et proposez en même temps du pain de campagne frotté d'ail et grillé.

Vin conseillé : un bon bourgogne blanc, corton-charlemagne de préférence.

Le bon goût du tout petit : la saveur d'une préparation dépend largement de la manière dont les ingrédients sont détaillés. Dans cette tarte friande, par exemple, les lardons sont coupés en morceaux minuscules, mais ils dégagent un parfum surprenant.

TARTE FRIANDE
AUX TOMATES,
POIVRONS ET BASILIC

C ette tarte est l'une des plus spectaculaires créations de Joël Robuchon, garnie de tomates et de poivrons métamorphosés par un assaisonnement bien relevé, présentés sur de la pâte à phyllo bien dorée. Chez Jamin, les serveurs prétendent en riant que c'est la meilleure pizza de tout Paris ! Que la photo qui illustre la recette ne vous décourage pas : elle n'est pas si compliquée qu'elle en a l'air. Si vous visez la perfection, vous aurez du travail, mais vous pouvez très bien adapter l'original à votre niveau en conservant tout l'intérêt gastronomique. Préparez par exemple un seul grand cercle ou un rectangle de pâte, couvrez-le de tomate concassée bien épaisse, puis garnissez-le de tomates et de poivrons sur une seule couche. À la place de la tomate concassée, vous pouvez choisir de la pipérade ou de la ratatouille, puis la garnir de rondelles de courgettes. Comme une pâte à tarte classique, la pâte à phyllo peut se cuire plusieurs heures à l'avance et se conserver à température ambiante jusqu'au moment de l'emploi.

Matériel : 1 petit emporte-pièce de 2,5 cm de diamètre, 1 grand emporte-pièce de 13 cm de diamètre (ou un pochoir en carton de même taille), papier sulfurisé.

POUR 4 PERSONNES

3 kg de grosses tomates	*du vert de poireau et solidement ficelés*
3 poivrons verts bien charnus	*4 gousses d'ail pelées*
1 gros oignon	*2 c. à soupe de concentré de tomates*
150 g de beurre	*sel fin et poivre blanc du moulin*
1 dl d'huile d'olive extra-vierge	*20 g de sucre en poudre*
1 bouquet garni : plusieurs tiges	*4 feuilles de pâte à phyllo*
de persil, feuilles de céleri et	*2 c. à soupe de basilic frais hâché*
brins de thym, enveloppés dans	*4 branches de thym vert émietté*

1. Plongez 10 secondes les tomates dans une casserole d'eau en ébullition. Retirez-les et plongez-les dans de l'eau glacée. Pelez-les. Coupez-les en quartiers et retirez les graines. Avec un emporte-pièce de 2,5 cm de diamètre, découpez dans la chair des rondelles. Concassez le restant des tomates et gardez en attente.

2. Lavez les poivrons, retirez soigneusement les graines et les parties blanches. Coupez-les en 3 dans la longueur. Avec le même emporte-pièce que pour les tomates, découpez-les en rondelles. Plongez-les 10 secondes dans une casserole d'eau en ébullition.

Retirez-les et plongez-les dans l'eau glacée. Égouttez-les bien. Retirez les peaux des rondelles. Gardez en attente.

3. Pelez et hâchez finement l'oignon. Mettez-le dans une casserole avec 25 g de beurre et 1/2 dl d'huile d'olive. Portez sur feu moyen, salez légèrement et laissez suer en remuant pendant 3 à 4 minutes sans coloration. Ajoutez les gousses d'ail, le bouquet garni, le restant de tomates concassées et le concentré de tomates. Assaisonnez avec un complément de sel, poivre et le sucre. Laissez cuire à feu moyen et à découvert jusqu'à évaporation de toute l'eau de végétation. Retirez alors les gousses d'ail, le bouquet garni et gardez en attente.

4. Coupez 4 ronds de papier sulfurisé de 13 cm environ.

5. Dans les feuilles de pâte à phyllo, découpez 20 ronds de 13 cm. Sur une plaque à pâtisserie déposez un disque de pâte. Avec un pinceau recouvrez la surface d'une pellicule de beurre pommade. Recouvrez d'un deuxième disque et continuez ainsi pour terminer avec un cinquième dont la surface ne sera pas beurrée. Conservez au réfrigérateur.

6. Faites fondre le reste de beurre et trempez-y bien les rondelles de tomates et de poivrons. Sur les 4 ronds de papier, rangez les rondelles de tomates et de poivrons en cercle et se chevauchant. Alternez 2 tomates pour 1 poivron environ. Réservez au réfrigérateur afin de permettre au beurre de se figer et de faire ainsi adhérer le tout au papier sulfurisé.

7. Préchauffez le four à 200 °C (thermostat 6-7). Glissez la plaque avec les disques dans le four et faites cuire 10 minutes pour obtenir une coloration blonde.

8. Réchauffez doucement la tomate concassée, rectifiez l'assaisonnement et ajoutez le basilic hâché.

9. Tartinez les disques de pâte avec la tomate concassée au basilic. Égalisez à l'aide du dos d'une cuiller ou avec une spatule.

10. Renversez dessus, les rondelles de tomates et de poivrons bien froids fixés au papier sulfurisé qui se retrouvent ainsi dessus.

11. Faites cuire 8 minutes au four préchauffé à 200 °C.

12. Une fois cuite, retirez le papier. Assaisonnez de sel, de poivre, de brindilles de thym et d'un filet d'huile d'olive.

13. Servez chaque tarte individuellement sur des assiettes chaudes.

Vin conseillé : un châteauneuf-du-pape blanc aux doux accents ensoleillés.

Le bouquet garni : la bonne cuisine est en général une recherche des bons accords de saveurs. Le bouquet garni – mélange d'aromates maintenus par du fil de cuisine – fait partie de ces extras culinaires qui rehaussent subtilement l'arôme d'un plat en lui ajoutant tout le parfum des herbes. Préparez le même plat, une fois avec et une fois sans bouquet garni, et vous comprendrez ce que je veux dire. Il n'existe pas de recettes standard du bouquet garni, mais je vous conseille d'y faire figurer du thym, du persil, de l'estragon, du laurier, des feuilles de céleri ou une branche de céleri et du romarin. Pour bien faire tenir toutes les herbes ensemble, il est pratique de les emballer dans du vert de poireau, puis de ficeler solidement le tout.

HUÎTRES CHAUDES
AU FENOUIL ET AU CURRY

Riches et aériennes à la fois, avec un merveilleux parfum d'iode, ces huîtres chaudes enrobées d'une sauce au vin blanc et à la crème relevée de fenouil et de curry font une entrée particulièrement élégante. Elle est encore meilleure si vous la préparez au tout dernier moment. Vous perdrez moins de temps si tous les ingrédients sont prêts à l'emploi, pelés, parés et émincés. Ouvrez les huîtres juste avant de les utiliser.

POUR 4 PERSONNES

3 échalotes émincées	*1 petit bulbe de fenouil émincé*
40 cl de vin blanc sec	*25 cl de crème fraîche*
140 g de beurre bien froid	*1 bonne pincée de curry en poudre*
24 huîtres creuses décoquillées,	*poivre blanc du moulin*
avec leur eau filtrée	*4 c. à soupe d'œufs de saumon*
1 oignon moyen émincé	*4 c. à soupe de ciboulette ciselée*

1. Mettez les échalotes dans une petite casserole sur feu moyen, ajoutez le vin blanc et 15 g de beurre. Mélangez et portez à ébullition. Faites réduire de moitié.

2. Beurrez largement un plat creux allant sur le feu. Rangez les huîtres dans le plat, les unes à côté des autres, sur une seule couche. Réservez.

3. Ajoutez l'eau filtrée des huîtres à la réduction de vin blanc. Portez à nouveau à ébullition, puis répartissez ce liquide directement sur les huîtres en le versant à travers une passoire. Faites chauffer sur feu doux pendant 30 secondes, puis retournez les huîtres. Dès que le liquide se met à frémir, retirez le plat du feu.

4. Égouttez les huîtres et mettez-les sur une assiette pour les laisser refroidir. Avec une paire de ciseaux, ébarbez les huîtres. Réservez le jus de cuisson dans le plat.

5. Mettez 75 g de beurre dans une casserole moyenne. Ajoutez l'oignon et le fenouil. Faites-les cuire pendant 3 à 4 minutes jusqu'à ce qu'ils soient ramollis. Incorporez le jus de cuisson des huîtres en fouettant, puis la crème et le curry. Faites réduire sur feu moyen pendant 5 à 6 minutes. Goûtez pour rectifier l'assaisonnement.

6. Tapissez une passoire avec une mousseline mouillée. Passez la sauce dans une autre casserole. Incorporez en fouettant le reste de beurre (30 g). Remettez les huîtres dans cette sauce et faites-les réchauffer doucement pendant 1 minute.

7. Répartissez les huîtres chaudes dans des assiettes creuses de service (6 par personne). Ajoutez les œufs de saumon et la ciboulette ciselée à la sauce et nappez-en les huîtres. Servez aussitôt.

Vin conseillé : un vin de Champagne tranquille, comme les coteaux-champenois.

Faites pousser vous-même votre ciboulette : parmi les fines herbes, la ciboulette est l'une des plus élégantes et sans doute la plus parfumée. Pour en avoir sous la main toute l'année, même si vous n'avez pas de jardin, plantez 5 ou 6 bulbes d'échalote dans un pot de fleurs, pas trop profondément, juste recouverts d'une petite couche de terre. Posez le pot près d'une fenêtre ou dans le coin le plus clair de votre cuisine. En l'espace de quelques jours, vous verrez apparaître de fines petites pousses vertes, qui dix jours plus tard vont atteindre 15 à 20 cm. Pour les récolter, servez-vous simplement d'une paire de ciseaux. Les échalotes s'épuisent après 3 ou 4 semaines. Dans ma cuisine, j'ai toujours trois pots où je renouvelle les plants chaque semaine.

Savoir faire réduire : quand on fait la cuisine chez soi, il y a un certain nombre de procédés et de tours de main techniques qui nous font un peu peur. L'un d'entre eux est celui qui consiste à faire réduire un liquide pour obtenir une saveur plus concentrée, plus intense, notamment une sauce plus épaisse. Je ne sais pas très bien pourquoi, mais j'ai l'impression que nous craignons de gâcher ce liquide si nous le faisons réduire. Rien n'est moins vrai en réalité. Prenons par exemple la très classique réduction de vin et d'échalotes, une manipulation qui ne demande aucun effort particulier, sauf les dix minutes que prennent les échalotes, le vin et le beurre pour donner une sauce onctueuse et fondante à partir de trois ingrédients sans aucune unité au départ. Goûtez la sauce avant et après réduction et vous comprendrez de quoi je parle. N'oubliez pas que la réduction est un « truc » qui ne demande aucun ustensile spécial, aucune habileté manuelle particulière, juste quelques minutes qui vous le rendront au centuple !

FOIE GRAS
À LA CRÈME DE LENTILLES

J'aime beaucoup les combinaisons apparemment contradictoires comme celle-ci : le royal foie gras et la vulgaire lentille. Bien entendu, le résultat n'a rien de banal et le plat séduira sans aucun doute les amateurs de foie gras. On surnomme parfois les lentilles « le caviar du pauvre » : à condition, dans ce cas, de choisir les merveilleuses petites lentilles vertes du Puy dont la saveur et le moelleux se marient parfaitement avec l'élégance riche et soyeuse du foie gras. La méthode de cuisson du foie gras, simplement à la vapeur, fait de ce plat une trouvaille rapide à préparer.

Matériel : mixer batteur (facultatif).

EN PLAT PRINCIPAL : POUR 4 PERSONNES
EN ENTRÉE : POUR 8 PERSONNES

1 foie gras cru de canard de 500 g
15 g de sel de mer fin
380 g de lentilles du Puy
50 cl de bouillon de volaille
(voir page 307)
75 g de lard de poitrine maigre
sans la couenne
1 gousse d'ail pelée, coupée en deux
et débarrassée de son germe
1 oignon piqué d'un clou de girofle
1 carotte

1 bouquet garni
(quelques queues de persil, feuilles de céleri et brins de thym enveloppés dans un vert de poireau et solidement ficelés)
gros sel de mer et poivre blanc du moulin
90 g de beurre bien froid coupé en petits morceaux
Pour la garniture :
4 c. à soupe de cerfeuil ou de persil ciselé
1 petit bouquet de ciboulette

1. Préparez le foie gras. Un foie de canard se compose de deux lobes, un petit et un gros. Avec la pointe d'un petit couteau bien aiguisé, éliminez toutes les traces verdâtres à la surface du foie. Avec vos mains, séparez le petit lobe du gros en les écartant doucement. Coupez chaque lobe transversalement en 4 morceaux égaux, de 2,5 cm d'épaisseur environ. Avec la pointe d'un petit couteau bien aiguisé, retirez la fine pellicule transparente qui enveloppe chaque morceau, puis retirez et jetez les petits vaisseaux sanguins qui pénètrent à l'intérieur de chaque lobe. Remplissez d'eau glacée une grande terrine, ajoutez 1 cuillerée à soupe de sel et mettez les morceaux de foie gras dedans. Couvrez d'un film plastique et laissez reposer à température ambiante pendant 30 minutes. Le sel facilite l'évacuation du sang et donne un foie gras propre et d'une couleur uniforme.

2. Sortez les morceaux de foie gras de l'eau, épongez-les soigneusement et enveloppez chaque morceau dans du film plastique en tordant les bouts pour bien l'enfermer. Réservez.

3. Préparez les lentilles. Mettez-les dans une passoire et rincez-les sous l'eau froide. Mettez-les dans une grande casserole et couvrez-les d'eau froide. Portez à ébullition sur feu vif. Lorsque l'eau bout, retirez la casserole du feu, égouttez les lentilles et rafraîchissez-les sous l'eau froide. Remettez les lentilles dans la casserole, ajoutez le bouillon de volaille, 50 cl d'eau et portez à ébullition sur feu vif. Avec une écumoire, retirez la mousse et les impuretés qui montent à la surface. Ajoutez le lard maigre, l'ail, l'oignon piqué, la carotte et le bouquet garni. Salez et poivrez. Baissez le feu et couvrez. Faire cuire 40 à 50 minutes, jusqu'à ce que les lentilles soient tendres. Remuez-les de temps en temps pour les empêcher d'attacher. Écumez si nécessaire.

4. Retirez la casserole du feu. Jetez la carotte, l'oignon et le bouquet garni. Sortez le lard maigre et coupez-le en petits dés. Mettez-les dans une petite casserole, ajoutez 2 cuillerées à soupe de lentilles égouttées et réservez.

5. Avec une écumoire, sortez le reste des lentilles de leur cuisson. Mettez ce liquide de côté. Réduisez les lentilles en purée fine en les passant au robot ou au moulin à légumes. Remettez la purée dans une casserole moyenne sur feu modéré. Ajoutez suffisamment de liquide de cuisson en fouettant jusqu'à consistance d'une sauce fluide. Passez la sauce au chinois. Baissez le feu et incorporez en fouettant 45 g de beurre. Évitez de laisser bouillir. Retirez la casserole du feu et incorporez le reste de beurre en fouettant jusqu'à consistance homogène. La sauce doit avoir l'aspect d'un potage bien crémeux. (Si vous avez un mixer latéral, plongez-le dans la purée pour l'alléger et la rendre mousseuse.) Goûtez et rectifiez l'assaisonnement. Réservez au chaud. (Vous pouvez préparer cette crème de lentilles plusieurs heures à l'avance. Dans ce cas, tenez-la au chaud au bain-marie sur feu doux.)

6. Faites bouillir 50 cl d'eau sur feu vif dans un cuiseur à vapeur. Posez les morceaux de foie gras enveloppés dans le papier, baissez le feu, couvrez et faites cuire pendant 4 minutes jusqu'à ce que le foie gras soit bien chaud et sur le point de fondre.

7. Pendant ce temps, faites réchauffer le mélange lentilles-lard maigre sur feu moyen. Ajoutez-le à la crème de lentilles et mélangez intimement. Si la sauce est trop épaisse, ajoutez encore un peu du liquide de cuisson. Réservez au chaud.

8. Retirez les morceaux de foie gras du cuiseur à vapeur et découpez les papillotes avec une paire de ciseaux. Épongez le foie gras. Répartissez les tranches dans des assiettes creuses bien chaudes (2 par personne). Nappez de crème de lentilles et ajoutez en décor les pluches de cerfeuil et les brins de ciboulette ciselée, le gros sel de mer et les grains de poivre blanc concassés. Servez aussitôt.

Vin conseillé : un gewurztraminer, vendange tardive.

Poivre mignonnette : jadis, la mignonnette désignait un petit sachet de mousseline rempli de grains de poivre et de clous de girofle que l'on employait pour parfumer les soupes et les ragoûts, un peu comme on le fait aujourd'hui avec le bouquet garni. La mignonnette pouvait également contenir du gingembre, de la coriandre, de la noix muscade et du piment. On la plongeait alors dans un plat à la dernière minute pour ajouter une note épicée. Aujourd'hui, le terme de poivre mignonnette désigne couramment du poivre en grains concassé. Pour en dégager le maximum de saveur, écrasez les grains juste au moment de les utiliser, soit dans un petit moulin à épices, soit dans un mortier avec un pilon.

Un mot sur le foie gras : qu'est-ce que le foie gras ? Le foie hypertrophié d'une oie ou d'un canard que l'on a engraissés dans ce but. Le foie gras d'oie peut peser 800 ou 900 g, alors que le foie gras de canard pèse généralement 500 g. Un bon foie gras est de couleur pâle, rosé ivoire, sa texture est riche, fondante et onctueuse. La méthode de préparation la plus courante du foie gras est la cuisson en terrine : assaisonné au goût, le foie gras est cuit, refroidi et servi en tranches avec du pain grillé. Le foie gras peut également être escalopé et poêlé, rôti entier ou utilisé pour enrichir une sauce. Lorsqu'une recette demande du foie gras, ne prenez pas à la place du simple foie de canard, le résultat ne sera pas du tout le même !

Lentilles : certaines recettes recommandent de faire tremper les lentilles avant de les faire cuire (en principe pour les attendrir et les rendre plus digestes). Joël Robuchon est d'un avis contraire. En faisant tremper les lentilles, on commence à les faire germer, ce qui correspond à un début de fermentation, qui justement les rend indigestes. Il est préférable de les faire blanchir avant la cuisson proprement dite, pour éliminer toute trace d'amertume.

MARINIÈRE DE PÉTONCLES

Voici le hors-d'œuvre par excellence, facile à préparer et élégant à servir. Faites appel à votre imagination pour varier les coquilles de service et le matériau qui sert à les caler sur l'assiette. Presque tous les éléments de cette recette peuvent se préparer avant l'arrivée de vos invités, le dressage final se fait à la dernière minute.

POUR 4 PERSONNES

3 petits poireaux baguettes, le vert seulement	*75 g de beurre doux*
	3 échalotes finement émincées
10 g de beurre doux ramolli	*1 c. à soupe de crème fraîche*
gros sel	*8 coquilles Saint-Jacques vides*
24 noix de pétoncles fraîches, lavées et égouttées	*(ou autres coquillages bien propres, clams, ormeaux, etc.)*
fleur de sel	*1 c. à soupe de jus de citron*
poivre blanc concassé	*1 dl de vin blanc sec*
1 c. à café de thym frais	

1. Lavez les poireaux et émincez-les finement en diagonale. Il en faut 24 morceaux pour la garniture. Faites bouillir une grande casserole d'eau. Salez-la, ajoutez les légumes et faites-les blanchir 2 minutes. Rafraîchissez-les sous l'eau froide courante. Égouttez-les et réservez.

2. Étalez une couche régulière de gros sel sur une grande assiette plate. Disposez les coquilles vides par-dessus. Réservez.

3. Badigeonnez de beurre ramolli une grande assiette allant au four. Disposez les noix de pétoncles dessus en une seule couche. Badigeonnez également les noix de pétoncles de beurre ramolli et poivrez-les largement. Ajoutez une pincée de fleur de sel et la moitié du thym. Réservez.

4. Préchauffez le gril du four.

5. Mélangez dans une casserole moyenne 45 g de beurre, les échalotes et une pincée de sel. Faites cuire sur feu moyen pendant 2 à 3 minutes jusqu'à ce que les échalotes soient ramollies. Ne les laissez pas roussir. Ajoutez le vin et faites-le réduire pendant 2 à 3 minutes. Incorporez la crème en fouettant ainsi que le jus de citron et goûtez pour rectifier l'assaisonnement. Retirez la casserole du feu et ajoutez en fouettant le reste de beurre (30 g) jusqu'à ce qu'il soit complètement incorporé à la sauce. (La sauce peut être préparée 30 minutes à l'avance ; dans ce cas, gardez-la au bain-marie à couvert sur feu doux.)

6. Placez l'assiette contenant les pétoncles sous le gril, à 8 cm environ de la source de chaleur. Laissez-les 1 petite minute : il s'agit de chauffer les pétoncles sans les cuire. Sortez-les du four.

7. Avec une petite cuiller, répartissez la sauce dans les coquilles. Ajoutez 3 pétoncles par coquille, sur la sauce. Disposez 3 tranches de poireaux en forme de trèfle sur les coquilles. Parsemez le thym et servez.

Vin conseillé : un chablis grand cru.

En poudre ou en grains : pour assaisonner un plat, les grains de poivre blancs ou noirs fraîchement réduits en poudre fine au dernier moment à l'aide d'un moulin à poivre ajoutent une touche de saveur irremplaçable. Mais, dans certains cas, pour avoir une saveur plus affirmée, il est préférable de concasser les grains. Chez moi, je me sers d'un petit moulin électrique pour moudre les grains entiers (en le nettoyant soigneusement après emploi pour éliminer la moindre trace de goût ou d'odeur). Pour concasser des grains à la main, il existe deux méthodes : soit sur une planche en se servant d'un maillet en bois ou du fond d'un petit poêlon en fonte, soit dans un mortier avec un pilon.

QUATRE-ÉPICES

On donne ce nom à un mélange classique de plusieurs épices, utilisé pour assaisonner les terrines à base de porc ou de foie de canard. Choisissez la meilleure qualité d'épices que vous puissiez trouver et réduisez-les en poudre vous-même, dans un mini-hachoir ou petit moulin à café électrique. En général je prépare seulement la quantité d'épices dont j'ai besoin pour une terrine à la fois.

POUR 1 CUILLERÉE À CAFÉ DE QUATRE-ÉPICES

1/4 de c. à café de cannelle en poudre

1/4 de c. à café de piment de la Jamaïque en poudre

1/4 de c. à café de clou de girofle en poudre

1/4 de c. à café de noix muscade en poudre

Mélangez tous les ingrédients dans un petit bol. Utilisez sans tarder pour assaisonner une terrine.

Entrées froides

SALADE DE CREVETTES EN BOLÉRO

C ette salade marine légère et colorée se prépare aussi bien avec des crevettes qu'avec du homard.

POUR 4 PERSONNES

25 cl de vinaigrette pour poissons	*2 pommes Granny Smith*
(voir page 301)	*1 c. à soupe d'huile d'arachide*
72 crevettes cuites de taille moyenne	*2 c. à soupe de ciboulette*
2 grosses tomates pelées et épépinées	*ciselée*
6 c. à soupe de jus de citron	*feuilles de cerfeuil frais pour garnir*
2 gros avocats bien fermes	*20 g de truffe hachée (facultatif)*

1. Décortiquez les queues des crevettes.

2. Avec une cuiller parisienne de 5 mm de diamètre, prélevez des petites boules dans la chair des tomates. Vous pouvez aussi la détailler en petits dés de 5 mm de côté. Réservez.

3. Répartissez le jus de citron dans deux bols. Avec une cuiller parisienne de 5 mm de diamètre, prélevez des petites billes dans la pulpe de la pomme. Mettez-les dans l'un des bols et remuez-les dans le jus de citron pour les empêcher de noircir. Égouttez-les et réservez-les. Vous pouvez aussi détailler la pomme en petits dés de 5 mm de côté. Préparez les avocats de la même façon.

4. Prenez 4 bols et versez dans chacun d'eux une cuillerée à soupe de tomate, de pomme et d'avocat. Arrosez de quelques gouttes d'huile et remuez. Réservez le reste des fruits.

5. Nappez de vinaigrette quatre assiettes de service. Utilisez le reste pour assaisonner les crevettes puis égouttez-les.

6. Disposez 18 crevettes en cercle sur chaque assiette, les unes à côté des autres, côté arrondi vers le haut. Au centre de chaque rond de crevettes, versez le contenu d'un bol du mélange pomme-tomate-avocat. Mettez le reste des fruits préparés à l'extérieur du rond de crevettes en les faisant alterner. Parsemez le centre de ciboulette et de truffe émincée (si vous en utilisez). Posez une feuille de cerfeuil sur chaque crevette.

Vin conseillé : un rully blanc premier cru.

SORBET TOMATE
À LA MENTHE

S imple et délicieux, voici une merveilleuse entrée d'été lorsqu'il fait très chaud. Pour le réussir, choisissez des tomates ovales bien charnues et servez le sorbet dans des coupes en verre en ajoutant les feuilles de menthe fraîche en présentation. La recette de la purée de tomates (cuites au four, puis pelées) est aussi efficace pour confectionner n'importe quelle sauce tomate.

POUR 75 CL DE SORBET

1,5 kg de tomates olivettes	*1 c. à soupe de feuilles de menthe*
150 g de sucre glace	*fraîche ciselée*
1 c. à soupe de jus de citron	*feuilles de menthe fraîche pour*
1 pincée de sel	*la présentation*

1. Préchauffez le four à 200 °C (thermostat 6 à 7).

2. Coupez les tomates en deux dans l'épaisseur. Pressez-les doucement pour éliminer le jus et les graines. Rangez-les, face coupée en dessous, sur la tôle du four. Enfournez à mi-hauteur et laissez-les cuire environ 10 minutes, jusqu'à ce que la peau se détache de la chair.

3. Sortez la tôle du four et posez-la sur une grille. Laissez refroidir.

4. Lorsque les tomates sont tièdes, pelez-les et retirez le pédoncule. Mettez la pulpe dans un robot-coupe mixer et réduisez-la en purée fine. Passez la purée au tamis à mailles fines dans une grande terrine. Ajoutez le sucre, le jus de citron, le sel et la menthe ; mélangez intimement.

5. Mettez le mélange au réfrigérateur jusqu'à ce qu'il soit très froid lorsque vous le touchez du bout du doigt. Versez-le alors dans une sorbetière et faites prendre au froid en suivant le mode d'emploi de l'appareil. Servez aussitôt.

SALADE DE NOIX DE SAINT-JACQUES AUX GIROLLES ET AU CAVIAR

Voici une salade pleine de fraîcheur, vibrante de saveurs réunies dans une combinaison magnifique. Vous avez pratiquement quatre recettes en une seule qui marie les textures, les parfums et les couleurs. La vinaigrette au vinaigre de cidre convient pour bien d'autres emplois.

POUR 4 PERSONNES

8 grosses noix de coquilles Saint-Jacques
2 c. à soupe d'huile d'olive extra-vierge
1 petite pincée de safran
sel fin de mer et poivre blanc du moulin
1 petite tête de trévise, effeuillée, lavée et égouttée
(ou la même quantité de mâche)
1 endive lavée et égouttée

Pour la vinaigrette :
2 c. à soupe de vinaigre de cidre

sel fin de mer et poivre blanc du moulin
12 cl d'huile d'arachide

Pour la garniture :
3 c. à soupe d'huile d'olive extra-vierge
1 petit oignon émincé
1 petit bulbe de fenouil émincé
120 g de girolles ou de champignons de Paris bien nettoyés
sel de mer et poivre noir du moulin
2 c. à soupe de caviar sevruga
pluches de cerfeuil frais

1. Rincez et épongez les noix de Saint-Jacques. Détaillez chaque noix horizontalement en 4 tranches. (Utilisez un couteau à lame fine et bien aiguisée, en appuyant sur la noix avec la main et en commençant par le bas.) Rangez les tranches de Saint-Jacques côte à côte dans un grand plat. Mélangez dans un bol l'huile, le safran, le poivre et le sel. Avec un pinceau à pâtisserie, badigeonnez de ce mélange les tranches de Saint-Jacques sur les deux faces. Couvrez le plat et mettez-le au réfrigérateur.

2. Mélangez dans un bol le vinaigre de cidre et le sel. Ajoutez l'huile en fouettant et poivrez au goût.

3. Empilez les feuilles d'endive les unes sur les autres et coupez-les dans la longueur en fine julienne. Arrosez-les avec la moitié de la vinaigrette. Réservez.

4. Dans un autre bol, assaisonnez la trévise avec le reste de la vinaigrette. Réservez.

5. Si vous prenez des girolles, laissez-les entières si elles sont petites et coupez-les en quatre si elles sont grosses. Si vous prenez des champignons de Paris, hachez-les grossièrement. Mélangez dans un poêlon l'huile, l'oignon et le fenouil. Faites chauffer sur feu moyen et laissez cuire 2 ou 3 minutes jusqu'à ce que l'oignon soit tendre et transparent. Ajoutez les champignons et poursuivez la cuisson pendant 3 à 4 minutes. Goûtez pour rectifier l'assaisonnement et réservez.

6. Répartissez la trévise assaisonnée en rond dans quatre assiettes de service bien froides. Ajoutez l'endive assaisonnée à l'intérieur de ce cercle en remplissant l'assiette à moitié.

7. Sortez les Saint-Jacques au safran du réfrigérateur. Disposez-les sur les endives en les faisant se chevaucher légèrement. Parsemez les Saint-Jacques de caviar. Ajoutez le cerfeuil en garniture. Versez le mélange de champignons au fenouil au centre de l'assiette et servez aussitôt.

Vin conseillé : un bordeaux blanc, graves de préférence.

TERRINE DE FOIE GRAS DE CANARD

Riche, moelleux, fondant, voici un chef-d'œuvre destiné à la table d'un vrai gourmet. J'ai souvent goûté du foie gras dans ma vie : du pire au meilleur en passant par le banal, mais jamais mieux que celui-ci. Doux et soyeux, il fond dans la bouche dans une apothéose de richesse veloutée. La méthode de Joël Robuchon consiste d'abord à faire tremper le foie dans de l'eau salée, de sorte que le foie offre ensuite une couleur pure et régulièrement teintée. La seule intervention un peu délicate (à part le choix d'un foie gras de canard de toute première qualité), c'est l'obligation de retirer soigneusement les vaisseaux sanguins qui innervent les lobes. N'oubliez pas de commander vos foies gras une semaine à l'avance, car la préparation et la maturation demandent un certain temps. Servez cette terrine en entrée, élégamment escortée de pain grillé avec un verre de sauternes bien frais ou un gewurztraminer vendange tardive.

Matériel : une terrine ovale ou rectangulaire en porcelaine ou en fonte émaillée de 1,5 litre, avec le couvercle, un thermomètre de cuisson, papier sulfurisé.

POUR 10 À 12 PERSONNES

2 foies gras frais de canard	1 c. à café de sucre en poudre
(1 kg en tout)	1/2 c. à café de quatre-épices
30 g de sel fin	1 pincée de noix muscade râpée
1/2 c. à café de poivre blanc	

1. La veille de la cuisson, préparez les foies gras. Un foie gras se compose de deux lobes, un gros et un petit. Séparez-les avec vos mains en les écartant délicatement. Avec un petit couteau pointu, grattez doucement la moindre trace de fiel. Toujours avec le couteau, coupez une petite portion de 2,5 cm environ à l'extrémité la plus étroite de chaque gros lobe. Cette précaution va permettre au sel de pénétrer à l'intérieur du foie et de drainer le sang. Préparez une grande terrine d'eau très froide, ajoutez 1 cuillerée à soupe de sel et mettez les lobes de foie gras dedans. Couvrez d'un film plastique et mettez au réfrigérateur pendant 6 heures. Le sel va faire partir le sang et le foie gras aura une apparence nette et une couleur uniforme.

2. Sortez les lobes de foie gras de l'eau salée et épongez-les délicatement. Posez-les sur une grande serviette propre. Avec un petit couteau bien aiguisé, grattez la pellicule qui enveloppe l'extrémité de chaque lobe. En commençant par les petits lobes, faites une incision de 3 cm le long du lobe ; avec la pointe du couteau retirez le petit vaisseau sanguin qui part vers l'intérieur du lobe. Répétez la même opération sur les autres lobes, sans oublier que les gros lobes comportent un réseau de deux vaisseaux sanguins superposés. Parez et jetez la moindre particule verdâtre ou tache de sang sur tous les lobes.

3. Réunissez dans un bol le reste de sel, le poivre, le sucre, le quatre-épices et la noix muscade. Mélangez. Appliquez ce mélange aussi régulièrement que possible sur chacun des lobes, en évitant de trop les manipuler car ils sont fragiles. Mettez-les dans un grand saladier propre et couvrez d'un film plastique ; placez le saladier couvert au réfrigérateur pendant 8 à 12 heures en retournant les lobes 2 ou 3 fois durant cette période.

4. Le jour de la cuisson, préchauffez le four à 120 °C (thermostat 2-3).

5. Prenez un plat creux un peu plus grand que la terrine pour vous servir de bain-marie. Découpez un morceau de papier sulfurisé aux dimensions du fond du plat et faites plusieurs incisions au milieu du papier. Posez-le dans le fond du plat et réservez. (Le papier empêchera l'eau du bain-marie de bouillir et d'éclabousser le foie gras.) Découpez un autre morceau de papier sulfurisé aux dimensions du dessus de la terrine ; réservez.

6. Remplissez la terrine avec les lobes de foie gras : prenez d'abord l'un des deux gros et posez-le dans le fond de la terrine, face soyeuse vers le bas, en appuyant doucement pour éliminer les poches d'air. Posez les petits lobes par-dessus au milieu, avec les parures éventuelles. Placez enfin le deuxième gros lobe en dernier, face soyeuse dessus. Couvrez avec le papier sulfurisé en appuyant doucement pour obtenir une surface relativement plane. Mettez la terrine au réfrigérateur pendant 1 heure minimum.

7. Pendant ce temps, faites chauffer une grande casserole d'eau jusqu'à ébullition. Sortez la terrine du réfrigérateur et mettez-la dans le plat préparé pour le bain-marie. Versez-y l'eau chaude en laissant une bonne marge de 2 cm entre le niveau de l'eau et le haut de la terrine. La température de l'eau va alors retomber à 70 °C : c'est celle qu'il faut maintenir durant toute la cuisson. Mettez le plat avec la terrine au bain-marie dans le four et faites cuire pendant 50 minutes.

8. Sortez la terrine du four. Versez soigneusement dans un verre gradué tout le liquide qui se trouve dans la terrine. Laissez-le reposer pendant plusieurs minutes. Le jus de cuisson va tomber au fond du verre en laissant au-dessus une couche claire de graisse de canard fondue. Versez doucement cette graisse sur la terrine de manière à recouvrir tous les lobes. Jetez le jus de cuisson. Laissez la terrine reposer à découvert pendant environ 3 heures, sans poser de poids sur la terrine.

9. Lorsque la terrine est complètement refroidie, posez le couvercle et mettez-la au réfrigérateur pendant environ 12 heures : la graisse est alors figée et le foie gras bien ferme. Retirez le couvercle et emballez la terrine dans du film plastique. N'utilisez pas de papier d'aluminium car ce matériau risque de laisser des traces noirâtres sur le foie. Couvrez et mettez au réfrigérateur pendant 3 ou 4 jours pour permettre au foie de maturer. Bien enveloppé, il peut se conserver au frais jusqu'à 10 jours, à partir du moment où il a subi sa cuisson.

10. Pour servir : sortez la terrine de foie gras du réfrigérateur environ 15 minutes avant la dégustation, car il doit être servi froid mais non glacé. Pour le trancher, plongez un couteau dans de l'eau chaude et prélevez des tranches fines et régulières. Posez-les sur des petites assiettes et proposez en même temps de fines tranches de pain de campagne grillé.

Vin conseillé : un grand sauternes ou un gewurztraminer vendange tardive.

De bons conseils à suivre :
1. Plus vous manipulerez le foie gras avec délicatesse et moins il aura tendance à fondre pendant la cuisson. Travaillez lentement et avec patience.
2. N'ajoutez pas de truffe, de sauternes, de cognac ou d'armagnac dans une terrine de foie gras de canard frais : ces ingrédients ne feront que masquer la saveur riche et pure de ce noble produit.
3. Le sucre ajouté dans l'assaisonnement a pour but d'obtenir une belle couleur du foie à la cuisson.
4. La température est un facteur important : un foie de canard est fragile et doit cuire à une température très douce, sinon il fond.
5. Un foie de canard pas assez cuit aura un aspect granuleux peu appétissant ; trop cuit, il risque de se mettre à fondre.
6. Ne faites pas refroidir une terrine chaude sous presse. Laissez-la refroidir complètement à découvert et sans mettre de poids, puis mettez-la au réfrigérateur.

CHAMPIGNONS, LÉGUMES ET RAISINS MARINÉS À LA CORIANDRE

Avec son assaisonnement bien relevé et la touche exotique que lui apportent la coriandre et les raisins secs, cette salade de champignons marinés se prête à des variantes diverses. Voici la version servie en entrée chez Jamin. Je l'ai aussi adaptée plus simplement, en omettant les raisins secs et en utilisant seulement de la coriandre en poudre, sans les grains entiers, que certaines personnes n'aiment pas. Dans les deux cas, c'est un plat d'une belle intensité qui regorge de parfums ensoleillés. Servez-le à température ambiante, en entrée ou pour accompagner, l'été, une viande grillée ou un poulet rôti. La salade de champignons, sans la garniture de légumes, peut se préparer la veille : les arômes ont ainsi le temps de bien se mélanger. N'oubliez pas de la sortir du réfrigérateur au moins 30 minutes avant de servir, pour mieux apprécier le mélange des épices et des parfums. La recette ci-dessous donne la liste complète des légumes de la garniture telle qu'on la sert chez Jamin : chez vous, vous pouvez vous limiter à un choix plus réduit de légumes de saison.

POUR 8 À 12 PERSONNES

1,250 kg de têtes de petits champignons de couche bien fermes (environ 1,5 kg de champignons entiers)
15 cl d'huile d'olive extra-vierge
1 oignon moyen, émincé
3 c. à soupe de graines de coriandre
sel fin de mer et poivre blanc du moulin
75 cl de vin blanc sec
2 c. à soupe de graines de coriandre réduites en poudre
1 bouquet garni : plusieurs queues de persil, feuilles de céleri et brins de thym enveloppes dans du vert de poireau et ficelés
10 cl de jus de citron
100 g de concentré de tomates

1 petite boîte de tomates au naturel, égouttées et réduites en purée
100 g de raisins secs de Smyrne
100 g de raisins secs de Corinthe
Pour les légumes de la garniture :
16 pointes de petites asperges vertes
8 petits poireaux entiers, bien lavés
16 petits oignons grelots
125 g de petits bouquets de chou-fleur
125 g de petits pois frais
quelques c. à soupe de vinaigrette pour salade (voir page 302)
Fines herbes : 1 petit bouquet de ciboulette ciselée
4 c. à soupe de feuilles de menthe fraîche ciselées

1. La veille du jour où vous servez le plat : retirez la terre des queues des champignons, lavez-les à l'eau froide, égouttez-les et retirez les queues pour ne garder que les têtes. (Les queues ne sont pas utilisées dans cette recette : conservez-les pour préparer un fumet ou un potage.) Si les têtes des champignons sont trop grosses, coupez-les en quartiers.

2. Versez l'huile dans un grand poêlon. Ajoutez l'oignon et les graines de coriandre. Salez et poivrez. Faites chauffer sur feu moyen et laissez cuire 2 à 3 minutes jusqu'à ce que l'oignon soit bien attendri. Ajoutez le vin, la coriandre en poudre et le bouquet garni. Montez le feu et portez à ébullition. Laissez bouillir pendant 5 minutes pour faire évaporer l'alcool. Ajoutez alors les champignons et le jus de citron. Couvrez et faites cuire 5 minutes. Vous remarquerez que les champignons rendent beaucoup d'eau.

3. À l'aide d'une écumoire, versez les champignons dans une passoire placée sur une grande jatte. Laissez égoutter. Ajoutez le concentré et la purée de tomates au liquide resté dans le poêlon. Couvrez et faites cuire sur feu vif pendant environ 10 minutes pour faire réduire à 1 litre environ.

4. Pendant ce temps, préparez les raisins secs : lavez-les à fond et mettez-les dans une petite casserole. Couvrez-les d'eau froide et portez à ébullition sur feu vif. Laissez cuire 2 minutes. Égouttez-les à fond et réservez-les.

5. Pour terminer, retirez le bouquet garni qui parfume le liquide et ajoutez les raisins secs et les champignons. Faites cuire pendant 1 minute. Goûtez et rectifiez l'assaisonnement. Versez le tout dans une jatte, couvrez et mettez au réfrigérateur pendant 24 heures pour permettre aux parfums de bien se mélanger.

6. Plusieurs heures avant de servir, préparez les légumes de la garniture. Mettez de côté une grande jatte pleine d'eau glacée. Remplissez d'eau une grande marmite et portez-la à gros bouillons. Salez fortement. Plongez et faites cuire les asperges 5 minutes environ. Égouttez-les avec une écumoire et versez-les dans l'eau glacée : laissez-les jusqu'à ce qu'elles soient complètement refroidies. Égouttez-les et réservez-les. Faites cuire et rafraîchir de la même façon les poireaux, les oignons, les choux-fleurs et les petits pois, en changeant l'eau de cuisson pour chaque légume.

7. Pour servir : prélevez le mélange de champignons avec une écumoire et répartissez-les sur des assiettes individuelles en égouttant l'excédent de sauce. Assaisonnez les légumes de vinaigrette et disposez-les sur les champignons en garniture. Parsemez le tout de ciboulette et de menthe. Servez.

Vin conseillé : un sancerre blanc.

Blanchir les raisins secs : quand on ajoute des raisins secs dans une sauce, il est toujours préférable de les laver et de les faire blanchir d'abord. Cette opération les gonfle et les rend plus moelleux, sinon ils ont tendance à durcir à la cuisson.

Pour les amateurs d'iode

Je n'ai pas grand mal à imaginer un menu qui fasse honneur aux poissons et aux fruits de mer. Bien entendu, tout dépend du marché, mais si je vois chez le poissonnier de superbes huîtres et une daurade de première fraîcheur, ma décision est prise. Si vous en avez le temps et que vous voulez mettre les petits plats dans les grands, servez en garniture un assortiment de petits légumes glacés. Avec ce repas, choisissez un bon bourgogne blanc. Comme dessert, ne cherchez pas la complication : proposez une crème à la vanille avec un bon porto.

Huîtres chaudes au fenouil et au curry

Daurade en croûte de sel

Printanière de légumes

Petits pots de crème à la vanille

FRIVOLITÉS
DE SAUMON FUMÉ
AUX ŒUFS DE SAUMON

C e plat est un chef-d'œuvre : superbe à regarder, délicieux à
déguster et remarquablement simple à cuisiner. Ces petits
rouleaux de saumon fumé sont parfaits pour un dîner élégant car
vous pouvez les préparer à l'avance. Le seul point important est
d'avoir à sa disposition du saumon de première qualité détaillé à la
main en tranches très fines. Vous aurez peut-être de la mousse de
saumon en reste, car les proportions varient en fonction de la
quantité des parures de saumon. Tartinez-la sur des petits toasts
carrés ou poussez-la à la poche à douille en petites rosaces pour en
garnir les rouleaux de saumon.

POUR 6 PERSONNES

6 grandes tranches de saumon fumé très fines (400 g environ)	*1 feuille et demie de gélatine*
	2 gouttes de tabasco
Pour la mousse :	*1 goutte de Worcestershire sauce*
5 g de beurre doux à température ambiante	*12,5 cl de crème fraîche très froide*
	Pour la garniture :
6 cl de bouillon de crevettes	*90 g d'œufs de saumon*
(voir page 306)	*6 fines rondelles de citron*

1. Retaillez chaque tranche de saumon en un rectangle de
7 x 17 cm. Réservez les parures pour la mousse. Mettez les tranches
de côté.

2. Mettez les parures de saumon dans le bol d'un robot et ajoutez
le beurre. Actionnez le moteur et réduisez en purée, mais ne
mixez pas trop longtemps pour ne pas chauffer le mélange.
Réservez.

3. Faites tiédir le bouillon de crevettes sur feu doux dans une
petite casserole. Ajoutez la gélatine et remuez pour faire dissoudre.
Versez ce mélange dans le bol du robot, ajoutez le tabasco et la
sauce anglaise. Actionnez le moteur 2 ou 3 fois de suite, juste pour
bien mélanger.

4. Fouettez la crème dans un bol bien froid jusqu'à ce qu'elle
forme des pointes raides dans le fouet. Incorporez un tiers de cette
crème à la purée de saumon et mélangez intimement, puis
incorporez le reste de crème.

5. Mettez à plat sur le plan de travail un morceau de film plastique
un peu plus grand que les rectangles de saumon fumé. Posez-en un

dessus. Étalez 3 cuillerées à soupe de mousse au milieu de la tranche de saumon, dans la longueur. En vous aidant du film plastique pour la pousser, roulez la tranche de saumon en forme de cigare pour enfermer la mousse. Les deux grands côtés du rectangle du saumon doivent se juxtaposer. Tordez les extrémités du film plastique pour bien enfermer le tout. Confectionnez les 6 autres rouleaux de la même façon. Rangez-les côte à côte sur un plat. Mettez-les au réfrigérateur, au moins 2 heures, mais pas plus de 24 heures.

6. Pour servir, retirez le film plastique autour de chaque rouleau. Avec un couteau bien aiguisé, coupez chaque rouleau en deux. Disposez-les deux par deux en forme de V sur des assiettes de service bien froides. Garnissez chaque rouleau d'œufs de saumon en cordon, pour recouvrir la jointure entre les deux bords des rouleaux. Ajoutez en décor une rondelle de citron et servez aussitôt.

Vin conseillé : un vin de la vallée de la Loire, un savennières.

Poissons, coquillages et crustacés

TURBAN
DE LANGOUSTINES
EN SPAGHETTI

J'avoue qu'après avoir goûté ce plat plusieurs fois chez Jamin et assisté à sa préparation, j'étais un peu découragée à l'idée de devoir enrouler des spaghetti à l'intérieur d'un moule à savarin. Je me suis attaquée à la tâche un samedi après-midi avec mon mari, et une fois maîtrisé le fameux geste du chemisage, c'est en fait un jeu d'enfant. Réalisé chez soi, ce plat possède le goût, l'élégance et la finesse de la version « restaurant ». C'est une création qui vous donne un frisson de plaisir rien qu'à l'idée d'en savourer la richesse et la pureté. Chez Jamin, Joël Robuchon le réalise avec des langoustines fraîches de Bretagne, mais les petits « turbans » sont aussi délicieux avec des grosses crevettes roses ou des gambas crues.

Matériel : 6 petits moules à savarin de 8,5 cm de diamètre, de préférence à revêtement antiadhésif.

POUR 6 PERSONNES

Environ 60 g de beurre ramolli
Pour les spaghetti :
60 g de spaghetti longs
1 c. à soupe d'huile d'olive
gros sel de mer
1,500 kg de langoustines entières
(environ 20), décortiquées, parées,
avec les coffres à part
15 g de beurre très froid
Pour la mousse :
6 cl de crème fraîche épaisse
4 queues de langoustines
sel fin de mer et poivre blanc
du moulin

Pour la sauce :
4 c. à soupe d'huile d'olive extra-vierge
1 petit bulbe de fenouil émincé (45 g)
1 échalote émincée
1 petite branche de céleri émincée
(35 g environ)
1 petit oignon émincé
1 bouquet garni (voir page 73)
75 cl de crème fraîche épaisse
1 c. à café de jus de citron
1 c. à café de cognac
1 c. à soupe de pelures de truffe
ou 1 petit bouquet de cerfeuil ou de persil
sel et poivre blanc du moulin

1. Beurrez largement l'intérieur des moules à savarin avec un pinceau et mettez-les au réfrigérateur pour raffermir le beurre, environ 15 minutes.

2. Remplissez d'eau une grande casserole et portez-la à ébullition, avec 1 cuillerée à soupe de sel par litre d'eau. Ajoutez l'huile d'olive et les spaghetti. Faites-les cuire 6 minutes. Retirez la casserole du feu et laissez les spaghetti dans l'eau pendant 1 minute. Égouttez-les, rafraîchissez-les sous l'eau froide et réservez-les. (Couvrez-les avec un film plastique pour les empêcher de se dessécher.)

3. Chemisez les moules : il est plus facile d'appliquer les spaghetti en partant du bas. Enroulez-les soigneusement un par un en commençant par le fond du moule au milieu et en les enroulant l'un à côté de l'autre sur les parois intérieures pour arriver jusqu'en haut du centre du moule. Recommencez l'opération pour chemiser la paroi opposée, toujours en commençant en bas et en tapissant la paroi qui remonte vers l'extérieur. Chemisez les six moules de la même façon, avec une seule couche concentrique de spaghetti enroulés. Mettez-les au réfrigérateur environ 15 minutes pour raffermir à nouveau le beurre.

4. Mettez les queues de langoustines à plat sur le plan de travail et badigeonnez-les de beurre ramolli avec un pinceau. Salez et poivrez.

5. Préparez la mousse : dans un petit mixer ou un mortier, réduisez en purée environ 4 langoustines avec la crème, jusqu'à consistance de mousse légère. Salez et poivrez. Réservez.

6. Préparez 6 morceaux de papier d'aluminium de 10 cm de côté. Badigeonnez-les de beurre sur une face et réservez-les.

7. Avec un pinceau à pâtisserie, enduisez largement de mousse les moules chemisés de spaghetti. Disposez par-dessus les queues de langoustines, en coupant en deux certaines d'entre elles pour qu'elles puissent toutes tenir. Couvrez les moules de papier d'aluminium, face beurrée en dessous, et mettez-les au réfrigérateur.

8. Préparez la sauce : versez 2 cuillerées à soupe d'huile dans un poêlon, ajoutez le fenouil, l'échalote, le céleri, l'oignon et le bouquet garni. Faites chauffer sur feu moyen. Salez et poivrez. Faites cuire pendant 3 à 4 minutes. Réservez.

9. Faites chauffer le reste d'huile dans une grande casserole sur feu vif. Lorsqu'elle est très chaude, ajoutez les coffres des langoustines. Remuez vivement la casserole pour les saisir pendant 3 à 4 minutes. Peu importe si certaines parties attachent. Ajoutez les légumes, la crème, une pincée de poivre et de sel, et portez à ébullition. Baissez le feu et laissez mijoter pendant 15 minutes. Retirez du feu et laissez reposer 10 minutes.

10. Tapissez de mousseline une passoire fine et posez celle-ci sur une grande casserole. Versez le ragoût précédent dedans et pressez avec un pilon pour extraire le maximum de liquide possible. Jetez les résidus. Versez la sauce dans une petite casserole et portez à ébullition pour la faire réduire à 25 cl. Retirez du feu et incorporez le beurre froid en parcelles. Ajoutez le jus de citron et le cognac, en fonction de votre goût. Gardez cette sauce au chaud au bain-marie sur feu doux.

11. Remplissez d'eau la partie basse d'un couscoussier. Sortez les moules du réfrigérateur et disposez-les dans la partie supérieure sur une seule couche, en laissant en place le papier d'aluminium. Couvrez le couscoussier et faites cuire les turbans à la vapeur pendant 3 minutes. Vous pouvez procéder en deux fournées.

12. Pour servir, retirez le papier d'aluminium et démoulez délicatement les turbans sur des petites assiettes rondes chauffées. Versez un peu de sauce au centre, puis le reste tout autour. Ajoutez en décor les pelures de truffe ou les feuilles de cerfeuil ou de persil. Servez aussitôt.

Vin conseillé : un vin blanc de Provence léger, comme le bellet, originaire du nord de Nice.

HOMARD « PRINTANIÈRE »

Aucun plat n'évoque plus fortement le printemps que ce mélange coloré de homard et de petits légumes nouveaux, rehaussés de fines herbes. Cette élégante préparation est l'une des créations de Robuchon que je préfère, toute de fraîcheur et de raffinement, de richesse et de vivacité. Si vous pouvez vous procurer des homards femelles, mettez précieusement le corail de côté : vous le ferez cuire rapidement à la dernière minute dans un mélange de beurre et de crème fraîche pour obtenir cette sauce homard qui ajoute au plat la touche Joël Robuchon. Si vous ne trouvez pas de petits légumes, prenez des espèces classiques et parez-les à la taille miniature. Par ailleurs, inutile de suivre aveuglément la liste des légumes indiqués : il en faut au minimum quatre, de couleurs bien contrastées. Dans cette recette, le travail peut se faire en grande partie à l'avance et les préparations de dernière minute sont relativement réduites.

POUR 4 PERSONNES

3,5 l de court-bouillon pour crustacés
au gingembre (voir page 303)
4 homards vivants de 500 g chacun,
de préférence des femelles
15 g de beurre
Pour les légumes :
16 petites carottes, épluchées,
avec 2,5 cm de vert de fanes
105 g de beurre
3 c. à soupe de sucre
sel de mer et poivre blanc du moulin
16 petits navets, épluchés,
avec 2,5 cm de vert de fanes
16 petits oignons blancs
200 g de pois gourmands effilés

500 g de pointes de petites asperges
vertes, liées en bottillons
250 g de girolles, parées et nettoyées
(ou des têtes de champignons de Paris,
nettoyées et coupées en quartiers)
1 c. à soupe de jus de citron
(pour les champignons de Paris)
Pour la sauce :
100 g de beurre
1 c. à café de jus de citron (facultatif)
1 c. à soupe de crème fraîche
3 c. à soupe de gingembre frais émincé
1 petit bouquet de cerfeuil
ou de persil plat pour garnir

1. Versez le court-bouillon dans une marmite et portez à ébullition. Lavez les homards sous le robinet d'eau froide. Avec une paire de ciseaux, coupez les rubans adhésifs ou les liens qui leur attachent les pinces et plongez-les, la tête la première, dans le court-bouillon. Comptez 2 minutes de cuisson à partir de l'instant où les homards touchent l'eau. Retirez les homards avec des pinces et égouttez-les. Ils sont simplement blanchis, mais pas cuits. Réservez 50 cl du court-bouillon pour la sauce.

2. Arrachez les grosses pinces des homards avec un mouvement de torsion. Cassez la carapace des pinces (avec un petit marteau ou un casse-noix) en évitant d'abîmer la chair à l'intérieur. Extrayez-la avec une fourchette à crustacés : en principe elle doit venir d'un seul morceau. Réservez-la. Pour extraire la chair de la queue, prenez une paire de gros ciseaux et coupez la carapace du homard sur le dos dans toute la longueur. Retirez la queue d'un seul tenant. Avec la pointe d'un petit couteau, éliminez l'intestin en forme de long fil noir qui court le long de la queue.

Retirez la poche sableuse située dans la tête près des yeux et jetez-la. Retirez les parties crémeuses, dans le haut de la cavité ventrale. Retirez éventuellement le corail et passez-le au tamis fin en incorporant 15 g de beurre ramolli. Ce beurre de homard sera utilisé ultérieurement pour la sauce. Couvrez-le et mettez-le au réfrigérateur en attendant.

Roulez chaque queue de homard en forme de spirale et maintenez-les avec un long cure-dent ou une brochette en bois. Mettez toutes les chairs des homards sur une assiette, couvrez hermétiquement et mettez au réfrigérateur. Cette préparation peut se faire 4 heures à l'avance.

Si vous le désirez, lavez soigneusement les têtes de homards avec les antennes et coupez-les en deux dans la longueur pour les utiliser comme décor au moment de servir. Mettez-les aussi au réfrigérateur.

3. Mettez les carottes dans une petite casserole, ajoutez 1 cuillerée à soupe de sucre et 15 g de beurre et faites chauffer sur feu modéré. Salez et poivrez, couvrez et faites cuire 10 à 15 minutes en remuant la casserole de temps en temps. (Le temps de cuisson dépend de la qualité et de la taille des légumes.) Égouttez et réservez. Faites cuire les navets et les oignons de la même façon, en utilisant chaque fois 1 cuillerée à soupe de sucre et 15 g de beurre.

4. Remplissez une jatte d'eau glacée. Faites bouillir une grande casserole d'eau, ajoutez 1 cuillerée à soupe de sel par litre et ajoutez les pois gourmands. Faites-les cuire 4 minutes. Égouttez-les avec une écumoire et plongez-les aussitôt dans l'eau glacée. Quand ils sont froids, égouttez-les et réservez-les.

5. Faites bouillir de l'eau dans une petite casserole très haute. Mettez-y les asperges debout et faites-les cuire environ 4 minutes. Ajoutez ensuite de l'eau bouillante pour couvrir les pointes et poursuivez la cuisson pendant 2 à 3 minutes. Retirez les asperges avec une écumoire et mettez-les dans l'eau glacée. Égouttez-les de nouveau et réservez-les.

6. Mettez les champignons dans une casserole avec 15 g de beurre. (Si vous prenez des champignons de Paris, ajoutez le jus de citron avec le beurre.) Salez et poivrez. Faites-les cuire 5 minutes, égouttez-les et réservez-les.

7. Faites chauffer 60 g de beurre dans une grande poêle à revêtement antiadhésif sur feu assez vif. Salez et poivrez largement les morceaux de homard. Faites-les cuire doucement à la poêle pendant 3 à 4 minutes de chaque côté, en retirant les pinces (qui cuisent plus vite) dès qu'elles se raffermissent et qu'elles deviennent rouges. Pendant la cuisson, arrosez les pinces et les queues avec une cuiller de beurre fondu pour les garder bien moelleuses. Égouttez-les, mettez-les sur un plat et tenez-les au chaud. Versez dans la poêle les 50 cl de court-bouillon réservé et mélangez avec le beurre de cuisson. Faites chauffer sur feu modéré, ajoutez le jus de citron et fouettez. Mélangez à part la crème fraîche et le beurre de corail. Incorporez cette préparation dans le court-bouillon en fouettant sans arrêt. Ne laissez pas bouillir. Le corail doit donner au bouillon une couleur rouge vif. Ajoutez le gingembre, puis incorporez 40 g de beurre hors du feu. Goûtez pour rectifier l'assaisonnement.

8. Réunissez tous les légumes dans une grande poêle, ajoutez 45 g de beurre et faites chauffer doucement en remuant délicatement pendant 1 à 2 minutes. Goûtez et rectifiez l'assaisonnement.

9. Retirez les brochettes des queues de homard. Répartissez les morceaux sur des assiettes de service chaudes et nappez-les de sauce. Garnissez de légumes. Ajoutez éventuellement en décor les demi-têtes de homard. Parsemez de cerfeuil ou de persil ciselé. Servez aussitôt.

Vin conseillé : un vin blanc assez puissant de Bourgogne, comme le bâtard-montrachet.

Les homards achetés vivants doivent être cuits le plus tôt possible. S'ils doivent attendre, lavez-les à l'eau froide et égouttez-les, enveloppez-les d'un torchon humide et mettez-les au réfrigérateur. Mais, avant de les faire cuire, lavez-les de nouveau.

NAGE DE LANGOUSTES
AUX AROMATES

J'adore cuisiner cette élégante préparation marine qui dégage de délicieux arômes de gingembre et d'orange. Il s'agit presque d'une soupe, car le bouillon aromatique est lié de crème fraîche également parfumée au gingembre, versé sur les crustacés et servi avec un mélange de petits légumes et de fines herbes. Cette « nage » est représentative de la cuisine de Joël Robuchon, avec la présence du gingembre et du zeste de citron, l'assortiment de petits légumes et le bouquet de fines herbes. C'est une recette idéale pour recevoir, car la plupart des opérations peuvent se faire à l'avance.

POUR 4 PERSONNES

4 langoustes vivantes de 500 g chacune
3,5 l de court-bouillon au gingembre
pour crustacés (voir page 303)
Pour les légumes de la garniture :
1 carotte pelée
1/2 concombre de petite taille, pelé
6 têtes de champignons de Paris
parées et nettoyées
15 g de beurre
1 c. à café de jus de citron
1 échalote émincée
30 g de petits pois frais
2 c. à soupe de zeste de citron râpé
15 g de beurre ramolli

Pour la nage :
10 cl de crème fraîche
3 c. à soupe de gingembre frais pelé
et émincé
2 c. à café de jus de citron
30 g de beurre
sel de mer et poivre blanc du moulin
Pour les fines herbes :
1 petit bouquet d'estragon frais ciselé
1 petit bouquet de ciboulette ciselée
la peau de 1 citron coupée en fine
julienne, blanchie, rafraîchie et égouttée

1. Lavez les langoustes sous le robinet d'eau froide. Portez le court-bouillon à ébullition et plongez-les, la tête la première. Comptez 5 minutes de cuisson à partir de la reprise de l'ébullition. Retirez la marmite hors du feu et laissez les langoustes dans le court-bouillon pendant au moins 30 minutes à 1 heure. Pendant ce temps de repos, les crustacés continuent à cuire et leur chair reste bien moelleuse.

2. Préparez la garniture : avec une cuiller parisienne de 5 mm de diamètre, prélevez des petites boules dans la chair de la carotte, du concombre et des champignons. Vous pouvez aussi les détailler en petits cubes de 5 mm de côté.

3. Remplissez une jatte d'eau glacée. Faites bouillir une grande casserole d'eau, ajoutez 1 cuillerée à soupe de sel par litre et ajoutez les carottes et concombre. Faites-les cuire 2 minutes. Égouttez-les avec une écumoire et plongez-les aussitôt dans l'eau glacée. Quand ils sont froids, égouttez-les et réservez-les. Faites cuire 5 minutes de la même façon les petits pois.

4. Mettez les champignons dans une casserole avec 15 g de beurre et le jus de citron. Salez et poivrez. Faites-les cuire 3 minutes, égouttez-les et réservez-les.

5. Mélangez tous ces légumes avec l'échalote, les petits pois, le zeste de citron et le beurre ramolli. Réservez.

6. Préchauffez le four à 80 °C (thermostat 1).

7. Au moment de servir, retirez les langoustes du court-bouillon, égouttez-les à fond et réservez la cuisson. Découpez les langoustes en deux dans le sens de la longueur. Avec la pointe d'un petit couteau, éliminez l'intestin qui forme un petit cordon le long de la queue. Supprimez la poche sableuse de la tête, située près des yeux. Retirez la chair des queues. Si vous le désirez, lavez à fond les têtes des crustacés et coupez-les en deux dans la longueur avec une paire de ciseaux. Mettez les chairs décortiquées dans un plat chaud, couvrez et mettez-les dans le four à chaleur douce pendant la finition de la nage.

8. Passez 50 cl du bouillon et versez-le dans une casserole moyenne. Faites chauffer sur feu doux et incorporez la crème fraîche en fouettant. Ajoutez ensuite le gingembre frais, le jus de citron et le beurre. Goûtez pour rectifier l'assaisonnement. Ajoutez enfin les légumes et faites réchauffer le tout.

9. Répartissez les chairs des langoustes dans quatre assiettes creuses. Versez le bouillon aux petits légumes par-dessus et garnissez avec les fines herbes et la julienne de citron. Vous pouvez ajouter en décor les demi-têtes de langoustes sur le rebord de l'assiette. (Vous pouvez aussi servir cette nage de langoustes dans une grande soupière.)

Vin conseillé : vin blanc assez puissant de Bourgogne, comme le bâtard-montrachet.

BLANC DE LOTTE PIQUÉ À L'AIL À LA CRÈME DE FENOUIL

C ette préparation est aussi simple que délicieuse, et sa technique de cuisson s'applique sans problème à toutes sortes de poissons. Ici, la lotte est d'abord poêlée, puis passée à four chaud pour terminer la cuisson.

Matériel : un plat à gratin ovale un peu plus grand que le poisson (25 x 40 cm environ).

POUR 6 PERSONNES

1,250 kg de lotte, dépouillée	*sel de mer et poivre du moulin*
3 belles gousses d'ail taillées en éclats	*25 cl de vin blanc sec,*
60 g de beurre doux	*chardonnay de préférence*
1 gros bulbe de fenouil émincé	*15 cl de crème fraîche*
1 gros oignon émincé	*1 c. à soupe d'huile d'olive extra-vierge*

1. Préchauffez le four à 230 °C (thermostat 9).

2. Rincez la lotte et épongez-la. Avec un couteau pointu, incisez la chair le long de l'épine dorsale pour séparer les filets. Mettez l'épine dorsale de côté. Coupez les filets transversalement en deux ou trois portions égales. (Vous pouvez demander à votre poissonnier de se charger de cette préparation.) Réservez.

3. Faites bouillir de l'eau dans une petite casserole. Mettez l'ail dans une passoire fine et plongez-la dans l'eau bouillante pendant 10 secondes. Égouttez.

4. À l'aide d'un couteau, faites des incisions à intervalles réguliers dans les morceaux de poisson et glissez-y les éclats d'ail blanchis. Réservez.

5. Préparez la sauce. Cassez l'épine dorsale en plusieurs morceaux. Faites fondre 15 g de beurre dans une casserole moyenne sur feu modéré. Lorsqu'il est chaud, mettez-y le fenouil et l'oignon, mélangez, salez et poivrez. Faites cuire pendant 5 minutes jusqu'à ce que les légumes soient tendres. Ajoutez les morceaux d'épine dorsale et faites suer encore 3 minutes. Ajoutez le vin en le versant doucement et poursuivez la cuisson pendant 3 minutes. Ajoutez enfin la crème et faites cuire encore 5 minutes. Retirez les arêtes. Passez la sauce au mixer jusqu'à consistance lisse. Versez-la ensuite dans une casserole à bain-marie à travers un chinois. Couvrez et tenez au chaud sur feu très doux.

6. Faites fondre 15 g de beurre dans une grande poêle avec 1 cuillerée à soupe d'huile sur feu moyen. Mettez-y les morceaux de poisson et faites-les cuire 1 minute de chaque côté jusqu'à ce qu'ils soient légèrement dorés. Salez et poivrez chaque côté une fois qu'ils sont cuits. Égouttez-les et mettez-les dans le plat à gratin. Couvrez d'une feuille d'aluminium et enfournez à mi-hauteur. Faites cuire pendant 10 minutes, jusqu'à ce que la chair du poisson soit opaque. (Le temps de cuisson varie selon l'épaisseur des morceaux.)

7. Faites à nouveau chauffer la sauce sur feu modéré. Incorporez 30 g de beurre en parcelles en fouettant sans arrêt jusqu'à ce que tout le beurre soit fondu et que la sauce soit onctueuse et crémeuse. Goûtez pour rectifier l'assaisonnement et versez-la dans une saucière.

8. Répartissez les morceaux de poisson sur les assiettes de service chauffées. Nappez de sauce et garnissez de pâtes, comme les nouilles safranées. Servez aussitôt.

Vin conseillé : un bon vin blanc sec, un riesling, par exemple.

Ail avec ou sans germe ? Quiconque fait la cuisine se pose un jour ou l'autre une grave question : « Faut-il ou non retirer cette petite pousse verte, le germe, qui apparaît au centre de la gousse d'ail ? » Si l'ail doit être cuit et que le plat où il intervient est dégusté aussitôt, ce n'est pas la peine. Mais si vous ajoutez de l'ail cru dans un plat, il est toujours préférable de retirer le germe, car celui-ci commence à fermenter assez rapidement et risque de devenir indigeste pour certains convives. L'ail est bien davantage qu'un aromate relevé en cuisine : lorsque le germe est retiré, il contribue également à une meilleure conservation des plats que vous voulez faire durer quelques jours, comme la sauce tomate ou la ratatouille.
Tout l'or du safran : ce sont les stigmates séchés d'une variété de crocus qui fournissent le safran, l'une des épices les plus appréciées et les plus chères du monde. Heureusement, on n'en utilise que très peu à la fois. Le safran véritable possède un arôme piquant, avec une légère amertume qui n'a rien de désagréable. Les fins filaments du meilleur safran sont d'une couleur foncée, presque rouge sang virant à l'orange. Je préfère les filaments au safran en poudre, parce que je vois ce que j'achète. Le safran en poudre peut très bien être un mélange de plusieurs variétés, ce qui permet d'y intégrer un produit de mauvaise qualité.
Lorsque le vrai safran est mis à infuser dans un liquide pour le parfumer et le colorer, égouttez les filaments sinon l'épice risque de lui donner trop d'amertume. Quand on incorpore du safran dans une sauce vers la fin du temps de cuisson, les filaments trempés doivent être égouttés.

SAUMON GRILLÉ
AU BEURRE ROUGE

L a méthode qu'emploie Joël Robuchon pour faire cuire un filet de saumon - grillé puis rôti - est vraiment spectaculaire. Le poisson est ainsi cuit à la perfection et il reste bien moelleux. Servi chaud, il est délicieux avec le beurre au vin rouge, mais vous pouvez aussi simplement l'arroser d'un peu de jus de citron et le garnir d'aneth frais. Ce même saumon grillé servi à température ambiante fait également un merveilleux déjeuner d'été, avec un filet d'huile d'olive parfumée au basilic et une concassée de tomates fraîches. La première fois que j'ai fait cuire du saumon selon cette méthode, je l'ai accompagné avec une vinaigrette à l'ail et au persil : divin ! Si vous avez deux fours, la recette est simplifiée, mais dans le cas contraire, faites d'abord griller le saumon, puis réglez le four à la bonne température pour le faire rôtir dans le même four.

POUR 8 PERSONNES

1 filet de saumon de 1 kg	*2 échalotes émincées*
en une seule pièce, avec la peau	*50 cl de vin rouge*
2 c. à café d'huile d'arachide	*250 g de beurre bien froid coupé*
sel fin de mer et poivre blanc	*en petits morceaux*
du moulin	

1. Préchauffez le gril du four.

2. Badigeonnez le filet de saumon des deux côtés avec l'huile, salez-le et poivrez-le. Recouvrez la plaque du four d'une grande feuille d'aluminium, en laissant un rabat assez large pour retourner plus facilement le poisson. Posez le poisson sur la plaque, peau dessus. Glissez-le dans le four sous la grille, à 13 ou 15 cm de la source de chaleur, pour qu'il puisse griller doucement sans brûler. Faites-le cuire pendant 5 minutes. Retirez le saumon du four et tirez doucement sur la feuille d'aluminium pour le retourner ; la face avec la peau doit se retrouver dessous. Remettez le saumon sous le gril et faites-le cuire pendant encore 5 minutes. Sortez-le du four et mettez-le dans un plat creux, toujours peau dessous.

3. Réglez le four à 210 °C (thermostat 7).

4. Enfournez de nouveau le plat à mi-hauteur et faites rôtir le filet de saumon pendant 18 minutes au total, en le retournant une fois jusqu'à ce que la chair soit opaque à cœur et légèrement ferme.

5. Pendant ce temps, préparez le beurre rouge. Mettez les échalotes et le vin rouge dans une casserole moyenne. Salez et poivrez très légèrement. Portez à ébullition sur feu moyen et faites réduire jusqu'à 3 cuillerées à soupe. Retirez la casserole du feu et incorporez 30 g de beurre froid. Remettez sur feu doux et fouettez jusqu'à ce que le beurre soit fondu. Retirez du feu et incorporez encore 30 g de beurre. Répétez cette opération jusqu'à ce que les trois quarts du beurre soient utilisés. Goûtez pour rectifier l'assaisonnement. Ajoutez le reste de beurre hors du feu en fouettant jusqu'à ce qu'il soit entièrement absorbé. Ne laissez jamais cette sauce bouillir. Si vous voulez qu'elle soit très lisse, passez-la au chinois pour éliminer les échalotes. Tenez-la au chaud au bain-marie sur feu doux.

6. Sortez le saumon du four et retirez délicatement la peau. Mettez-le sur un plat de service en le retournant : la face la plus dorée et la plus présentable est celle du dessous du filet. Pour le service, découpez le filet en tranches épaisses. Servez le beurre rouge à part dans une saucière.

Vin conseillé : un rouge velouté et parfumé comme le volnay, servi à 15 ou 16 °C.

SAUMON POÊLÉ AU CHOU

Cette recette simple et rapide mais élégante ne demande pas de tours de main particuliers. Assurez-vous seulement que le saumon est de toute première fraîcheur. Le chou est un légume souvent négligé auquel on ne pense pas toujours, et j'aime beaucoup ce mélange de chou vert, bien coloré dans une sauce au beurre crémeuse, et de saumon rose et croustillant.

POUR 4 PERSONNES

750 g de chou vert	6 cl de vinaigre de xérès
sel de mer et poivre blanc du moulin	750 g de filet de saumon frais norvégien, avec la peau
120 g de beurre doux	mais écaillé et coupé
15 cl de crème fraîche	en 4 portions égales
1 échalote émincée	1 c. à soupe d'huile d'olive extra-vierge
6 cl de vin blanc sec, chardonnay de préférence	ciboulette hachée ou pluches de cerfeuil pour garnir

1. Parez le chou en retirant les feuilles de l'extérieur, les côtes dures et le trognon. Taillez-le en julienne avec un couteau aiguisé. Faites bouillir une casserole pleine d'eau. Salez-la, mettez-y le chou et faites-le blanchir 1 minute. Égouttez-le à fond.

2. Faites chauffer 30 g de beurre dans un grand poêlon. Ajoutez le chou, mélangez et faites cuire sur feu doux pendant 2 à 3 minutes. Salez et poivrez, couvrez et poursuivez la cuisson pendant 5 minutes. Le chou doit être attendri mais encore croquant. Incorporez 5 cuillerées à soupe de crème fraîche et faites encore chauffer quelques instants. Retirez du feu et tenez au chaud.

3. Préparez la sauce. Mettez 15 g de beurre dans une petite casserole, ajoutez l'échalote et une pincée de sel. Faites cuire sur feu doux pendant 3 à 4 minutes, puis ajoutez le vin et le vinaigre. Portez à ébullition et faites réduire des deux tiers. Retirez du feu et incorporez petit à petit en fouettant le reste de crème et 75 g de beurre. Fouettez jusqu'à ce que tout le beurre soit absorbé. La sauce doit être lisse et crémeuse. Goûtez pour rectifier l'assaisonnement. Tenez la sauce au chaud au bain-marie à couvert sur feu doux.

4. Préparez le saumon. Avec un couteau pointu, incisez chaque portion en la quadrillant : coupez à travers la peau et entamez légèrement la chair. Salez et poivrez largement des deux côtés.

5. Faites chauffer l'huile dans une grande poêle à revêtement antiadhésif sur feu moyen. Mettez-y les portions de saumon, côté peau contre le fond de la poêle. Faites cuire 2 à 3 minutes sans retourner les morceaux, jusqu'à ce que la peau soit très croustillante. Le temps de cuisson exact dépend de l'épaisseur des morceaux. Retournez-les avec une spatule et poursuivez la cuisson pendant 30 secondes. Laissez les morceaux de saumon dans la poêle et retirez celle-ci du feu. Ils vont continuer de cuire pendant que vous préparez les assiettes.

6. Répartissez le chou dans les assiettes de service chaudes. Posez par-dessus les morceaux de saumon, côté peau dessus, et versez la sauce sur le chou. Garnissez de ciboulette ou de cerfeuil et servez aussitôt.

Vin conseillé : un bon bourgogne blanc bien frais, comme un mâcon-villages.

Odeurs de cuisine : quand on fait la cuisine, on oublie que les ustensiles et les accessoires de cuisson peuvent garder ou dégager des odeurs désagréables. Chez Jamin, chaque fois qu'un cuisinier prend un ustensile – une passoire, une poêle, un pinceau à pâtisserie –, il le renifle avant de s'en servir. Ce sont les passoires et les pinceaux qui sont surtout concernés : s'ils ne sont pas dans un état de propreté absolue, ils peuvent très bien donner un mauvais goût à des préparations délicates. Prenez l'habitude de renifler vos ustensiles avant de les utiliser et n'hésitez pas à les laver encore une fois si nécessaire.

FRICASSÉE DE LANGOUSTINES AUX COURGETTES ET CHAMPIGNONS

Préparez cette délicieuse recette pour surprendre vos amis. Ils découvriront un savant mélange plein de légèreté où les langoustines enveloppées de languettes de courgettes sont saisies à la graisse d'oie, servies avec une garniture de champignons sauvages parfumée avec une pointe d'ail et une touche de thym. Si vous ne trouvez ni pleurotes, ni girolles, prenez des champignons de Paris, mais n'utilisez pas de champignons séchés.

POUR 4 PERSONNES

2 petites courgettes bien fermes
(180 g environ), lavées, essuyées
mais non pelées
16 queues de langoustines fraîches
décortiquées
2 c. à soupe d'huile d'arachide
250 g de girolles parées et nettoyées
sel fin de mer et poivre blanc
du moulin

2 échalotes émincées
30 g de beurre doux
250 g de pleurotes parées et nettoyées
2 belles gousses d'ail émincées
2 c. à soupe de persil plat ciselé
2 c. à soupe de graisse d'oie
1 pincée de thym frais
pluches de cerfeuil ou persil plat
pour garnir

1. À l'aide d'un couteau économe, détaillez les courgettes dans le sens de la longueur en 16 languettes très fines. Rincez les langoustines et épongez-les. Enroulez chaque languette de courgette en spirale autour de chaque langoustine et maintenez-les avec un pique-olive en bois. Réservez.

2. Faites chauffer l'huile sur feu vif dans un grand poêlon à revêtement antiadhésif. Mettez-y les girolles, salez et poivrez, puis ajoutez les échalotes. Faites cuire pendant environ 5 minutes. Égouttez les girolles et tenez-les au chaud.

3. Faites fondre le beurre dans le même poêlon sur feu vif. Mettez-y les pleurotes. Salez et poivrez. Faites cuire 2 à 3 minutes. Remettez les girolles dans le poêlon, ajoutez l'ail et mélangez. Parsemez de persil. Égouttez ce mélange de champignons et tenez-le au chaud.

4. Toujours dans le même poêlon, faites fondre la graisse d'oie sur feu vif. Mettez-y les langoustines enveloppées de courgette et faites-les cuire 2 à 3 minutes de chaque côté. Salez et poivrez. Parsemez de thym.

5. Pour servir, retirez les pique-olives et disposez 4 langoustines aux courgettes au centre de chaque assiette de service bien chaude. Ajoutez les champignons. Parsemez de persil ou de cerfeuil et servez aussitôt.

Vin conseillé : un bourgogne blanc, comme un puligny-montrachet.

Bien nettoyer les champignons : rares sont les champignons sauvages qui vous arrivent bien propres, débarrassés de toute trace de sable ou de terre. Mais comme ce sont des produits très fragiles, il faut les nettoyer avec de grandes précautions, en utilisant de préférence un pinceau à poils doux. Évitez de les plonger dans l'eau. Passez-les plutôt, si nécessaire, sous le robinet, sans les laisser tremper. Égouttez-les et essuyez-les le plus vite possible dans un torchon doux.

De l'emploi des corps gras : après avoir passé tant de temps dans les cuisines de chez Jamin, une chose m'a beaucoup frappée. La manière dont les chefs utilisent à bon escient plusieurs variétés de corps gras. Voici un exemple de l'association réussie, dans une seule recette, de l'huile d'arachide, du beurre et de la graisse d'oie, pour réaliser un plat où les saveurs sont bien mises en relief.

LOTTE AU PLAT
AUX TOMATES, COURGETTES,
CITRON ET THYM

Voici une délicieuse recette de poisson qui sent bon l'été, spectaculaire par sa simplicité. Comme toujours, la réussite de ce plat tient à l'extrême fraîcheur et à la saveur des ingrédients. Soyez exigeants sur la qualité. Au lieu de la lotte, vous pouvez prendre des filets de poisson blanc, daurade, flétan, etc.

Matériel : un plat à four juste un peu plus grand que la lotte (23 x 33 cm).

POUR 4 À 6 PERSONNES

3 oignons moyens coupés en fines rondelles	*1 lotte de 1 kg, dépouillée, lavée, épongée et coupée en 4 morceaux égaux*
12 échalotes coupées en deux	*4 tomates moyennes coupées en tranches fines*
3 c. à soupe d'huile d'olive extra-vierge	
2 feuilles de laurier	*4 petites courgettes parées et coupées en fines rondelles*
1 gros bouquet de thym frais	
sel fin de mer et poivre blanc du moulin	*50 cl de vin blanc sec, chardonnay de préférence*
1 citron coupé en fines rondelles	

1. Préchauffez le four à 170 °C (thermostat 4-5).

2. Étalez les oignons et les échalotes dans le fond du plat. Arrosez-les avec 1 cuillerée à soupe d'huile, ajoutez les feuilles de laurier émiettées, la moitié du thym, du sel et du poivre. Posez les morceaux de poisson par-dessus. Disposez les tomates, les courgettes et le citron sur le poisson et autour de lui. Versez le vin et ajoutez le reste d'huile et de thym.

3. Mettez le plat dans le four et faites cuire à découvert pendant 30 à 40 minutes selon l'épaisseur du poisson. Servez aussitôt avec du riz nature.

Vin conseillé : un vin blanc de la vallée du Rhône, comme un château-grillet.

DAURADE EN CROÛTE DE SEL

Voici une préparation classique du poisson que l'on rencontre sur toute la côte Atlantique, aussi bien à Arcachon que dans le Pays basque. C'est l'une des manières les plus subtiles, les plus exquises et les plus simples pour cuisiner le poisson : celui-ci est en effet enveloppé dans une croûte de gros sel qui fonctionne comme un four et assure une cuisson délicate. Aucun tour de main particulier n'est requis pour réussir cette recette. Prenez seulement le poisson le plus frais que vous pouvez trouver et respectez bien les trois éléments suivants : le poids du poisson, la température du four et la taille du plat de cuisson. Dans ces conditions, un poisson de 1 kilo est cuit en 30 minutes, 40 minutes s'il pèse 1,5 kilo. Le poisson doit être vidé, mais non écaillé pour conserver à la chair le maximum de saveur. Traditionnellement, le poisson en croûte de sel est préparé sans assaisonnement pour laisser dominer exclusivement le goût du poisson. Malgré ce que l'on pourrait penser, le goût de sel n'apparaît pas particulièrement, car le gros sel ne sert pas d'assaisonnement mais d'enveloppe hermétique pour retenir le jus et la saveur. Essayez cette recette avec un poisson entier : daurade, rouget, bar ou même petit saumon ou truite saumonée. Comme garniture, proposez une ratatouille et servez en même temps du pain grillé et un bon vin blanc.

Matériel : un plat à four ovale assez grand pour contenir le poisson (21 x 35 cm).

POUR 4 PERSONNES

1 poisson de 1,5 kg, vidé mais non écaillé, avec la tête, queue et nageoires parées

2 kg environ de gros sel de mer huile d'olive extra-vierge et rondelles de citron pour garnir

1. Préchauffez le four à 230 °C (thermostat 9).

2. Nettoyez abondamment le poisson à l'intérieur et à l'extérieur jusqu'à ce que toute trace de sang ait disparu. Si les ouïes n'ont pas été retirées, faites-le sinon le plat risque d'être amer. Épongez le poisson.

3. Étalez 250 g de gros sel dans le fond du plat en une couche régulière. Posez le poisson sur cette couche et versez le reste de gros sel par-dessus en enfouissant complètement le poisson de la tête à la queue. Votre plat doit donner l'impression qu'il est rempli d'un tas de gros sel. (Si le poisson est large, la nageoire de la queue peut éventuellement dépasser du plat de cuisson, mais cela n'a pas d'importance.)

4. Enfournez le plat à mi-hauteur et faites cuire 40 minutes (pour un poisson de 1,5 kg). Comptez 5 minutes de plus par 250 g de poisson supplémentaires.

5. Sortez le plat du four. Dégagez autant de sel que vous pouvez sans abîmer la chair du poisson. (N'hésitez pas à vous faire aider pour cette opération un peu délicate en demandant à quelqu'un de tenir le plat pendant que vous retirez le gros sel.) Avec la lame d'un couteau bien aiguisé, grattez soigneusement la peau sur une face et jetez-la. Avec deux grandes cuillers, dégagez les filets du dessus et mettez-les sur des assiettes chaudes. Retirez maintenant l'arête centrale, puis dégagez les filets de l'autre côté et placez-les également sur des assiettes chaudes.

6. Servez aussitôt avec un filet d'huile d'olive et les rondelles de citron pour parfaire l'assaisonnement.

Vin conseillé : un bon bourgogne blanc, comme un chassagne-montrachet.

NOIX DE SAINT-JACQUES AU GINGEMBRE FRAIS

Précieuse, exotique et romantique, cette recette sublime est merveilleusement simple à réaliser. Servez-la en entrée pour un dîner raffiné, avec un élégant hermitage blanc. La saveur subtile du gingembre imprègne tout le plat, tandis que le prosaïque poireau – souvent relégué parmi les simples légumes du pot – acquiert une nouvelle personnalité. Chez Jamin, les Saint-Jacques sont saisies sur feu vif très rapidement – 30 secondes – et sont juste dorées sur les bords. Si vous les désirez cuites, laissez-les dans la poêle 1 minute sur chaque face.

POUR 4 PERSONNES

8 grosses noix de coquilles Saint-Jacques	2 verts de poireaux émincés
	10 cl de vermouth sec
sel fin de mer et poivre blanc au moulin	30 g de gingembre frais pelé et taillé en fins bâtonnets
Pour la garniture :	1 bouquet garni : plusieurs tiges de persil,
30 g de beurre doux	feuilles de céleri et brins de thym
2 blancs de poireaux parés,	enveloppés dans du vert de poireau
lavés et taillés en petits bâtonnets	et ficelés
de 5 cm de long	50 cl de crème fraîche épaisse
Pour la sauce :	1 c. à café de gingembre frais
5 échalotes émincées	émincé et blanchi
30 g de beurre doux	

1. Rincez les noix de Saint-Jacques et épongez-les. Retirez le petit muscle qu'elles possèdent sur le côté et jetez-le. Détaillez chaque noix horizontalement en deux tranches régulières.

2. Préparez la garniture. Faites fondre le beurre sur feu moyen dans un petit poêlon. Quand il est chaud, ajoutez les blancs de poireaux et faites-les cuire 2 à 3 minutes. Salez et poivrez. Réservez au chaud.

3. Mettez les échalotes et 15 g de beurre dans une casserole moyenne. Faites cuire 1 à 2 minutes, puis ajoutez les verts de poireaux. Poursuivez la cuisson pendant 1 à 2 minutes. Ajoutez le vermouth, le gingembre et le bouquet garni. Faites cuire 2 à 3 minutes jusqu'à ce que presque tout le liquide soit absorbé. Ajoutez la crème et faites réduire de moitié (pendant 8 à 10 minutes). Passez au chinois dans une casserole propre. Incorporez 15 g de beurre en fouettant, puis ajoutez le gingembre. Salez et poivrez. Tenez au chaud sur feu doux au bain-marie.

4. Préparez les assiettes : mettez quatre petits tas ronds de poireaux au centre de 4 assiettes très chaudes. Nappez les assiettes de sauce en recouvrant les poireaux. Réservez.

5. Faites chauffer une grande poêle à revêtement antiadhésif sur feu vif. Mettez-y les Saint-Jacques et faites-les saisir de 30 secondes à 1 minute de chaque côté. Elles doivent être juste dorées sur les bords. Assaisonnez chaque côté dès qu'il est saisi. (Le temps de cuisson varie selon la taille des noix. Si vous les voulez bien cuites, il faut au moins 1 minute par côté.)

6. Déposez délicatement les Saint-Jacques cuites sur les assiettes : une tranche de noix sur chaque tas de poireaux, le dernier côté cuit sur le dessus. Servez aussitôt.

Vin conseillé : un bon vin de la vallée du Rhône, comme un hermitage blanc.

ÉTUVÉE DE NOIX DE SAINT-JACQUES AU CAVIAR

Apparemment simple et parfaitement élégant, ce plat assez riche n'a pas besoin d'être copieux. Imaginez des bouchées de noix de Saint-Jacques fourrées de grains de caviar, nappées d'une sauce débordant d'arômes. J'aime beaucoup la manière dont le poivre blanc concassé se marie avec la saveur délicate des coquillages. Vous apprécierez comme moi la personnalité marquée de cette recette originale.

POUR 4 PERSONNES

8 grosses noix de coquilles
Saint-Jacques
2 c. à soupe de caviar sevruga
30 g de beurre doux, fondu
poivre blanc concassé
Pour la sauce :
le zeste de 1 citron taillé en julienne
2 échalotes émincées très finement
6 cl de vin blanc sec,
chardonnay de préférence

6 cl de jus de cuisson de moules
(voir page 133)
45 g de beurre doux
38 cl de crème fraîche épaisse
1 c. à café de jus de citron
sel de mer et poivre blanc du moulin
1 c. à soupe de caviar sevruga
2 c. à soupe de ciboulette hachée
fleur de sel

1. Nettoyez les noix de coquilles Saint-Jacques et épongez-les. Retirez le petit muscle qu'elles possèdent sur le côté et jetez-le. Détaillez chaque noix horizontalement en 4 tranches régulières. (Pour procéder régulièrement, utilisez un couteau à lame fine et bien aiguisée, appuyez sur la noix avec la paume de la main et commencez par le bas.) À l'aide d'un pinceau, badigeonnez légèrement chaque tranche de noix de Saint-Jacques avec un peu de beurre.

2. Disposez ces tranches, face beurrée dessous, sur des petites assiettes plates qui peuvent passer au four, à raison de 4 tranches par assiette, en rond, sans qu'elles se chevauchent. Mettez une petite quantité de caviar sur chaque tranche. Recouvrez-les d'une seconde tranche de Saint-Jacques, face non beurrée contre le caviar, pour former un petit sandwich. Répétez cette opération avec les autres Saint-Jacques. Parsemez ces sandwichs de poivre blanc concassé (non moulu). Mettez les assiettes au réfrigérateur pendant que vous préparez la sauce.

3. Préchauffez le four à 170 °C (thermostat 4-5).

4. Versez de l'eau dans une petite casserole et portez à ébullition. Mettez le zeste de citron dans une petite passoire fine et plongez le tout dans l'eau bouillante pendant 10 secondes. Égouttez. Taillez le zeste en fine julienne et réservez.

5. Mettez dans une casserole les échalotes et 30 g de beurre. Posez sur feu modéré. Faites cuire 2 à 3 minutes jusqu'à ce que les échalotes soient tendres et transparentes. Ajoutez le vin, portez à ébullition et laissez bouillir 2 à 3 minutes pour faire évaporer tout l'alcool. Passez au chinois et versez la préparation dans une grande casserole. Ajoutez le jus de cuisson des moules, la crème, le zeste de citron et le jus de citron. Faites cuire sur feu vif pendant 5 minutes pour faire réduire de moitié. Retirez du feu et incorporez 15 g de beurre en fouettant constamment jusqu'à consistance lisse et crémeuse. Salez et poivrez. Tenez au chaud à couvert au bain-marie sur feu doux.

6. Sortez les Saint-Jacques du réfrigérateur. Ajoutez le caviar dans la sauce et remuez pour mélanger. Passez les assiettes au four juste 1 minute. Les Saint-Jacques doivent juste chauffer, pas plus. Retirez du four, nappez la sauce en en recouvrant bien les noix, parsemez de ciboulette et de fleur de sel. Servez aussitôt.

Vin conseillé : un bon bourgogne blanc, comme un chevalier-montrachet.

À propos de Saint-Jacques : les coquilles Saint-Jacques sont hermaphrodites. C'est le corail, souvent accolé à la noix de chair, qui vous renseigne sur le sexe du mollusque : blanchâtre pour un mâle, rouge orangé pour une femelle. Certains amateurs apprécient la saveur riche et tendre du corail, mais les connaisseurs prétendent que les meilleures coquilles Saint-Jacques sont celles qui sont dépourvues de corail.

ROUGET À L'ÉMULSION D'HUILE D'OLIVE

S'il y a un plat qui symbolise la cuisine de Joël Robuchon, c'est bien celui-ci : un trio de légumes taillés très finement sous forme de petits dés multicolores relevés de safran qui viennent garnir des filets de poisson saisis à la poêle. Les courgettes, le poivron rouge et les champignons n'ont jamais eu meilleur goût. Aussi séduisant à l'œil que magnifique à déguster. La sauce est un étonnant mélange de fumet de poisson réduit parfumé au fenouil, à l'échalote et au basilic et d'huile d'olive extra-vierge incorporé en fouettant. Les arômes se condensent en une émulsion riche et onctueuse. Chez Jamin, chef Robuchon emploie des petits rougets entiers ou des filets de rougets dans leur peau, mais vous pouvez aussi prendre de la daurade ou de la rascasse.

POUR 4 PERSONNES

Pour le fumet :
3 c. à soupe d'huile d'olive extra-vierge
3 échalotes émincées
2 bulbes de fenouil finement émincés
1 bouquet garni :
plusieurs tiges de persil,
feuilles de céleri
et brins de thym enveloppés
dans du vert de poireau et ficelés
500 g d'arêtes, parures et têtes
de poissons (sans les ouïes),
lavées et concassées
gros sel de mer
Pour les légumes :
1 poivron rouge
1 petite courgette bien ferme
(90 g environ)

500 g de champignons de Paris
bien nettoyés
1 pincée de filaments de safran
1 c. à café de thym frais
1 c. à soupe d'huile d'olive extra-vierge
Pour la sauce :
3 c. à soupe d'huile d'olive extra-vierge
à température ambiante
6 cl de feuilles de basilic fraîches
1 petite tomate pelée, épépinée
et très finement concassée
sel fin de mer et poivre blanc
du moulin
2 c. à soupe d'huile d'olive extra-vierge
4 à 8 filets de rouget, de daurade
ou de rascasse de 120 à 250 g chacun
sel de mer

1. Préparez le fumet. Mettez l'huile dans une casserole, ajoutez les échalotes et le fenouil. Faites chauffer sur feu vif et laissez cuire 4 à 5 minutes jusqu'à ce que les échalotes et le fenouil soient bien tendres. Ajoutez les arêtes, les parures de poissons et le bouquet garni. Faites cuire encore 2 minutes. Ajoutez une pincée de sel et du poivre et couvrez d'eau à hauteur. Laissez mijoter doucement pendant 20 minutes.

2. Retirez la casserole du feu et laissez reposer 10 minutes pour que les impuretés se déposent au fond du récipient. Prélevez le liquide à la louche et versez-le à travers une passoire fine (ne le versez pas directement). Vous devez obtenir environ 50 cl de fumet. Versez-le dans une autre casserole et faites-le réduire sur feu vif pour en obtenir 12,5 cl. Réservez.

3. Préparez les légumes. Taillez le poivron en petits dés minuscules. À l'aide d'un couteau économe, détaillez la courgette en fines languettes, puis recoupez-les en tout petits dés avec un couteau bien aiguisé.

4. Faites bouillir une casserole pleine d'eau. Mettez les dés de courgette dans une passoire fine et plongez-les dans l'eau bouillante pendant 10 secondes. Égouttez et réservez. Faites la même opération avec les dés de poivron. Mélangez les deux légumes dans un torchon et tordez-le pour exprimer tout le liquide. Réservez ces légumes dans un bol.

5. Détaillez les champignons eux aussi en petits dés. Ajoutez-les aux deux autres légumes et mélangez. La préparation doit être très colorée. Hachez le safran avec un petit couteau et ajoutez-le aux légumes ainsi que le thym. Mélangez bien.

6. Versez l'huile dans un grand poêlon. Ajoutez les légumes et remuez pour bien les enrober. Faites cuire environ 3 minutes. Ne laissez pas trop cuire les légumes : ils doivent rester croquants. Salez et poivrez. Retirez du feu et tenez au chaud.

7. Préparez la sauce. Portez le fumet de poisson à ébullition dans une casserole, puis, en utilisant un mixer batteur, incorporez l'huile d'olive (elle doit être à température ambiante), le basilic et la tomate. Mixez jusqu'à consistance mousseuse. Goûtez pour rectifier l'assaisonnement. Tenez au chaud au bain-marie ou sur feu doux.

8. Préparez le poisson : faites chauffer l'huile sur feu moyen dans une grande poêle à revêtement antiadhésif. Lorsqu'elle est bien chaude, mettez-y les filets de poisson et faites-les cuire 2 à 3 minutes de chaque côté en assaisonnant à chaque fois. La chair du poisson doit être opaque mais encore souple et pas desséchée.

9. Nappez de sauce les assiettes de service chaudes. Disposez au milieu les filets de poisson. Versez délicatement les petits dés de légumes sur les filets de poisson et servez aussitôt.

Vin conseillé : un blanc de la Méditerranée, comme un cassis bien frais.

HUÎTRES ET NOIX DE PÉTONCLES AU CAVIAR

J'ai goûté cette recette l'une des premières fois où j'ai dîné chez Jamin, en 1982. Depuis, ce plat est resté l'un de mes grands favoris. Le mélange bien iodé d'huîtres, de pétoncles et de caviar est une merveille de fraîcheur marine que relève la touche de vert des jeunes épinards. Une grande partie de la préparation peut se faire à l'avance, ce qui vous permet de servir ce plat sans difficulté pour un dîner élégant. Bel effet garanti !

Matériel : 6 moules à soufflé individuels ou 6 ramequins de 12 à 13 cl.

POUR 6 PERSONNES

20 à 24 feuilles d'épinard bien tendres et fraîches, équeutées et sans la côte centrale	*1 petit oignon finement haché*
	1 petit bulbe de fenouil paré et finement haché
sel de mer et poivre blanc du moulin	*12 cl de vin blanc sec, chardonnay de préférence*
300 g de noix de pétoncles	
90 g de beurre doux fondu	*25 cl de crème fraîche épaisse*
18 huîtres décoquillées, eau filtrée et réservée	*1 bonne pincée de safran*
	6 c. à café de caviar sevruga (facultatif)

1. Préparez une grande terrine pleine d'eau glacée. Remplissez d'eau une grande casserole et faites-la bouillir. Salez-la et mettez-y les épinards. Faites-les blanchir pendant 30 secondes. Égouttez-les et plongez-les aussitôt dans l'eau froide. Égouttez-les à fond, étalez-les bien dans une assiette et réservez-les.

2. Hachez finement les noix de pétoncles. Mettez-les dans une casserole, salez et poivrez. Ajoutez 15 g de beurre, mélangez et réservez.

3. Chemisez les moules avec les feuilles d'épinard en mettant la face extérieure (la plus sombre) contre le moule et en les laissant déborder. Remplissez les moules ainsi chemisés avec les pétoncles. Rabattez les feuilles d'épinard sur les pétoncles. Réservez. Cette préparation peut se faire plusieurs heures à l'avance. Dans ce cas, couvrez-les, mettez-les au réfrigérateur et sortez-les 30 minutes avant de les passer au four.

4. Mettez les huîtres dans une casserole, ajoutez leur eau et 15 g de beurre. Faites chauffer sur feu vif. Dès que l'ébullition est atteinte, retirez du feu et passez au chinois en réservant le jus de cuisson. Mettez les huîtres dans un récipient couvert allant au four et réservez.

5. Préparez la sauce. Mélangez dans une petite casserole 60 g de beurre, le fenouil et l'oignon. Faites chauffer sur feu doux et laissez cuire pendant 10 minutes environ. Ajoutez le vin, le jus de cuisson des huîtres et la crème fraîche. Poursuivez la cuisson pendant 2 à 3 minutes. Passez cette sauce à travers une mousseline et remettez-la dans la casserole sur le feu. Ajoutez le safran et faites réduire de moitié sur feu moyen, environ 10 minutes, jusqu'à consistance lisse et brillante.

6. Préchauffez le four à 170 °C (thermostat 4-5).

7. Mettez les moules dans le four et faites cuire pendant 15 minutes jusqu'à ce que le contenu soit ferme sous le doigt. Faites également cuire les huîtres dans le four, à couvert, pendant 5 minutes seulement.

8. Démoulez les ramequins au centre des assiettes de service. Entourez chaque petit gâteau d'épinard aux pétoncles avec 3 huîtres chaudes. Nappez celles-ci de sauce. Si vous utilisez le caviar, posez-en une cuillerée à café sur chaque gâteau d'épinard et servez aussitôt.

Vin conseillé : un champagne « tranquille », comme un coteaux-champenois.

MOUCLADE FAÇON
JOËL ROBUCHON

Moules en sauce à la crème ou soupe de moules ? Ce plat est une merveille, grande spécialité de Joël Robuchon, originaire du Poitou. Son idée d'y ajouter des champignons, du poireau et du fenouil est excellente. Les moules sont servies dans leurs coquilles, dans un grand plat creux ou dans des petites soupières individuelles. N'oubliez pas de poser un moulin à poivre sur la table : le poivre noir et les moules forment un accord majeur. Cette mouclade est relevée soit de safran, soit de curry : choisissez le parfum que vous préférez.

POUR 4 À 6 PERSONNES

1 petit poireau (blanc et vert)	*quelques tiges de persil plat*
45 g de beurre doux	*liées en bottillon*
la moitié d'un petit bulbe de fenouil	*poivre noir du moulin*
taillé en julienne	*1 c. à café de thym frais*
4 champignons nettoyés	*ou la moitié s'il est séché*
et émincés finement	*12,5 cl de crème fraîche*
1,5 kg de moules	*1 pincée de curry ou de safran,*
2 échalotes émincées	*ou plus, au goût*
50 cl de vin blanc sec,	*3 ou 4 c. à soupe de persil*
chardonnay de préférence	*plat ciselé*

1. Parez le poireau en coupant les racines à ras. Fendez-le en deux et rincez-le sous l'eau froide, puis mettez-le dans une terrine d'eau froide pour le laisser tremper. Lorsque la terre ou le sable s'est déposé au fond de la terrine, égouttez le poireau et épongez-le. Taillez-le en julienne et réservez.

2. Mettez 15 g de beurre dans un petit poêlon, ajoutez le poireau et le fenouil. Faites cuire sur feu doux pendant 3 minutes. Ajoutez les champignons et poursuivez la cuisson pendant encore 3 minutes, jusqu'à ce que tous les légumes soient bien tendres. Réservez.

3. Grattez soigneusement les moules et brossez-les en les rinçant dans plusieurs bains d'eau froide. Retirez le byssus. (Ne le retirez pas à l'avance, sinon les moules meurent et ne sont plus comestibles.)

4. Mettez dans une grande cocotte les échalotes, le vin, les tiges de persil et le reste de beurre (30 g). Faites chauffer sur feu vif et laissez bouillir pendant 5 minutes. Ajoutez les moules et poivrez largement. Remuez. Couvrez et laissez cuire pendant 5 minutes, jusqu'à ce que les moules s'ouvrent. Retirez-les de la cocotte au fur et à mesure qu'elles s'ouvrent. Ne les laissez pas trop cuire. Éliminez celles qui ne s'ouvrent pas.

5. Avec une écumoire, mettez les moules dans un grand plat de service creux et retirez l'une des deux valves de chaque coquille. Couvrez d'une feuille d'aluminium sans serrer. Réservez au chaud. (Vous pouvez aussi répartir les moules dans des petites soupières individuelles.)

6. Passez le liquide de cuisson des moules à travers une passoire fine et versez-le dans une casserole moyenne. Ajoutez le thym et faites cuire sur feu modéré jusqu'à réduction de moitié. Incorporez la crème et le curry ou le safran. Poursuivez la cuisson jusqu'au premier bouillon. Ajoutez le mélange de légumes réservé et mélangez délicatement.

7. Versez la sauce sur les moules et parsemez de persil frais. Servez aussitôt, avec des rince-doigts.

Vin conseillé : un vin blanc sec et parfumé, comme le pouilly-fuissé.

À propos de persil : au même titre que le sel et le poivre, le persil fait partie des ingrédients de base les plus courants, et l'on en oublie parfois à quel point il peut métamorphoser un plat très ordinaire. Essayez simplement de ciseler délicatement les feuilles de votre persil plat avec des ciseaux au lieu de le hacher grossièrement. Ajoutez-le en garniture au dernier moment et vous sentirez vite la différence.

MOULES À LA MARINIÈRE

Les moules à la marinière évoquent toujours pour moi ces déjeuners du samedi à la campagne où les convives sont nombreux et affamés. J'en prépare une grande marmite, je les sers avec du pain maison, bien frais et croustillant, et quelques bouteilles de muscadet bien frais. Vive la simplicité ! Lorsque la brigade de Joël Robuchon prépare des moules dans les cuisines du restaurant, personne n'oublie de les assaisonner largement de poivre noir fraîchement moulu juste avant de les faire cuire : un truc qu'il est bon d'observer pour tous les coquillages, car le poivre ajoute juste la touche de saveur nécessaire.

POUR 4 À 6 PERSONNES

2 kg de moules	1 poignée de tiges de persil liées ensemble
4 échalotes émincées	30 g de beurre doux
50 cl de vin blanc sec,	poivre noir du moulin
chardonnay de préférence	1 poignée de feuilles de persil plat ciselées

1. Grattez soigneusement les moules et lavez-les en renouvelant l'eau de rinçage plusieurs fois. Retirez le byssus. (Ne l'éliminez pas à l'avance, sinon les moules meurent et deviennent inconsommables.)

2. Prenez une très grande marmite. Mettez-y les échalotes, le vin, les tiges de persil et le beurre. Portez à ébullition sur feu vif et laissez bouillir pendant 5 minutes. Ajoutez les moules, poivrez largement et remuez. Couvrez la marmite et laissez cuire jusqu'à ce que les moules s'ouvrent, environ 5 minutes. Retirez les moules au fur et à mesure qu'elles s'ouvrent. Ne les laissez pas trop cuire. Éliminez les moules qui ne sont pas ouvertes.

3. À l'aide d'une écumoire, mettez les moules dans un plat de service chaud. Tapissez une passoire de mousseline et filtrez le liquide de cuisson. Versez-le sur les moules et ajoutez le persil ciselé. Servez aussitôt.

Vin conseillé : un vin blanc sec, comme le bourgogne saint-romain.

Une base et des variantes : cette recette de base peut servir chaque fois que l'on a besoin de faire cuire des moules, quel que soit leur emploi par la suite. Si vous désirez utiliser des moules cuites dans une recette sans avoir besoin du jus de cuisson, ne le jetez pas : filtrez-le et servez-vous-en comme fumet de poisson. Avec cette recette, vous devez obtenir environ 25 cl de jus de cuisson de moules. Celui-ci peut être surgelé.

Un vrai repas de bistrot

Je ne connais personne qui ne saute pas de joie à l'idée de déguster un succulent poulet rôti avec un gratin de pommes de terre bien doré en buvant une bouteille de volnay souple et élégant. Commencez le repas avec des petites brochettes de pétoncles servies avec un champagne blanc de blancs. Comme dessert, je vous suggère d'épaisses tranches de gâteau au citron avec de la confiture d'oranges, que vous dégusterez avec un jeune sauternes.

Bâtonnets aux pétoncles

Poulet rôti « grand-maman »

Le gratin des gratins

Marbré au citron, confitures d'oranges sanguines

Viandes
et volailles

POULE FAISANE
AUX ENDIVES
EN COCOTTE LUTÉE

J oël Robuchon possède une méthode ingénieuse pour faire rôtir gibiers et volailles. L'oiseau est d'abord saisi sur le feu, ensuite dans le four, puis il est mis à rôtir dans un récipient hermétiquement fermé. Cette technique permet d'éliminer la graisse et donne un jus de cuisson plus riche, de belle couleur. (Vous pouvez l'appliquer également au canard.) L'idée de farcir un faisan de foie gras peut sembler un peu désuète, mais en réalité elle est excellente : les arômes du gibier se diffusent très rapidement à travers l'animal, tandis que le foie gras parfume aussitôt la carcasse et que son parfum se répand dans toutes les chairs. Cette recette utilise également une technique très simple et parfaitement fonctionnelle, celle du « repère », qui consiste à luter la cocotte de cuisson avec un mélange de farine et de blanc d'œuf. Ce cordon de pâte, prêt en quelques secondes, durcit en séchant à la chaleur du four, ce qui permet de sceller hermétiquement la cocotte de cuisson. La volaille reste bien moelleuse, tout le jus reste à l'intérieur sans s'évaporer et les parfums sont concentrés. Lorsque ce plat est servi chez Jamin, c'est de la pâte feuilletée qui sert à luter la cocotte, mais le lut classique est tout aussi efficace.

Matériel : une cocotte ovale avec rebord, juste assez grande pour contenir la poule faisane à l'aise.

POUR 4 PERSONNES

Pour le lut :

140 g de farine ordinaire	*45 g de beurre*
3 ou 4 gros blancs d'œufs	*1 carotte pelée et coupée en petits dés*
1 poule faisane de 500 g environ,	*1 oignon haché*
ailerons, gésier et cœur réservés	*3 gousses d'ail non pelées*
sel de mer et poivre blanc du moulin	*8 endives « meunière » (voir page 201)*
100 g de foie gras frais de canard	*2 gros jaunes d'œufs*

1. Préparez le lut. Versez la farine et 3 blancs d'œufs dans le bol d'un mixer équipé d'une spatule plate. Mixez jusqu'à l'obtention d'une pâte lisse et malléable. Ajoutez si nécessaire le quatrième blanc d'œuf. Si la pâte est trop ferme, ajoutez plusieurs cuillerées à café d'eau pour l'assouplir. Réservez. Vous pouvez préparer le lut plusieurs heures à l'avance et le conserver à température ambiante, bien emballé dans du film plastique.

2. Mettez le couvercle de la cocotte au réfrigérateur au moins 20 minutes avant d'enfourner pour que le lut puisse adhérer plus facilement quand on le met en place.

3. Préchauffez le four à 240 °C (thermostat 9).

4. Salez et poivrez largement l'intérieur du faisan. Glissez le foie gras dans la cavité ventrale et bridez l'oiseau. Assaisonnez-le à l'extérieur. Réservez.

5. Faites fondre le beurre sur feu modéré dans une sauteuse juste assez grande pour contenir la poule faisane. Posez-la dans la sauteuse sur le côté et faites-la colorer pendant 3 minutes. Retournez-la et faites-la colorer 3 minutes de l'autre côté. Posez-la ensuite sur le dos et comptez encore 4 minutes de cuisson. (Le temps total de rissolage est de 10 minutes).

6. Glissez la carotte, l'oignon et l'ail ainsi que les abattis, le gésier et le cœur sous la poule faisane dans la sauteuse. Placez l'oiseau sur un flanc et enfournez la sauteuse, en veillant à ce que la partie la plus épaisse du gibier, côté poitrine, se trouve vers le fond du four. Faites rôtir à découvert pendant 3 minutes. Retournez la poule faisane sur l'autre flanc et faites-la rôtir 3 minutes. Placez ensuite l'oiseau sur le dos et faites-le rôtir 4 minutes. (Le temps de rôtissage est de 10 minutes.)

7. Sortez la sauteuse du four et placez la poule faisane sur un plat. Salez-la et poivrez-la. Posez la sauteuse sur feu vif, avec le jus de cuisson, les légumes et les abattis. Faites rissoler le tout pendant 2 à 3 minutes. Dégraissez la cuisson en surface avec une cuiller. Ajoutez 38 cl d'eau pour déglacer en grattant bien les sucs de cuisson qui adhèrent au fond. Faites réduire sur feu vif pendant 2 à 3 minutes. Passez le contenu de la sauteuse dans une passoire fine en pressant bien les aromates et les abattis pour en extraire le maximum de jus. Mesurez le liquide obtenu : il vous en faut au moins 25 cl.

8. Baissez la température du four à 220 °C (thermostat 8).

9. Posez la poule faisane dans le fond de la cocotte, poitrine vers le haut. Rangez les endives autour. Versez le jus de cuisson et réservez.

10. Préparez la dorure : mélangez dans un bol les jaunes d'œufs avec 1 cuillerée à soupe d'eau. Réservez.

11. Partagez le lut en deux moitiés et roulez-les en deux boudins de 10 cm chacun, assez longs et larges pour faire le tour de la cocotte. Mettez le couvercle en place et posez les deux boudins de pâte autour, en appuyant pour sceller le couvercle. Avec un pinceau, badigeonnez le lut de dorure.

12. Enfournez la cocotte à mi-hauteur et faites rôtir 15 minutes. Sortez la cocotte du four mais ne brisez pas le lut tout de suite.

Laissez reposer à température ambiante pendant au moins 10 minutes, mais pas plus de 30 minutes. La poule faisane continue de cuire en restant dans la cocotte fermée.

13. Pour servir, cassez le lut devant les convives, en raison du parfum qui embaume à ce moment précis. Posez la poule faisane sur une planche à découper. Disposez les endives sur le pourtour d'un plat de service chauffé. Découpez la poule faisane et placez les morceaux au centre du plat. Nappez du jus de cuisson. Mettez le foie gras et le reste de jus dans une saucière pour accompagner le tout.

Vin conseillé : un bon vin rouge de bourgogne, comme un chambertin.

Conseil : lorsque vous faites rôtir une volaille, placez toujours le côté poitrine (ou la partie la plus charnue de l'oiseau) vers le fond du four. Comme les fours sont en général plus chauds dans le fond, la volaille bénéficiera d'une cuisson plus régulière. Par ailleurs, choisissez toujours une cocotte ou un plat à rôtir d'une taille juste assez grande pour contenir la volaille de manière à conserver le maximum de jus de cuisson.

LAPIN SAUTÉ AUX FÈVES ET AUX PETITS OIGNONS

T endre et moelleux, ce plat constitue le plus élégant lapin à la moutarde que vous ayez jamais dégusté. Le secret est simple : il faut faire cuire le lapin tout doucement sur feu doux pour l'empêcher de sécher. L'erreur est de croire que le lapin se fait cuire comme le poulet. Au contraire, le lapin n'a ni gras, ni peau pour le protéger pendant la cuisson. Chez Jamin, Joël Robuchon prépare ce plat avec les épaules, le foie, des fèves et des girolles. Chez soi, il est plus simple de cuisiner le lapin entier. C'est le genre de recette qui demande assez d'attention à la dernière minute, mais le résultat en vaut largement la peine. Ce qu'il faut obtenir ici, c'est un mélange succulent de saveurs fraîches et bien nettes. Comme toujours, c'est un mélange complexe qui permet d'arriver à ce résultat, avec les fines herbes et différents détails qui en font un chef-d'œuvre culinaire. Si vous ne trouvez pas de fèves fraîches, prenez des pois gourmands ou des petites asperges à faire blanchir au dernier moment, pour avoir la touche de vert.

POUR 4 PERSONNES

1 gros lapin ou 2 petits (1,8 kg au total), coupé en morceaux, avec le foie à part
3 c. à soupe de moutarde forte
1 c. à soupe de fleurs de thym frais
sel fin de mer et poivre blanc du moulin
30 g de beurre
2 c. à soupe d'huile d'olive
50 cl de bouillon de volaille (voir page 307)
200 g de petits oignons blancs
1 c. à soupe de sucre en poudre
15 g de beurre
sel fin et poivre blanc du moulin

250 g de girolles parées et nettoyées (ou des têtes de champignons de Paris nettoyées et coupées en quatre)
1 c. à soupe d'huile d'olive extra-vierge
1 c. à soupe de jus de citron
500 g de fèves fraîches en cosses ou 250 g de fèves écossées
15 g de beurre
120 g de lard de poitrine légèrement fumé, coupé en petits lardons
15 g de beurre
1 c. à soupe de vinaigre de vin rouge
sel de mer et poivre du moulin
plusieurs c. à soupe de persil plat ciselé
1 c. à café de sauge ou de thym frais

1. Badigeonnez largement de moutarde tous les morceaux de lapin. Poudrez-les de thym, salez et poivrez. Écrasez les os réservés et hachez, les parures. Réservez.

2. Préchauffez le four à 100 °C (thermostat 1).

3. Faites chauffer le beurre et l'huile dans une grande cocotte sur feu modéré. Lorsque le mélange est chaud, mais avant qu'il ne fume, ajoutez les os et les morceaux de lapin assaisonnés. Baissez aussitôt le feu, sinon la chair du lapin va se dessécher, couvrez et faites cuire en remuant la cocotte de temps en temps, jusqu'à ce que la chair du lapin soit tendre, mais encore moelleuse. Ce temps de cuisson est de 15 minutes de chaque côté environ, mais il peut varier selon la taille des morceaux. Laissez les os dans la cocotte et mettez les morceaux de lapin dans une grande casserole. Salez et poivrez, couvrez et mettez la casserole au four pour tenir le lapin au chaud jusqu'au moment de servir.

4. Montez à nouveau le feu sous la cocotte et déglacez avec le bouillon de volaille, en grattant les sucs de cuisson qui collent au fond du récipient. Faites réduire le liquide jusqu'à 25 cl, puis passez-le à travers une passoire fine. Jetez les résidus solides. Couvrez et gardez cette sauce au chaud sur feu doux ou versez-la en saucière et tenez celle-ci au chaud dans le four.

5. Préparez les oignons : s'ils ne sont pas nouveaux, faites-les d'abord blanchir dans une grande quantité d'eau bouillante salée, pendant environ 2 minutes. Égouttez-les et mettez-les dans une petite casserole avec le sucre et le beurre. Faites chauffer sur feu doux, salez et poivrez, couvrez et faites cuire doucement pendant 15 à 20 minutes. Secouez la casserole de temps en temps pour empêcher les oignons de roussir. Réservez à couvert.

6. Mettez les champignons parés dans une casserole, ajoutez 1 cuillerée à soupe d'huile d'olive et faites chauffer doucement. (Si vous prenez des champignons de Paris, ajoutez le jus de citron avec l'huile.) Salez et poivrez, couvrez et faites-les cuire 3 minutes jusqu'à ce qu'ils soient tendres. Réservez à couvert.

7. Écossez les fèves. Préparez une terrine d'eau glacée. Faites bouillir une grande casserole d'eau salée (1 cuillerée à soupe de sel par litre). Versez-y les fèves et faites-les cuire pendant 30 secondes à partir de la reprise de l'ébullition. Retirez les fèves de l'eau avec une écumoire et versez-les dans l'eau glacée. Dès qu'elles sont refroidies, égouttez-les. Pelez-les et jetez la peau qui les enveloppe. Retirez aussi le germe, qui les rend amères. Réservez.

8. Égouttez les champignons et les oignons. Faites chauffer le beurre dans un grand poêlon sur feu moyen, ajoutez les lardons, les champignons et les oignons. Goûtez pour rectifier l'assaisonnement et faites sauter doucement le mélange pour bien le réchauffer. Ajoutez les fèves, puis faites réchauffer l'ensemble. Le mélange doit être bien lié et tendre. Couvrez et tenez au chaud sur feu très doux.

9. Salez et poivrez largement le foie de lapin. Faites fondre 1 cuillerée à soupe de beurre sur feu moyen dans un petit poêlon et ajoutez le foie. Faites-le cuire pendant 2 à 3 minutes en le retournant. Si vous avez l'impression que le morceau cuit trop vite, retirez le poêlon du feu et laissez-le chauffer hors du feu en secouant le poêlon de temps en temps. Le foie doit rester tendre et moelleux. Mettez-le dans une assiette. Déglacez le poêlon avec le vinaigre, puis remettez le foie dedans en l'enrobant de jus.

10. Répartissez les morceaux de lapin dans les assiettes de service chaudes. Garnissez-les avec le mélange d'oignons, de champignons, de fèves et de lardons. Coupez le foie en 4 morceaux et ajoutez-les dans les assiettes. Arrosez de sauce les morceaux de lapin et saupoudrez-les de persil. Saupoudrez le foie de thym ou de sauge et servez aussitôt.

Vin conseillé : un bourgogne rouge comme le santenay.

Pour découper un lapin entier à cru : retirez le foie et réservez-le à couvert au réfrigérateur. Parez les lambeaux de peau, le bout des pattes avant et tous les os en excès. Réservez-les. Avec un couteau à large lame, coupez le corps du lapin transversalement en trois morceaux : les pattes arrière, le râble et les pattes avant avec la poitrine. Fendez l'avant en deux morceaux pour séparer les pattes. Coupez le râble en trois morceaux égaux.

CÔTES DE VEAU POÊLÉES AUX CHAMPIGNONS ET ASPERGES

À propos de veau, il s'agit le plus souvent de côtes banales, coupées trop fines, ce qui les prive de toute saveur. Au lieu de gâcher cette viande délicate qui peut être succulente mais souvent trop sèche si elle est tranchée en côtes fines, prenez plutôt des côtes bien épaisses, 8 cm par exemple ; en compter une pour 2 ou 3 convives. L'accompagnement proposé ici est un élégant mélange de petits oignons grelots, de champignons sauvages et d'asperges. Lorsque je n'ai pas beaucoup de temps, je sers cette délicieuse côte de veau avec de simples pommes de terre sautées.

POUR 6 À 8 PERSONNES

10 petits oignons blancs grelots	90 g de lard de poitrine maigre
1 c. à soupe de sucre en poudre	taillé en petits lardons
sel de mer et poivre noir du moulin	2 côtes de veau de 8 cm d'épaisseur,
12 petites pointes d'asperges vertes	pesant chacune 625 g environ,
150 g de trompettes-de-la-mort	parures réservées
bien nettoyées	3 c. à café de thym frais
30 g de beurre doux	ou la moitié s'il est séché
2 c. à soupe d'huile d'arachide	2 gousses d'ail entières non pelées,
200 g de girolles bien nettoyées	coupées en deux dans la longueur
200 g de shiitake bien nettoyés	

1. Préparez les oignons : mettez-les dans une petite casserole avec le sucre et une pincée de sel. Mélangez, ajoutez de l'eau pour les couvrir à moitié et posez un couvercle. Faites cuire sur feu moyen pendant 6 à 7 minutes jusqu'à ce que l'eau soit presque entièrement évaporée. Secouez la casserole de temps en temps et surveillez attentivement en fin de cuisson pour empêcher les oignons de roussir. Retirez du feu et réservez.

2. Faites cuire les asperges. Préparez une grande jatte d'eau glacée. Portez par ailleurs à ébullition une grande casserole d'eau. Salez et ajoutez les asperges. Faites-les cuire à gros bouillons 5 minutes. Égouttez-les et mettez-les dans l'eau froide jusqu'à ce qu'elles soient complètement refroidies. Égouttez-les. Réservez.

3. Préparez les champignons. Mettez les trompettes-de-la-mort dans une casserole moyenne (sans ajouter de matière grasse) sur feu modéré. Salez, poivrez et faites cuire 3 à 4 minutes. Versez les champignons dans une passoire et videz le jus qui se trouve dans la casserole. Lorsque les champignons sont refroidis, pressez-les avec vos mains pour en extraire le maximum d'eau de végétation. Réservez. Dans la même casserole, faites chauffer sur feu modéré 15 g de beurre avec 1 cuillerée à soupe d'huile. Ajoutez les girolles, les pleurotes et les shiitake, salez et poivrez. Faites cuire 3 à 4 minutes. Rectifiez l'assaisonnement. Retirez du feu et tenez au chaud. Si vous utilisez des champignons de couche, faites-les cuire dans le beurre et l'huile pendant 5 minutes, salez et poivrez.

4. Taillez en petits dés les parures des côtes de veau et réservez-les.

5. Assaisonnez les côtes de veau avec du sel, du poivre et le thym. Faites chauffer le reste de beurre et d'huile sur feu modéré dans une très grande poêle. Lorsque le mélange est chaud, mettez dans la poêle les parures, l'ail et les côtes de veau. Baissez le feu et faites-les cuire 5 à 7 minutes d'un côté. Retournez-les et faites-les cuire encore 5 à 7 minutes de l'autre côté en arrosant souvent. Le veau doit être bien tendre et légèrement saignant.

6. Disposez 3 assiettes à pain retournées à l'envers sur 3 grandes assiettes. Lorsque les côtes de veau sont cuites, assaisonnez-les et placez-les chacune sur l'assiette retournée ; placez les parures sur la troisième assiette. Si vous le désirez, réservez les demi-gousses d'ail pour les servir avec les légumes. Tenez le tout au chaud.

7. Remettez la poêle sur feu vif et versez-y 30 cl d'eau froide. Déglacez en remuant avec une spatule pour décoller les petits résidus attachés au fond. Faites réduire le liquide des deux tiers. Goûtez et rectifiez l'assaisonnement. Passez ce jus dans une passoire fine. Réservez et tenez au chaud.

8. Mettez dans la poêle les petits lardons et faites-les rissoler. Ajoutez les petits oignons, les asperges et les champignons. Mélangez en ajoutant le jus rendu par les côtes de veau et les parures. Faites réchauffer sur feu modéré. Versez le tout dans un légumier chaud. Découpez les côtes de veau en tranches fines et servez-les avec les légumes et le jus à part.

Vin conseillé : un bon bordeaux rouge, comme un graves.

Le temps de repos : cette opération qui concerne les viandes et les volailles qui viennent d'être rôties intervient avant de les découper ou de les trancher. Laisser reposer une viande ou une volaille rôtie est indispensable pour lui donner un bien meilleur goût. En effet, lorsqu'une viande ou une volaille est en train de cuire, tout le jus reflue vers l'intérieur de la pièce. Si vous la découpez sans attendre, juste à la sortie du four, l'intérieur sera tendre et l'extérieur sec. En laissant la pièce reposer une fois cuite avant de la découper, le jus a le temps de se répartir régulièrement à travers les fibres.

Dans les cuisines de Joël Robuchon, on laisse toujours reposer les viandes sur une assiette posée à l'envers sur une autre assiette : cette plate-forme légèrement surélevée facilite la circulation de l'air tout autour de la viande, ce qui favorise une meilleure répartition du jus à l'intérieur de la viande. (Si vous laissez reposer la pièce de viande à plat sur une planche à découper, la partie située en dessous restera plus chaude que celle qui se trouve exposée à l'air et la viande sera par conséquent moins régulièrement irriguée de jus.)

ÉCHINE DE PORC
AUX POIREAUX
À LA MARAÎCHÈRE

J'aime l'idée même de ce plat qui évoque à la fois le confort chaleureux de l'hiver et les arômes de l'été : rôti de porc et poireaux, ail, sauge et thym. C'est un plat qui est encore meilleur le lendemain. Servez-le à température ambiante accompagné des légumes, avec un filet de vinaigre de vin rouge et une julienne de cornichons. Cette recette a été offerte à Joël Robuchon par Jean Delaveyne, son père spirituel de longue date.

Matériel : une cocotte assez grande pour contenir le rôti, avec un couvercle hermétique.

POUR 6 PERSONNES

1,5 kg de rôti de porc dans l'échine, ficelé
6 gousses d'ail taillées en bâtonnets
1 poignée de feuilles de sauge fraîches écrasées
2 brins de thym
2 c. à soupe de gros sel de mer
sel fin de mer et poivre noir du moulin
24 petits poireaux baguettes ou 6 moyens

2 c. à soupe d'huile d'arachide
plusieurs os de porc grossièrement concassés
6 oignons moyens coupés en deux
3 tomates pelées, épépinées et concassées
2 c. à soupe de sucre en poudre
1 c. à soupe de vinaigre de vin rouge
25 cl de vin blanc sec
5 à 6 baies de genièvre
30 g de beurre

1. Le jour qui précède la cuisson, préparez le porc. Piquez le rôti avec les bâtonnets d'ail. Frottez-le ensuite avec le sel, la moitié de la sauge et la moitié du thym. Enveloppez-le dans un film plastique et mettez-le au réfrigérateur. Le sel va avoir pour effet de maturer la viande et de faire mieux ressortir l'arôme des herbes et de l'ail.

2. Le lendemain, sortez le rôti du réfrigérateur, lavez-le et épongez-le. Mettez-le de côté pour qu'il prenne la température ambiante.

3. Remplissez une grande terrine d'eau bouillante salée. Coupez les racines des poireaux et taillez les blancs sur 20 à 23 cm de long. Coupez le vert en quatre portions. Mettez tous les morceaux de poireaux dans l'eau chaude légèrement salée et laissez-les tremper 10 minutes. Égouttez-les et épongez-les à fond. Réservez.

4. Faites chauffer l'huile dans la cocotte sur feu modéré. Quand elle est chaude, mettez-y le rôti avec les os concassés. Faites-le cuire en le retournant souvent jusqu'à ce que la viande soit bien dorée. Ajoutez les oignons et les tomates, poursuivez la cuisson pendant 3 à 4 minutes. Faites dissoudre le sucre dans le vinaigre et ajoutez le mélange dans la cocotte. Ajoutez le vin et mélangez. Faites cuire pendant 5 minutes pour réduire légèrement le liquide. Ajoutez ensuite les poireaux en les disposant autour de la viande et en les enfonçant bien dans le fond. Salez et poivrez légèrement, ajoutez le reste de sauge et les baies de genièvre. Tenez le thym au-dessus de la cocotte et frottez-le entre vos mains pour laisser tomber les petites feuilles qui contiennent le parfum. Ajoutez le beurre. Couvrez, baissez le feu et laissez cuire doucement pendant 1 heure et demie, en remuant de temps en temps pour bien répartir les poireaux dans le liquide de cuisson. Vous pouvez aussi faire cuire le rôti au four à 160 °C (thermostat 3-4).

5. Pour servir, déficelez le rôti et coupez-le en tranches fines. Disposez les tranches de porc sur un plat chaud et arrangez les poireaux et les oignons autour de la viande. Passez le jus de cuisson au chinois et servez-le en saucière.

Vin conseillé : un bourgogne rouge subtil, un savigny-lès-beaune.

ÉPAULE D'AGNEAU
RÔTIE À LA FLEUR
DE POIVRON ROUGE

L'épaule d'agneau est un morceau plutôt ferme, mais elle est néanmoins assez tendre pour être grillée ou rôtie à feu vif. Joël Robuchon sert l'épaule d'agneau enrobée d'une croûte rutilante, à base de chapelure, de beurre, d'ail, de poivron et de piment. Cet enrobage peut également servir à rôtir en croûte une autre viande, une volaille ou même un poisson. Essayez-le par exemple avec un gigot d'agneau, du poulet ou un poisson d'un goût assez affirmé comme le turbot ou le saint-pierre. Chez Jamin, on prépare la croûte avec une variété de piment doux du nom de niora que l'on trouve sur les marchés en Espagne et dans le sud de la France. Si vous n'en trouvez pas, prenez à la place du chili en poudre ou des petits piments mexicains. Le goût du piment niora n'est pas trop piquant, tout en ayant une assez forte personnalité. Il me rappelle le paprika, avec davantage de profondeur dans l'arôme.

POUR 4 À 6 PERSONNES

Pour la croûte au poivron :

1 c. à soupe d'huile d'olive extra-vierge
1 petit poivron rouge (40 g environ),
taillé en petits dés
140 g de panure fraîche
(environ 11 tranches de pain de mie
parées, réduites en très fines miettes)

150 g de beurre ramolli
1 gousse d'ail finement hachée
20 g de piment séché en poudre
1 pincée de sel fin de mer
1 petite épaule d'agneau
(1 kg environ), dégraissée
sel fin de mer et poivre noir du moulin

1. Préparez la croûte au poivron. Versez l'huile dans un petit poêlon, ajoutez le poivron et faites chauffer sur feu modéré. Laissez cuire pendant 2 à 3 minutes. (Le poivron doit garder son croquant.) Égouttez-le soigneusement et mettez-le dans un grand bol mélangeur. Ajoutez la panure, le beurre, l'ail, le piment et le sel. Mélangez le tout avec une cuiller en bois jusqu'à l'obtention d'une pâte malléable. Ramassez-la en boule.

2. Posez sur le plan de travail une feuille de papier sulfurisé (ou film plastique) assez grande pour recouvrir largement l'épaule d'agneau. Placez la boule de pâte au milieu de cette feuille et recouvrez-la avec une autre feuille de papier de la même taille. Aplatissez le tout au rouleau pour obtenir un morceau juste assez grand pour recouvrir l'épaule.

Faites glisser cette pâte (protégée par ses deux feuilles) sur une tôle à pâtisserie et mettez-la au réfrigérateur pendant au moins 1 heure pour qu'elle se raffermisse.

3. Préchauffez le four à 230 °C (thermostat 9).

4. Salez et poivrez largement l'épaule d'agneau. Posez-la sur une grille dans un plat à rôtir et faites-la rôtir à découvert pendant 20 minutes (on compte 10 minutes par livre environ). Retournez-la de temps en temps. Sortez-la du four, salez-la et poivrez-la de nouveau largement. Couvrez-la d'une feuille d'aluminium, sans trop serrer. Éteignez le four et mettez-y l'épaule d'agneau, couverte de la feuille d'aluminium, porte ouverte. Laissez reposer au moins 20 minutes (1 heure au plus).

5. Préchauffez le gril du four.

6. Posez l'épaule d'agneau sur une grille. Sortez la pâte du réfrigérateur et retirez la feuille du dessus. Retournez la pâte sur l'épaule et retirez la seconde feuille. Placez la grille à 8 cm environ du gril et faites colorer 5 minutes, jusqu'à ce que la croûte soit bien dorée.

7. Découpez l'épaule d'agneau et servez une belle tranche par personne, sur des assiettes très chaudes, accompagnée de plusieurs cuillerées de la croûte dorée. Proposez en garniture de la purée de pommes de terre et une salade verte.

Vin conseillé : un bon bordeaux rouge, un pauillac de préférence.

CARRÉ DE PORC
AUX TOMATES, AIL,
OIGNONS ET CAROTTES

Voici le genre de plat que Joël Robuchon aime bien cuisiner pendant le week-end, lorsque le restaurant est fermé et qu'il se retrouve en famille. Comme pour toutes les recettes qui demandent des fines herbes, le choix des aromates est important : essayez de vous procurer de la sauge fraîche ou prenez à la place du romarin, mais évitez la sauge séchée qui a tendance à devenir amère.

Matériel : un grand plat à rôtir ovale (23 x 33 cm environ).

POUR 6 À 8 PERSONNES

1,5 kg de carré de porc rôti désossé	*75 g de beurre doux*
et roulé, paré et ficelé	*4 gousses d'ail pelées et fendues en deux*
5 grandes carottes taillées	*1 petit bouquet de sauge fraîche*
en rondelles de 1 cm d'épaisseur	*2 c. à café de thym frais*
5 gros oignons taillés en rondelles	*ou la moitié de thym séché*
de 1 cm d'épaisseur	*sel de mer et poivre blanc du moulin*
12 petites tomates ovales	*8 cl d'huile d'olive extra-vierge*

1. Préchauffez le four à 200 °C (thermostat 6-7).

2. Préparez les tomates : retirez le pédoncule et pelez-les avec un couteau économe. Coupez chaque tomate en deux dans l'épaisseur et pressez-les pour éliminer les graines. Avec une petite cuiller, retirez la pulpe des tomates. (La pulpe et les graines, que l'on n'utilise pas dans cette recette, peuvent être réservées pour préparer un coulis, voir page 86.) Mettez de côté les demi-tomates évidées.

3. Faites cuire les oignons. Faites chauffer la moitié du beurre sur feu doux dans une grande poêle. Lorsqu'il est chaud, ajoutez les rondelles d'oignons. Ne salez pas (ce qui leur permettra de brunir plus facilement). Faites cuire les oignons en secouant le poêlon de temps en temps pendant 5 minutes, jusqu'à ce que les rondelles soient bien dorées d'un côté. Retournez-les délicatement avec une fourchette et faites-les cuire de l'autre côté pendant encore 5 minutes. Les rondelles d'oignons ont tendance à se défaire, mais essayez de les garder en une seule pièce au moment où vous les retournez. Retirez la poêle du feu, salez et poivrez les oignons, égouttez-les et réservez-les.

4. Faites cuire les tomates. Faites chauffer l'huile dans une grande poêle sur feu moyen. Quand elle est chaude, ajoutez les tomates et faites-les cuire pendant 10 minutes en secouant la poêle de temps en temps jusqu'à ce qu'elles soient bien dorées. Retirez la poêle du feu, salez et poivrez largement les tomates. Égouttez-les et réservez-les.

5. Faites cuire les carottes. Faites chauffer le restant du beurre dans une grande poêle. Lorsqu'il est chaud, ajoutez les carottes. Salez et poivrez largement. Faites cuire les carottes pendant 15 minutes en secouant la poêle de temps en temps jusqu'à ce qu'elles soient bien dorées et tendres quand on les pique à la fourchette. Ajoutez l'ail et poursuivez la cuisson pendant 2 ou 3 minutes. Retirez la poêle du feu. Salez et poivrez largement. Égouttez les carottes et réservez-les.

6. Prenez un plat à rôtir assez grand pour contenir aisément le rôti et les légumes. Disposez une couche d'oignons qui se chevauchent le long d'un petit côté du plat. Ajoutez à côté une couche de tomates, puis une couche de carottes. Répétez l'opération jusqu'à ce que le fond du plat soit entièrement tapissé d'une couche de légumes. Ciselez la moitié de la sauge et parsemez-la sur les légumes en ajoutant le thym.

7. Salez et poivrez largement le rôti de porc. Glissez le reste des feuilles de sauge sous la ficelle qui entoure le rôti. Posez-le sur les légumes, côté gras dessus. Enfournez le plat à mi-hauteur à découvert et faites rôtir pendant 1 heure. Ajoutez dans le plat une demi-tasse d'eau, posez une feuille d'aluminium sur le rôti et poursuivez la cuisson au four pendant 15 minutes. Éteignez le four et entrouvrez légèrement la porte, laissez le rôti dans son plat tel quel et comptez au moins 15 minutes de repos (jusqu'à 1 heure). Le porc finit de cuire pendant ce temps. Déficelez le rôti. Coupez-le en tranches épaisses et posez-les sur des assiettes chaudes. Servez les légumes en garniture.

Vin conseillé : un vin rouge jeune et fruité, de Provence de préférence.

Doré et croustillant ou tendre et moelleux ? Voulez-vous obtenir des oignons ou des pommes de terre rissolés, bien dorés ? Ou préférez-vous les avoir tendres et moelleux ? N'oubliez pas les conseils suivants :
1. Pour avoir une consistance croustillante et une couleur dorée, faites d'abord chauffer la matière grasse, puis ajoutez les ingrédients, mais ne salez pas de suite, car le sel les empêche de colorer.
2. Pour un résultat tendre et moelleux, faites chauffer les ingrédients directement dans la matière grasse et salez en même temps.

TOURTIÈRE D'AGNEAU AUX AUBERGINES, COURGETTES ET TOMATES

L e choix des épices (cumin, curry et thym frais) donne à ce plat une note purement méditerranéenne et colorée. Pour un dîner élégant, servez-la en petites tourtes individuelles, mais pour un repas plus simple, n'hésitez pas à la faire cuire dans un grand moule à fond amovible.

Matériel : 4 moules à tarte individuels de 10,5 cm de diamètre à fond amovible ; beurre pour les graisser.

POUR 4 PERSONNES

12 tomates olivettes bien charnues
**Pour la farce aux légumes
et à la viande :**
10 cl d'huile d'olive extra-vierge
1 courgette de 125 g coupée
en petits dés
1 aubergine de 125 g coupée
en petits dés
1 c. à café de feuilles de thym frais
1 petit oignon émincé
300 g d'épaule d'agneau, dégraissée
et grossièrement hachée
(demandez à votre
boucher de faire cette opération)
3 c. à soupe de feuilles de persil
plat ciselé
sel fin de mer
1 c. à soupe de curry
1 c. à soupe de graines de cumin
réduites en poudre
**Pour la tomate concassée
au poivron rouge :**
3 c. à soupe d'huile d'olive extra-vierge

2 petits oignons émincés
300 g de petites tomates épépinées,
pelées et concassées
1 petit poivron rouge pelé et haché
2 gousses d'ail émincées
1 bouquet garni : plusieurs tiges
de persil, feuilles de céleri
et brins de thym enveloppés
dans du vert de poireau
et solidement ficelés
sel fin de mer et poivre blanc
du moulin
3 c. à soupe de feuilles de basilic
frais haché
Pour la garniture :
4 petites courgettes de 125 g chacune
2 c. à café de feuilles de thym frais
sel fin de mer et poivre blanc
du moulin
2 aubergines de 300 g
feuilles de thym frais pour garnir
huile d'olive extra-vierge pour
la touche finale

1. Retirez le pédoncule des tomates olivettes. Pelez-les avec un couteau économe, puis coupez-les en deux dans la longueur et pressez-les légèrement pour éliminer les graines. Avec une petite cuiller, retirez la pulpe de chaque demi-tomate, concassez-la et réservez-la pour la tomate concassée. Aplatissez chaque demi-tomate puis, à l'aide d'un emporte-pièce rond de 2,5 cm de diamètre, découpez-les en disques ronds de même taille. Rangez ces disques côte à côte sur une tôle de four ou un plateau. Il vous faut 21 rondelles de tomate pour chaque tarte individuelle. Hachez la pulpe restante et ajoutez-la à la pulpe concassée. (Cette partie de la recette peut être préparée plusieurs heures à l'avance. Couvrez et gardez au réfrigérateur.)

2. Avec un couteau économe, pelez les aubergines et les courgettes de la garniture pour obtenir des languettes de peau de 10 cm de long sur 2,5 cm de large, environ. Il vous faut 12 languettes de chaque légume pour chaque tarte individuelle. Réservez. Gardez les courgettes pelées pour l'étape suivante. Utilisez les aubergines pelées pour une ratatouille par exemple.

3. Remplissez une grande jatte d'eau glacée. Faites bouillir une grande casserole d'eau. Salez-la et mettez-y les languettes d'aubergines et de courgettes. Faites-les cuire pendant 10 secondes. Retirez-les avec une écumoire et mettez-les dans l'eau glacée. Quand elles sont refroidies, égouttez-les et mettez-les à plat côte à côte sur une tôle de four ou un plateau.

4. Détaillez les courgettes pelées en rondelles très fines. Il vous faut environ 21 rondelles pour chaque tarte individuelle. Réservez-les.

5. Préparez la farce : versez 6 cl d'huile dans une poêle, ajoutez les dés de courgette et d'aubergine. Faites cuire sur feu modéré pendant 4 à 5 minutes. Versez les dés de légumes dans un saladier, ajoutez le thym et réservez.

6. Versez encore 2 cuillerées à soupe d'huile dans la même poêle et ajoutez l'oignon. Faites cuire pendant 3 à 4 minutes. Quand il est ramolli et transparent, ajoutez-le aux légumes précédents, mélangez et réservez.

7. Mettez dans un saladier la viande d'agneau hachée, le persil, le curry et le cumin. Mélangez. Ajoutez le mélange de légumes précédent et mélangez de nouveau. Goûtez pour rectifier l'assaisonnement. Couvrez et mettez au réfrigérateur.

8. Préparez la tomate concassée : faites chauffer l'huile dans une grande poêle, ajoutez les oignons et faites cuire sur feu modéré. Au bout de 3 à 4 minutes, lorsque les oignons sont attendris et transparents, ajoutez la pulpe des tomates réservée, le poivron, l'ail et le bouquet garni ; salez et poivrez. Mélangez et faites cuire à découvert pendant environ 15 minutes en laissant épaissir. Goûtez pour rectifier l'assaisonnement. Retirez du feu, éliminez le bouquet garni et incorporez le basilic. Réservez.

9. Préchauffez le four à 190 °C (thermostat 5).

10. Beurrez largement au pinceau le fond et les parois intérieures des moules individuels. Tapissez chaque moule de bandes alternées de peaux de courgette et d'aubergine, en partant du centre de chaque moule et en laissant les languettes de peau retomber à l'extérieur. Remplissez les moules avec la farce à la viande et lissez le dessus avec le dos de la cuiller. Rabattez les peaux de courgette et d'aubergine sur le dessus pour enfermer la farce.

11. Pour la finition, faites un lit de tomate concassée, disposez les rondelles de tomates et de courgette alternées, se chevauchant légèrement, en rangs concentriques, en commençant par l'extérieur et en progressant dans le sens des aiguilles d'une montre, pour recouvrir entièrement le dessus des tourtes. Pour le milieu, placez les rondelles de tomates et de courgettes légèrement superposées dans le sens inverse. Arrosez de quelques gouttes d'huile et saupoudrez de thym. Salez et poivrez.

12. Enfournez les tourtières à mi-hauteur et faites-les cuire environ 30 minutes, jusqu'à ce qu'elles soient bien dorées.

13. Sortez les tourtières du four. Démoulez-les en retirant le cercle des moules et dégagez-les du fond amovible en les faisant glisser sur le côté. Placez-les sur des assiettes chaudes et servez aussitôt.

Vin conseillé : un bon vin rouge de la vallée du Rhône, comme un gigondas.

GIGOT D'AGNEAU RÔTI ET PERSILLÉ

À mon avis, voici la meilleure recette de gigot d'agneau que je connaisse. Je fais souvent rôtir un gigot, car c'est le morceau idéal pour recevoir des amis. Un plat sans problème et sans risque, avec des restes délicieux (si vous en avez...).

Les bouchers ne pratiquent pas tous de la même façon : si le vôtre a tendance à couper l'os, demandez-lui quelques parures et des os en plus lorsque vous achetez votre viande car ils ajoutent de la saveur au rôti.

Matériel : un plat à rôtir ovale juste un peu plus grand que le gigot (23 x 33 cm environ).

POUR 8 PERSONNES

1 gigot d'agneau avec le manche (2,5 kg environ), les parures et os de la partie supérieure soigneusement dégraissés et ficelés (demandez au boucher de le préparer pour vous) 2 têtes d'ail non pelées et fendues en deux dans la longueur

1 bouquet garni : plusieurs tiges de persil et brins de thym frais enveloppés dans du vert de poireau et ficelés 15 g de beurre doux sel fin de mer et poivre noir du moulin 60 g de pain de mie écroûté 6 cl de persil plat ciselé

1. Préchauffez le four à 220 °C (thermostat 8).

2. Étalez dans le fond du plat les parures, les os, l'ail et le bouquet garni. Mettez le gigot par-dessus et enduisez-le de beurre. Salez et poivrez largement. Enfourncz et laissez rôtir en comptant 10 à 12 minutes par livre pour une viande saignante, 15 minutes pour une viande à point. Retournez le gigot plusieurs fois pendant la cuisson et arrosez-le de temps en temps.

3. Pendant ce temps, mettez le pain de mie dans le bol d'un robot et réduisez-le en chapelure. Ajoutez le persil et actionnez l'appareil pour bien mélanger. Si vous désirez une texture plus fine, passez le mélange à travers un tamis fin. Salez, poivrez et réservez.

4. Sortez le gigot du four. Salez-le et poivrez-le largement. Sur une grande planche à découper, posez une petite assiette à l'envers sur une assiette plus grande. Posez le gigot sur la planche, manche vers le haut, appuyé contre l'assiette renversée. Laissez reposer le gigot dans cette position pendant 25 minutes.

5. Préparez le jus. Faites chauffer le plat à rôtir avec les parures et l'ail sur feu moyen pour caraméliser les résidus de graisse. Ne laissez pas brûler. Dégraissez le jus et ajoutez 30 cl d'eau froide pour déglacer, en grattant les particules qui attachent au fond du plat. Baissez le feu et continuez de faire cuire pour réduire de moitié. Passez le jus à travers une passoire fine. Goûtez pour rectifier l'assaisonnement et versez dans une saucière chaude. Réservez au chaud.

6. Préchauffez le gril du four.

7. Avec vos mains, étalez la chapelure au persil à la surface du gigot en formant une couche régulière. Mettez-le sous le gril et faites colorer jusqu'à ce que la chapelure forme une croûte bien dorée. Surveillez attentivement pour ne pas laisser roussir. Retirez le gigot du four et découpez-le. Servez aussitôt avec le jus.

Vin conseillé : un bon bordeaux, comme un saint-julien.

Une cuisson bien assaisonnée : salez et poivrez la viande juste avant de la mettre dans le four. (Le nec plus ultra est de l'assaisonner quand elle commence à colorer.) Si vous l'assaisonnez à l'avance, la viande se met à « suer », et son jus commence à s'écouler. Salez et poivrez à nouveau toujours juste après l'avoir sortie du four, car c'est ce qui donne à la viande sa finition et son parfum « relevé ».

Pour les amateurs d'ail : si vous aimez l'ail, chaque fois que vous faites rôtir une viande ou une volaille, prenez une tête d'ail non pelée et coupez-la en deux horizontalement. Mettez les deux demi-têtes dans le fond du plat. Elles vont parfumer en douceur la viande ou la volaille et vous aurez en plus de la pulpe d'ail à tartiner sur un toast.

Une vinaigrette savoureuse : si vous avez un reste de jus de cuisson après avoir fait rôtir de l'agneau, du porc ou un poulet, utilisez-le pour relever une vinaigrette. Souvent je remplace toute l'huile par ce jus, ou bien j'en ajoute un peu au mélange d'huile et de vinaigre. Vous serez surpris du résultat.

FOIE GRAS RÔTI ENTIER AUX NAVETS

Q uelle belle idée que de marier un foie gras riche et soyeux avec des petits navets caramélisés ! Presque tout le travail peut se faire à l'avance : il suffit de laisser les navets dans la poêle pour les réchauffer à la dernière minute. Quant au foie gras, il est cuit en un rien de temps. L'idéal si vous recevez des invités. Mais vous pouvez aussi utiliser les navets confits pour accompagner une canette, du porc ou un gibier rôti. En cuisant, les navets deviennent tendres et fondants : c'est un accompagnement d'une élégance exquise pour faire escorte au foie gras. Essayez-le au printemps, avec des petits navets nouveaux. En hiver, il est préférable de faire d'abord blanchir les navets à l'eau bouillante. Cette recette, je le répète, est une excellente trouvaille pour cuisiner le foie gras frais, et c'est le déglaçage final qui fait toute la différence. Si jamais vous avez fait cuire une volaille la veille, gardez un peu du jus de cuisson et ajoutez-le dans la poêle avec le vinaigre au moment de déglacer.

POUR 4 À 6 PERSONNES

750 g de navets pelés, taillés en rondelles de 5 cm de diamètre et 2,5 cm d'épaisseur	*500 g de foie gras de canard frais*
	1 c. à soupe de vinaigre balsamique
	jus de cuisson de poulet rôti (facultatif)
75 g de beurre	***Pour la garniture :***
2 c. à soupe de sucre	*gros sel de mer*
sel fin de mer et poivre blanc du moulin	*1 c. à soupe de poivre blanc grossièrement moulu*
25 cl de bouillon de volaille	*1 c. à soupe de feuilles de persil plat ciselées*
2 c. à café d'huile d'olive extra-vierge	

1. Préparez les navets : prenez une grande poêle de 30 cm de diamètre, dotée si possible d'un couvercle qui ferme bien. Mettez-y le beurre, ajoutez les navets et réglez sur feu modéré. Saupoudrez de sucre. Faites cuire doucement pendant 10 minutes en retournant les navets de temps en temps jusqu'à ce qu'ils soient légèrement dorés. Ajoutez 6 cl de bouillon, couvrez et poursuivez la cuisson sur feu modéré jusqu'à ce que le liquide soit presque absorbé. Continuez de cette façon, en ajoutant progressivement du bouillon jusqu'à ce qu'il soit entièrement utilisé : les navets doivent être alors bien dorés, tendres et fondants. La durée totale de la cuisson est de 30 minutes environ. (Vous pouvez très bien préparer les navets à l'avance. Gardez-les au chaud, à couvert, dans la poêle.)

2. Environ 8 heures avant de servir, préparez le foie gras. Un foie gras de canard se compose de deux lobes, un gros et un petit. Séparez-les avec vos mains en les détachant doucement l'un de l'autre. Avec un petit couteau pointu, grattez délicatement toutes les traces verdâtres de bile. Remplissez d'eau glacée une grande terrine, ajoutez 1 cuillerée à soupe de sel par litre et mettez les lobes de foie gras dans l'eau, couvrez et mettez au réfrigérateur pendant 6 heures.

3. Retirez les lobes de foie gras de l'eau salée et épongez-les délicatement. Posez-les sur un grand torchon propre. Avec un petit couteau pointu, détachez la pellicule transparente qui enveloppe chaque lobe. Prenez ensuite le plus petit et faites une incision de 2,5 cm dans le sens de la longueur. Avec la pointe du couteau, attrapez le vaisseau sanguin qui s'enfonce dans le lobe, tirez dessus et jetez-le. Répétez cette opération sur le gros lobe, sans oublier qu'il comporte deux vaisseaux sanguins superposés. Éliminez de chaque lobe la moindre trace verdâtre ou la moindre trace de sang. Reconstituez le foie gras en réunissant les deux lobes et en les pressant doucement l'un contre l'autre. (Si vous avez des difficultés à trouver les vaisseaux sanguins et à les retirer, négligez cette opération : pour cette recette, il est préférable de conserver le foie gras aussi intact que possible.)

4. Préchauffez le four à 240 °C (thermostat 9). Assaisonnez largement le foie gras de sel et de poivre blanc au moulin. Versez l'huile dans une poêle moyenne à revêtement antiadhésif et posez le foie gras dedans. Enfournez à mi-hauteur et faites rôtir le foie gras pendant 4 à 5 minutes d'un côté, retournez-le et faites-le rôtir encore 4 à 5 minutes de l'autre côté. Pour tester le degré de cuisson : plongez une brochette en métal dans la partie la plus épaisse du foie gras et laissez-la pendant 30 secondes. Retirez la brochette et posez-la sur votre lèvre inférieure. Si la brochette est froide, le foie gras n'est pas assez cuit ; si elle est chaude, il est rosé et juste cuit ; si elle est brûlante, il est bien cuit.

5. Retirez la poêle du four en laissant le foie gras dedans et posez-la sur feu moyen. Déglacez avec le vinaigre et le jus de poulet rôti (si vous en avez). Grattez les sucs de cuisson à la spatule et poursuivez la cuisson pendant 1 à 2 minutes en mélangeant jusqu'à ce que le liquide soit épais et presque caramélisé, tout en arrosant sans arrêt le foie gras avec ce jus pour l'attendrir et le parfumer. Posez le foie gras au milieu d'un plat chaud et arrosez-le de son jus. Disposez les navets tout autour et assaisonnez-les de gros sel et de poivre blanc. Ajoutez en garniture les feuilles de persil plat ciselé et servez aussitôt.

Vin conseillé : un bon bordeaux rouge, pomerol de préférence.

PINTADE RÔTIE
AUX POMMES
DE TERRE CONFITES

Voici un plat simple et tout doré, idéal pour les jours où vous voulez servir quelque chose de bon et de frais sans avoir trop de temps à passer en cuisine. J'adore la garniture de pommes de terre avec une volaille rôtie, dont le jus délicieux arrose le plat en lui donnant une saveur riche et profonde. On peut bien entendu remplacer la pintade par un poulet, une poularde ou plusieurs blancs de volaille et les pommes de terre par des endives.

Matériel : un plat à four ovale juste un peu plus grand que la volaille (23 x 33 cm environ).

POUR 4 À 6 PERSONNES

60 g de beurre doux
1 kg de pommes de terre BF 15,
pelées et coupées en quartiers
sel fin de mer et poivre blanc
du moulin

1 pintade de 1 kg environ, cou,
ailerons et foie réservés
1 brin de romarin frais
1 brin de thym frais

1. Préchauffez le four à 220 °C (thermostat 8).

2. Enduisez le plat avec 15 g de beurre et répartissez les pommes de terre sur les côtés. Parsemez-les avec 30 g de beurre. Salez et poivrez largement.

3. Mettez le cou, les ailerons, le foie, le romarin et le thym à l'intérieur de la pintade et assaisonnez-la généreusement à l'intérieur. Enduisez la volaille avec le beurre restant, salez et poivrez largement. Posez la pintade dans le plat, sur un côté, en l'enfouissant pratiquement parmi les pommes de terre.

4. Enfournez le plat à mi-hauteur et faites rôtir à découvert pendant 20 minutes, en arrosant la pintade pendant les dernières minutes. Lorsque vous arrosez la volaille, arrosez aussi les pommes de terre pour qu'elles dorent régulièrement. Placez la pintade sur son autre côté et faites rôtir pendant encore 20 minutes. Arrosez. Poursuivez la cuisson jusqu'à ce que le jus coule clair lorsque vous piquez la cuisse avec une brochette. Le temps de cuisson total est de 1 heure environ.

5. Sortez la pintade du four et assaisonnez-la généreusement de sel et de poivre. Mettez la volaille sur un plat à découper et appuyez la poitrine contre le bord du plat de cuisson, la tête en bas et le croupion en l'air. Ainsi, le jus s'écoule vers la poitrine de la volaille et la parfume davantage. Laissez reposer à découvert pendant 10 minutes. Pendant ce temps, tenez les pommes de terre au chaud à couvert dans le four.

6. Découpez la pintade et disposez les morceaux sur un plat chaud. Ajoutez les pommes de terre en garniture et servez avec une salade de cresson ou une salade mélangée.

Vin conseillé : un bordeaux rouge, comme un margaux.

CANETTE RÔTIE
AUX POMMES POÊLÉES,
SAUCE AU MIEL
ET VINAIGRE DE CIDRE

L a canette est une volaille délicieuse (plus en chair et plus tendre que le mâle, le canard), mais très souvent elle rend trop de graisse ou bien la recette est trop compliquée. Essayez cette méthode et vous verrez que la canette est aussi facile à faire rôtir qu'un poulet : en réalité, elle est ici saisie sur toutes les faces à four très chaud, puis elle continue à cuire pendant le temps de repos. Toute la graisse est éliminée, mais le jus de cuisson obtenu avec les parures et les aromates donne un fond de sauce délicieux, enrichi d'un mélange haut en saveurs à base de zestes d'agrumes – citron vert, orange et pamplemousse –, de miel et de vinaigre de cidre. La canette rôtie est servie garni de quartiers de pommes caramélisés. La première fois que j'ai préparé ce plat, je l'ai servi avec une salade aux fleurs de capucines : j'ai ajouté une cuillerée de la sauce dans la vinaigrette pour en rehausser la saveur, tout en apportant un complément exquis à la volaille rôtie.

Matériel : une cocotte juste assez grande pour contenir la volaille.

POUR 4 PERSONNES

1 canette de 1,250 kg environ, foie mis de côté et parures (cou, cœur et ailerons) coupées finement sel fin de mer et poivre blanc du moulin 3 belles gousses d'ail 1 petite carotte coupée en biais en rondelles épaisses 1 oignon coupé en grosses tranches transversales 1 brin de thym frais	**Pour les pommes fruits sautées :** 4 pommes à cuire épépinées, pelées et coupées en quartiers 60 g de beurre clarifié le zeste râpé de 1 petite orange le zeste râpé de 1 petit pamplemousse le zeste râpé de 1 citron vert 1 c. à soupe de miel 4 ou 5 c. à soupe de vinaigre de cidre 50 g de beurre frais

1. Préchauffez le four à 220 °C (thermostat 8).

2. Salez et poivrez la canette à l'intérieur et à l'extérieur. Glissez son foie à l'intérieur. Bridez-la et mettez-la dans la cocotte en la posant sur un côté. Enfournez en orientant la partie la plus grosse de la volaille (la poitrine) vers le fond. Faites rôtir à découvert pendant 10 minutes. Retournez la canette de l'autre côté et faites encore rôtir 10 minutes. Posez-la ensuite sur le dos et faites rôtir 10 minutes de plus. Sortez la cocotte du four et mettez-y les parures, l'ail, la carotte, l'oignon et le thym en les glissant autour de la canette. Arrosez-la avec son jus de cuisson 3 ou 4 fois pour lui garder tout son moelleux pendant qu'elle continue à rôtir. Retirez les fils de bridage et salez les cuisses. (À ce stade, la volaille conserve sa forme ramassée sans brides, mais en retirant celles-ci, les cuisses vont cuire plus uniformément.) Remettez la cocotte dans le four et faites encore rôtir 5 minutes. Le temps total de cuisson est de 35 minutes.

3. Sortez la canette du four et assaisonnez-la encore une fois généreusement. Posez-la sur un plat, le dos sur le dessous, et appuyez la poitrine contre le rebord d'un plat à rôtir, avec le côté tête en bas et le croupion surélevé : le jus s'écoule ainsi à travers les « blancs » et les parfume davantage. La chair sera aussi plus moelleuse. Couvrez la volaille d'une feuille d'aluminium. Éteignez le four et remettez-y la canette en gardant la porte légèrement entrouverte. Laissez reposer au moins 20 minutes (1 heure maximum).

4. Préparez les zestes : remplissez d'eau une casserole de taille moyenne et portez-la à ébullition. Mettez les zestes de l'orange, du citron et du pamplemousse dans une passoire fine et plongez celle-ci dans l'eau bouillante pendant 2 minutes pour les blanchir. Rafraîchissez-les sous l'eau froide, égouttez-les et réservez.

5. Préparez les pommes. Faites chauffer le beurre clarifié dans une grande poêle à revêtement antiadhésif. Lorsqu'il est très chaud, mettez-y les pommes sur une seule couche : elles doivent grésiller quand elles touchent le beurre. Laissez cuire jusqu'à ce qu'elles aient pris une belle couleur dorée. Faites bien colorer d'un côté avant de les retourner. Pour qu'elles soient bien tendres (faciles à transpercer avec une fourchette), il faut compter 15 minutes de cuisson environ. Égouttez-les et rangez-les en couronne autour d'un plat de service allant au four. Couvrez d'une feuille d'aluminium et tenez au chaud.

6. Préparez la sauce : posez sur feu vif la cocotte contenant les parures et les aromates. Faites rissoler 1 ou 2 minutes jusqu'à ce qu'ils soient bien colorés. Égouttez-les et videz tout le liquide gras. Remettez-les parures et les aromates dans la cocotte en ajoutant le miel, remuez et faites cuire 1 ou 2 minutes de plus. Déglacez avec plusieurs cuillerées de vinaigre et faites cuire 1 minute. Versez ensuite 12 cl d'eau environ et laissez mijoter pendant 5 minutes.

7. Passez la sauce dans une passoire fine placée sur une casserole en pressant bien les parures pour en extraire le maximum de jus et de saveur. Ajoutez-lui le jus qui a coulé de la canette pendant son temps de repos. Portez à ébullition sur feu vif. Goûtez et ajoutez si nécessaire 1 ou 2 cuillerées à café de vinaigre en plus. Retirez la casserole du feu et incorporez le beurre morceau par morceau en fouettant constamment jusqu'à liaison parfaite. Ajoutez ensuite les zestes d'agrumes.

8. Pour servir, découpez la canette et disposez les morceaux au centre du plat, entourés des quartiers de pommes caramélisées. Nappez avec la moitié de la sauce et versez le reste dans une saucière chauffée. Servez aussitôt.

Vin conseillé : un bon rouge de la vallée du Rhône, comme un côte-rôtie.

Plus de saveur : pour extraire le maximum de saveur de toutes les parures d'une volaille – le cou, le cœur, les ailerons, etc. –, coupez-les aussi finement que possible avec un couperet. Vous obtiendrez en quelques instants une sauce ou un jus délicieux en les faisant sauter rapidement dans un peu de matière grasse en ajoutant des aromates, carotte, oignon, ail et thym. Déglacez ensuite avec un peu d'eau ou de vin, puis faites cuire plusieurs minutes avant de passer.

Retirer les glandes du canard : en général, le volailler se charge d'ôter ces deux petites glandes graisseuses situées sur la partie supérieure du croupion et qui permettent au canard d'avoir des plumes bien lisses et brillantes. Mais lorsque le canard est cuisiné, cette graisse risque de donner à la chair une saveur amère. Si les glandes sont toujours intactes, enlevez-les : posez la volaille à plat sur le dos et prenez un petit couteau pointu pour retirer toute la partie du croupion avec la chair qui comporte les glandes.

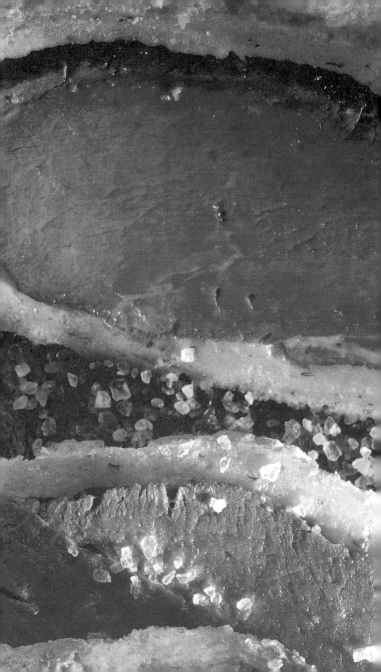

RÔTI DE BŒUF
EN CROÛTE DE SEL
AUX HERBES

Le filet de bœuf est un morceau particulièrement délicat, maigre et juteux. Cette recette est idéale pour le cuire, car la viande est saisie à très haute température, ce qui enferme bien tout le jus à l'intérieur, puis rôtie à une température plus modérée, pour obtenir une viande saignante et juteuse, d'un beau rose bien uniforme. Lorsque la viande rôtie repose dans sa croûte de sel, elle continue de cuire et le parfum des herbes pénètre avec le sel à l'intérieur du morceau. Comme le filet de bœuf est un morceau tendre, il n'a pas besoin de cuire très longtemps. Il faut le servir saignant ou à point, jamais « bien cuit », ce qui aurait pour effet de durcir la chair. Rôti de cette manière, le filet de bœuf cuit régulièrement, il se découpe facilement sans se déchirer, sans gâchis. Servez-le à vos amis tel quel, avec une simple salade verte et un légume comme garniture. La sauce est inutile. En revanche, prévoyez une bonne bouteille de vin rouge : bordeaux, bourgogne ou châteauneuf-du-pape.

POUR 6 À 8 PERSONNES

Pour la croûte de sel :	Pour le rôti :
500 g de gros sel	*15 g de beurre doux*
4 c. à soupe de fleurs de thym frais	*1 c. à soupe d'huile d'olive*
1 c. à soupe de feuilles de romarin frais	*extra-vierge*
15 cl d'eau	*1 kg de filet de bœuf*
2 gros blancs d'œufs	*à température ambiante*
400 g de farine	*1 gros jaune d'œuf légèrement battu*
	1 c. à café de fleurs de thym frais
	2 c. à soupe de gros sel de mer
	poivre noir du moulin

1. Au moins 3 heures et demie avant de servir, préparez la croûte de sel. Mélangez le sel et les herbes dans le bol d'un robot équipé d'une spatule. Actionnez l'appareil, puis incorporez les blancs d'œufs et l'eau. Mixez à nouveau. Ajoutez la farine petit à petit et pétrissez le mélange pendant 2 à 3 minutes jusqu'à consistance homogène. La pâte doit être ferme, ni trop molle ni collante, sinon le filet de bœuf va cuire à la vapeur et non rôtir. Si nécessaire, rajoutez un peu de farine. Laissez la pâte reposer à couvert dans un film plastique, à température ambiante, pendant au moins 2 heures et jusqu'à 24 heures. Ce temps de repos va rendre la pâte moins collante et plus facile à abaisser.

2. Environ 30 minutes avant de rôtir le filet de bœuf, préchauffez le four à 190 °C (thermostat 5).

3. Lorsque la pâte a reposé suffisamment longtemps, préparez le rôti. Épongez la viande avec du papier absorbant. Ne la salez pas, sinon le jus va sortir et l'empêcher de dorer régulièrement. Faites chauffer le beurre et l'huile dans une grande cocotte sur feu moyen. Lorsque le mélange est chaud, mettez-y le rôti et faites-le saisir vivement sur toutes les faces, en comptant 2 à 3 minutes sur chaque face. Posez une assiette à l'envers sur un grand plat. Posez le rôti bien saisi sur l'assiette et laissez-le reposer pendant 5 minutes : ainsi, l'air peut circuler autour du morceau, ce qui assure une cuisson régulière.

4. Pendant ce temps, abaissez la pâte sur un plan de travail fariné pour obtenir un rectangle de 26 x 30 cm environ, assez grand pour envelopper largement le rôti de bœuf sans tirer sur la pâte.

5. Mélangez dans un petit bol le jaune d'œuf et 1/2 cuillerée à café d'eau. Réservez cette dorure.

6. Saupoudrez le filet de bœuf de thym. Enveloppez-le entièrement dans la croûte de sel en pressant sur les côtés qui se joignent. Assurez-vous que ces jointures sont bien scellées. Placez le rôti de bœuf en croûte de sel sur une plaque à rôtir. Badigeonnez soigneusement la croûte au pinceau avec la dorure. Saupoudrez avec le sel de mer. (Enveloppez le rôti dans sa croûte juste avant de l'enfourner, mais ne le faites pas à l'avance sinon la croûte se ramollit.)

7. Enfournez la plaque à mi-hauteur et faites rôtir en comptant 12 minutes par livre pour une viande saignante (la température doit atteindre 51 °C à cœur si vous utilisez un thermomètre à viande). Pour une viande à point, comptez 3 à 4 minutes de plus par livre. La croûte doit être bien dorée. Laissez reposer le rôti dans sa croûte sur la plaque à rôtir à température ambiante pendant 20 minutes minimum à 1 heure maximum avant de servir. (La viande reste chaude.)

8. Pour servir, tranchez la croûte verticalement à une extrémité, extrayez le rôti et jetez la croûte. Poivrez la viande. Découpez-la en tranches épaisses en biais que vous disposerez sur des assiettes chaudes. Servez aussitôt.

Viande à température ambiante : très souvent, on a tendance à laisser la viande ou la volaille au réfrigérateur jusqu'au moment de la faire cuire. C'est une erreur, car la viande ou la volaille qui se trouve à température ambiante au moment où on l'enfourne va cuire plus régulièrement. Il est donc toujours préférable de sortir la viande ou la volaille du réfrigérateur au moins 2 heures avant de l'enfourner.

Le temps de repos : toutes les viandes – et en particulier ce filet de bœuf en croûte de sel – doivent reposer à la sortie du four avant d'être découpées. Ce temps de repos permet au jus de circuler dans les fibres de la viande, ce qui la rend plus savoureuse et d'une couleur uniforme. Si vous tranchez la viande dès qu'elle sort du four, tout le jus savoureux qu'elle renferme s'écoule au-dehors, les tranches sont moins tendres et moins goûteuses. Coupez des tranches régulières dans le sens contraire à celui des fibres : elles seront plus faciles à mâcher. Plus la viande est tendre, plus les tranches doivent être épaisses.

Le contrôle de la cuisson : il y a plusieurs manières pour vérifier si la viande est bien cuite. Pour le bœuf, enfoncez un thermomètre à viande au centre du morceau, loin des os éventuels, et laissez-le en place pendant 30 secondes. Il vous indiquera la température à l'intérieur de la viande. Si vous ne possédez pas de thermomètre à viande, enfoncez une brochette en métal dans la partie la plus charnue du morceau et attendez 30 secondes. Retirez la brochette et posez-la sur vos lèvres : si la brochette est froide, la viande n'est pas cuite, si elle est chaude, elle est saignante, et si elle est très chaude, elle est à point.

BLANQUETTE DE VEAU AUX LÉGUMES PRINTANIERS

C e plat est pour moi une révélation. Quoi de plus banal qu'une blanquette de veau ? Sans doute, s'il s'agit de la blanquette fade et pâteuse que vous avez avalée dans un bistrot comme plat du jour. Mais attendez de goûter celle-ci pour juger la blanquette : délicate, parfumée, savoureuse, avec une multitude de petits légumes colorés, cuits chacun séparément pour conserver leur saveur. Préparez cette blanquette un jour où il fait bien froid, lorsqu'il fait si bon rester dans la cuisine, au milieu des senteurs alléchantes, à préparer les légumes et la sauce, invitant parents et amis à partager le festin. Si vous ne trouvez pas de carottes miniatures, prenez-en de taille normale et parez-les ; vous ajouterez les parures aux aromates utilisés pour la cuisson du veau. Et si les champignons ou les asperges manquent sur votre liste, que cela ne vous prive pas des délices de cette blanquette.

POUR 6 À 8 PERSONNES

500 g d'épaule de veau coupée
en morceaux de 10 cm de côté
500 g de poitrine de veau coupée
en morceaux de 10 cm de côté
2 c. à soupe de gros sel de mer
5 grains de poivre blanc
Pour la garniture aromatique :
1 oignon moyen piqué
de 1 clou de girofle
1 carotte finement émincée
1 poireau paré et bien lavé
le cœur d'un pied de céleri
2 gousses d'ail non pelées
et fendues en deux
1 bouquet garni :
plusieurs queues de persil,
feuilles de céleri, brins de thym,
le tout enveloppé dans du vert
de poireau et bien ficelé

Pour les légumes :
sel de mer fin et gros
8 petits blancs de poireau (ou 4 moyens)
bien lavés
4 branches de céleri bien tendres
12 petites pointes d'asperges vertes
12 carottes miniatures, avec 2,5 cm de vert
12 navets miniatures, avec 2,5 cm de vert
1 petit bulbe de fenouil
grossièrement haché
90 g de haricots verts extra-fins
200 g de petits oignons grelots
1 c. à soupe de sucre en poudre
200 g de girolles bien nettoyées
145 g de beurre
200 g de champignons de Paris nettoyés
2 c. à soupe de jus de citron
3 gros jaunes d'œufs
20 cl de crème fraîche
noix muscade fraîchement râpée

1. Mettez les morceaux de viande dans une grande casserole. Couvrez-les d'eau froide, ajoutez 1 cuillerée à soupe de gros sel et portez à ébullition sur feu vif. Laissez bouillir pendant 2 minutes. Retirez les morceaux de viande avec une écumoire et passez-les rapidement sous l'eau froide. Jetez l'eau de cuisson et remettez les morceaux de viande dans la casserole propre. Couvrez d'eau froide et portez à ébullition sur feu vif. Écumez régulièrement la mousse blanchâtre et les impuretés qui montent à la surface. Lorsque la mousse ne se forme plus, ajoutez la garniture aromatique (oignon clouté, carotte, poireau, céleri, ail et bouquet garni). Laissez mijoter pendant 2 heures.

2. Pendant ce temps, préparez les légumes. Ficelez les poireaux, le céleri et les asperges en trois petits bottillons. Mettez les poireaux, le céleri, les carottes, les navets et le fenouil dans une grande marmite (ou bien faites-les cuire séparément, ou deux par deux, dans plusieurs casseroles). Couvrez d'eau et portez à ébullition sur feu vif. Lorsque l'eau se met à bouillir, salez. Préparez une grande terrine d'eau glacée. Avec une écumoire, retirez de la marmite chaque légume au moment où il est cuit et rafraîchissez-le dans l'eau froide pour le garder bien coloré. Égouttez et réservez. Les temps de cuisson de chaque légume varient en fonction de la taille : il faut qu'ils soient juste cuits, tendres et croquants à la fois.

3. Pour les haricots verts et les asperges, préparez une terrine d'eau froide. Faites bouillir une grande casserole d'eau, salez et ajoutez les haricots. Faites-les cuire 4 à 5 minutes. Égouttez-les et rafraîchissez-les. Égouttez-les à nouveau et réservez. Faites cuire les asperges dans la même eau, de 4 à 8 minutes selon leur taille. Égouttez-les, rafraîchissez-les, égouttez-les à nouveau et réservez.

4. Pour les oignons : mettez-les dans une sauteuse moyenne avec 50 g de beurre, ajoutez le sucre et 1 pincée de sel. Couvrez-les d'eau à mi-hauteur, posez un couvercle et faites cuire sur feu moyen pendant 20 minutes environ, jusqu'à ce que l'eau soit presque entièrement évaporée ; les oignons doivent être tendres et légèrement dorés. Retirez la sauteuse du feu et réservez.

5. Pour les champignons : mettez les girolles dans une sauteuse moyenne avec 50 g de beurre, salez, et faites cuire sur feu moyen pendant 3 à 4 minutes. Égouttez-les et réservez. Ajoutez le jus de cuisson à la viande en train de mijoter. Si les champignons de Paris sont trop gros, coupez-les en quartiers. Faites-les cuire à couvert dans la sauteuse avec 15 g de beurre et le jus de citron pendant 5 minutes. Égouttez-les et réservez. Ajoutez le jus de cuisson des champignons à la viande.

6. Avec une large écumoire, prélevez les morceaux de viande et mettez-les dans une grande casserole propre. Ajoutez les champignons et les oignons. Couvrez et réservez.

7. Tapissez de mousseline mouillée une grande passoire fine posée sur une grande casserole propre. Versez-y la cuisson du veau et retirez les aromates de la cuisson. Faites chauffer le liquide de cuisson de la viande sur feu vif pour qu'il réduise de moitié.

8. Pendant ce temps, mettez dans un grand bol 1 cuillerée à soupe de crème fraîche et les jaunes d'œufs. Ajoutez une pointe de muscade râpée et mélangez. Réservez.

9. Lorsque la cuisson du veau a réduit de moitié, incorporez-lui en fouettant tout le reste de crème fraîche. Portez à ébullition de nouveau et faites réduire d'un tiers.

10. Prélevez le contenu d'une louche de bouillon à la crème et ajoutez-le en fouettant aux jaunes d'œufs. Continuez à fouetter en ajoutant une seconde louche de bouillon. Versez lentement cette liaison dans le bouillon, baissez le feu et remuez constamment pendant 5 minutes pour éviter aux jaunes d'œufs de coaguler. Surtout ne laissez pas bouillir. La sauce doit épaissir lentement.

11. Passez la sauce à travers une passoire fine et versez-la sur les morceaux de viande. Faites chauffer sur feu doux en laissant frémir le liquide.

12. Faites fondre 30 g de beurre dans une grande sauteuse sur feu doux. Ajoutez les légumes de la garniture : poireaux, céleri, asperges, carottes, navets, fenouil et haricots verts. Faites réchauffer doucement et rectifiez l'assaisonnement.

13. Mettez les morceaux de viande avec leur sauce dans un grand plat creux bien chaud, disposez les légumes de la garniture par-dessus et servez aussitôt.

Vin conseillé : un bourgogne rouge souple, comme un mercurey.

Les bons conseils du chef Robuchon : la blanquette de veau est l'un des apprêts les plus traditionnels du veau et l'un des meilleurs qui soient. Choisissez de préférence des morceaux dans l'épaule ou la poitrine, dont la saveur est un peu plus affirmée. Contrairement à ce que pensent beaucoup de gens, la viande ne doit pas tremper à l'eau avant la cuisson pour la rendre plus blanche. En réalité, ce procédé élimine le sang qui reste dans les fibres, mais aussi le goût de la viande par la même occasion. En revanche, vous pouvez faire blanchir la viande 2 minutes à l'eau bouillante puis la rafraîchir rapidement sous l'eau froide. Cette blanquette de printemps est garnie d'un assortiment de petits légumes de saison, à la place du riz classique.

POULET SAUTÉ
À LA POITEVINE

Bien que cette recette soit un peu plus compliquée que votre poulet sauté habituel, les quelques manipulations supplémentaires en font un plat raffiné et riche en saveurs. Par exemple, la réduction de vin ajoute du parfum à la sauce. Servez ce plat en hiver : grâce à l'oignon et à la tomate de la sauce, vous aurez un goût d'été dans votre assiette. C'est un plat d'une grande douceur, mais sans être fade, à l'image de sa région d'origine, le Poitou. Je vous conseille même de le préparer un jour à l'avance pour que les arômes se mélangent mieux.

POUR 4 À 6 PERSONNES

Pour la sauce :	*1 poulet de 1,5 à 2 kg environ,*
3 c. à soupe d'huile d'olive	*coupé en 8 morceaux*
extra-vierge	*sel de mer et poivre blanc du moulin*
2 oignons de taille moyenne	*3 c. à soupe d'huile d'olive extra-vierge*
finement émincés	*15 g de beurre doux*
10 tomates olivettes moyennes pelées,	*2 oignons finement émincés*
épépinées et concassées	*1 bouquet garni : plusieurs tiges de persil,*
sel de mer et poivre blanc du moulin	*feuilles de céleri et brins de thym,*
50 cl de vin blanc sec,	*enveloppés dans du vert de poireau*
chardonnay de préférence	*et ficelés*

1. Préparez la garniture : faites chauffer l'huile dans un grand poêlon ; lorsqu'elle est chaude, ajoutez les oignons et faites-les cuire pendant 5 minutes. Lorsqu'ils sont tendres et transparents, ajoutez les tomates, salez et poivrez. Faites cuire pendant 10 minutes à découvert jusqu'à épaississement. Goûtez pour rectifier l'assaisonnement et réservez.

2. Versez le vin dans une casserole et portez à ébullition sur feu vif. Faites réduire de moitié. Réservez.

3. Salez et poivrez largement les morceaux de poulet. Faites chauffer l'huile et le beurre sur feu vif dans une grande poêle. Lorsque le mélange est chaud, ajoutez plusieurs morceaux de poulet et faites-les cuire, côté peau, jusqu'à ce que celle-ci soit colorée, pendant environ 5 minutes. Retournez-les et faites-les colorer de l'autre côté, encore 5 minutes. Ne mettez pas trop de morceaux en même temps et procédez en plusieurs fois. Réglez le feu pour éviter de brûler la peau. Lorsque tous les morceaux sont dorés régulièrement, mettez-les sur un plat.

4. Jetez la graisse fondue que contient la poêle, puis mettez-y la garniture de tomates, d'oignons, le bouquet garni et le vin.

Remettez les morceaux de poulet dans la poêle en les enfouissant parmi les légumes. Baissez le feu pour que le liquide mijote. Couvrez et laissez cuire doucement pendant 20 minutes, jusqu'à ce que le poulet soit cuit. Dressez dans un plat creux bien chaud et servez aussitôt dans des assiettes chaudes.

Vin conseillé : un bon vin rouge de la vallée de la Loire, comme un saumur-champigny.

POULET RÔTI
« GRAND-MAMAN »

Qu'y a-t-il de meilleur qu'un beau poulet rôti tendre et doré ? Suivez cette méthode de cuisson et le résultat sera superbe : faites-le rôtir d'abord d'un côté, puis de l'autre, puis, lorsque la volaille est bien dorée, retournez-la sur le ventre. En suivant cette technique – contrairement au procédé qui consiste à faire rôtir le poulet sur le dos pendant tout le temps de cuisson –, la chair du dessus, plus délicate, se dessèche beaucoup moins. Une fois que le poulet est rôti, laissez-le reposer sur la poitrine, la tête en bas, ce qui donne également davantage de moelleux à la chair, étant donné que le jus plein de saveur s'écoule à l'intérieur vers les blancs : ceux-ci seront par conséquent bien tendres.

Matériel : un plat à four ovale en porcelaine, juste un peu plus grand que le poulet (23 x 33 cm environ).

POUR 4 À 6 PERSONNES

1 poulet fermier de 2,5 kg,	*40 g de beurre doux*
avec le cou et les ailerons à part	*1 branche de thym frais*
2 belles têtes d'ail non pelées,	*sel fin de mer et poivre blanc*
coupées en deux	*du moulin*

1. Préchauffez le four à 220 °C (thermostat 8).

2. Mettez le cou et les ailerons, ainsi que l'ail et la branche de thym dans le fond du plat. Enduisez le poulet de beurre, salez-le et poivrez-le généreusement, à l'intérieur et à l'extérieur. Mettez le poulet dans le plat, sur un côté, et faites-le rôtir à découvert pendant 20 minutes, en l'arrosant pendant les dernières minutes.

3. Tournez le poulet sur l'autre côté et faites-le rôtir encore 20 minutes. Arrosez-le. Retournez le poulet sur le dos et faites-le rôtir encore 20 minutes. Arrosez-le. (Le temps de cuisson total est de 1 heure.) La peau doit être bien dorée uniformément. Baissez la chaleur à 190 °C (thermostat 5) et arrosez de nouveau. Continuez à faire rôtir (15 minutes environ) jusqu'à ce que le jus coule clair lorsque vous piquez la cuisse avec une brochette.

4. Sortez le poulet du four et assaisonnez-le généreusement de sel et de poivre. Posez-le sur une planche à découper en le calant contre le plat à rôtir de sorte qu'il ait la tête en bas : cela permet au jus de s'écouler vers l'avant et de rendre la chair des blancs plus moelleuse. Couvrez le poulet d'une feuille d'aluminium et laissez reposer 10 minutes.

5. Pendant ce temps, préparez le jus. Posez le plat de cuisson sur feu moyen et grattez tous les résidus qui adhèrent au fond. Faites cuire pendant plusieurs minutes en continuant de gratter et de remuer à la spatule jusqu'à ce que le liquide soit presque caramélisé, mais sans être brûlé. Déglacez avec quelques cuillerées d'eau froide (ne versez pas d'eau chaude, sinon la sauce sera trouble). Portez à ébullition. Baissez le feu et faites mijoter jusqu'à épaississement pendant 5 minutes.

6. Pendant la cuisson du jus, découpez le poulet et disposez les morceaux sur un plat de service.

7. Lorsque le jus est prêt, passez-le au chinois et versez-le dans une saucière. Servez aussitôt avec le poulet et l'ail.

Vin conseillé : un bon bourgogne rouge, comme un volnay.

Cuisson rapide : vous venez de rentrer du marché avec un beau poulet à rôtir et vous n'avez pas le temps de faire chauffer votre four. Mettez le poulet dans le four froid et réglez-le sur 220 °C (thermostat 8), puis suivez la recette ci-dessus en allongeant le temps de cuisson de 15 minutes. Votre poulet sera parfaitement rôti avec la peau bien croustillante. (Comme certains fours chauffent plus vite que d'autres, le temps de cuisson peut néanmoins varier légèrement.)

POULET GRILLÉ
EN CRAPAUDINE

C'est là l'une des méthodes les plus rapides – mais aussi particulièrement savoureuse – de faire cuire un poulet. La cuisson demande moins de temps que le rôtissage, et si vous faites attention à ne pas le faire trop cuire – et surtout si vous évitez de percer la peau – vous obtenez un poulet bien tendre et juteux. N'oubliez pas que la cuisson au gril doit être surveillée de près : l'aliment est exposé à une chaleur très forte qui le dessèche. Il est saisi en surface rapidement, tandis que l'intérieur reste tendre et que le jus s'y trouve concentré. C'est un mode de cuisson qui convient bien à la volaille, car la peau devient bien croustillante et la chair reste tendre et juteuse. Pourquoi « à la crapaudine » ? Parce que la volaille est fendue en deux et aplatie, ce qui la fait ressembler à un crapaud ! J'aime bien la servir avec des pommes de terre sautées dorées et croquantes.

POUR 4 À 6 PERSONNES

1 poulet fermier de 1,250 kg environ
8 cl de jus de citron fraîchement pressé
3 c. à soupe d'huile d'olive
extra-vierge

sel fin de mer et poivre blanc
du moulin
2 c. à soupe de moutarde blanche

1. Fendez le poulet verticalement le long du dos. Posez-le à plat sur une planche à découper, poitrine dessous. Avec un couteau pointu, faites des incisions le long de la colonne vertébrale, puis pressez dessus fortement pour aplatir le poulet. Pour que la cuisson soit régulière, il doit être aussi plat que possible.

2. Mettez le poulet ainsi préparé dans un plat creux et arrosez-le du mélange de jus de citron et d'huile. Couvrez et laissez mariner à température ambiante pendant au moins 2 heures.

3. Préchauffez le gril du four pendant au moins 15 minutes. Vous pouvez aussi préparer un feu de bois ou de charbon de bois : il est prêt lorsque les braises sont bien rouges et couvertes de cendres.

4. Salez et poivrez largement le poulet. Disposez le côté peau sur la grille de cuisson, à environ 12 cm de la source de chaleur pour que le poulet puisse cuire régulièrement sans brûler. Laissez griller pendant 15 minutes jusqu'à ce que la peau soit régulièrement colorée, en arrosant de temps en temps avec la marinade. Retournez le poulet sans piquer la chair et faites cuire encore 15 minutes de ce côté en arrosant de temps en temps. Piquez une brochette dans la cuisse pour vérifier si le poulet est cuit ; c'est le cas si le jus coule clair. Si le jus est encore rose, prolongez la cuisson de quelques minutes supplémentaires.

5. Retirez le poulet du feu, badigeonnez-le de moutarde côté peau. Salez et poivrez de nouveau. Mettez le poulet au four à 240 °C (thermostat 8) pendant 5 minutes. Découpez en quatre ou en six ; rangez les morceaux sur un plat de service.

6. Si vous faites griller le poulet au four, vous pouvez préparer un jus. Mettez la tôle du four sur feu modéré et grattez les petits résidus qui attachent au fond. Faites cuire plusieurs minutes en continuant à gratter et remuez jusqu'à ce que le liquide soit de couleur caramel, mais sans être brûlé. Dégraissez ce jus et ajoutez plusieurs cuillerées d'eau froide pour déglacer (évitez l'eau chaude qui rendrait la sauce trouble). Portez à ébullition. Baissez ensuite le feu et faites mijoter pendant environ 5 minutes. Passez le jus au chinois et versez-le dans une saucière. Servez aussitôt avec le poulet.

Vin conseillé : un bon rouge, comme un gigondas.

Variations sur un thème classique : le poulet grillé à la crapaudine est en général relevé de moutarde, mais on peut imaginer bien d'autres assaisonnements. Enduisez-le abondamment, par exemple d'un mélange de jus de citron, d'huile d'olive et de poivre noir fraîchement moulu. Ou bien ajoutez une pointe de Cayenne à la moutarde. Faites-le mariner dans de l'huile d'olive avec de l'ail, du jus de citron et des fines herbes, ou, après l'avoir fait griller, au lieu de l'enrober de moutarde, utilisez un mélange de fines herbes, de parmesan râpé et de beurre, et finissez de le cuire au four.

Légumes, garnitures et pâtes

Un festin d'avril

Ce mois de l'année me fait toujours penser au saumon frais et aux premiers haricots verts de l'année. J'adore composer un menu autour d'un saumon grillé entier. Avec ce poisson, prenez comme vin un volnay juste frais. Si vous trouvez des cerises sur le marché, préparez pour le dessert une soupe de fruits rafraîchissante.

Saumon grillé au beurre rouge

Haricots verts aux tomates,
à l'ail et aux échalotes

Pommes de terre sautées à cru

Soupe de cerises à la menthe

POMMES DE TERRE
SAUTÉES À CRU

J'ai goûté ce plat un jour à la campagne, près de Poitiers, chez le cousin de Joël Robuchon qui élève des agneaux et des chèvres dans une merveilleuse petite ferme. Il y avait pour commencer une quiche maison, la salade du jardin, puis un civet rustique accompagné de ces pommes de terre bien dorées. J'ai d'abord cru qu'elles étaient frites, tellement elles étaient croustillantes et savoureuses. Dans cette recette, les pommes de terre doivent être entièrement débarrassées de toute trace d'amidon : pelez-les, lavez-les, coupez-les en quartiers, rincez-les à nouveau sinon elles attacheront dans le fond de la poêle. La matière grasse de cuisson idéale pour les pommes sautées est la graisse d'oie ou de canard. Sinon, utilisez du beurre clarifié. En outre, ne salez pas les pommes de terre avant qu'elles ne soient bien dorées, sinon elles deviennent molles. Même si l'on n'utilise qu'une cuillerée à soupe de graisse, les pommes de terre sont aussi délicieuses que si elles étaient frites. Si possible, choisissez des petites pommes de terre toutes de la même taille pour qu'elles cuisent rapidement et régulièrement.

POUR 4 PERSONNES

---

500 g de petites pommes de terre BF 15
de 5 à 7,5 cm de diamètre
1 gousse d'ail hachée (facultatif)

1 c. à soupe de graisse d'oie
ou de canard (ou de beurre clarifié,
voir page 300)
sel fin de mer

1. Pelez les pommes de terre, lavez-les et coupez-les en quartiers. Lavez-les de nouveau en renouvelant l'eau froide plusieurs fois, puis essuyez-les à fond avec un torchon. Réservez.

2. Faites chauffer la matière grasse sur feu moyen dans une grande poêle. Lorsqu'elle est chaude, mettez-les pommes de terre et faites-les dorer sur une face avant de les faire sauter pour faire colorer les autres faces. Ayez la patience de ne pas les remuer tout de suite. La cuisson demande en tout une quinzaine de minutes, mais les pommes de terre doivent être bien dorées et cuites à cœur avant d'être retournées. Si vous aimez, ajoutez l'ail et faites cuire encore 1 minute, en évitant de le laisser brûler. Versez les pommes de terre dans un plat de service, salez et servez aussitôt, sinon elles deviennent molles.

PURÉE DE
POMMES DE TERRE

Simple, élégant, irrésistible : voici le plat qui a le plus œuvré pour le renom de Joël Robuchon. Astucieux comme il est, il savait bien qu'en raffinant une recette de pommes de terre, il gagnerait pour toujours la faveur des gourmands. Bien entendu, il ne s'agit pas d'une banale purée mousseline, mais d'une purée de pommes de terre assouplie par une confortable proportion de beurre et rendue bien moelleuse par du lait entier incorporé bouillant. La quantité exacte de beurre et de lait nécessaires pour obtenir une purée soyeuse et satinée dépend de la qualité des pommes de terre. Celles du début de la récolte, plus fermes, demandent davantage de beurre et de lait pour que la purée soit mousseline. Les atouts de la réussite ? Choisir des pommes de terre de taille uniforme pour qu'elles soient toutes cuites en même temps et prévoir un mouvement vigoureux du poignet pour dessécher la purée avec une spatule en bois. Plus le beurre incorporé est froid, plus la purée sera lisse et fine. Respectez également la proportion de sel dans l'eau de cuisson des pommes de terre : ce n'est pas un hasard si on sale au début. Chez Jamin, ce sont les petites pommes de terre de la variété Ratte que l'on utilise. Vous pouvez aussi choisir la BF 15. Sans doute est-ce là bien du travail pour une simple purée, mais lorsque vous l'aurez goûtée, vous en conviendrez : tout ce travail en vaut la peine. Si vous voulez une purée vraiment riche, n'hésitez pas à doubler la proportion de beurre.

POUR 6 À 8 PERSONNES

1 kg de pommes de terre Ratte ou BF 15	*250 g de beurre doux, très froid, coupé en petits morceaux*
20 à 30 cl de lait entier	*sel de mer*

1. Lavez les pommes de terre, mais ne les pelez pas. Mettez-les dans un grand faitout et couvrez-les d'eau sur au moins 3 cm. Salez à raison de 10 g par litre d'eau. Faites cuire à couvert sur feu moyen pendant 20 à 30 minutes : un couteau enfoncé dans une pomme de terre doit ressortir facilement. Égouttez les pommes de terre dès qu'elles sont cuites. Si vous les laissez refroidir dans l'eau de cuisson, elles auront ensuite un goût de réchauffé.

2. Pendant ce temps, versez le lait dans une grande casserole et faites chauffer sur feu vif jusqu'à la limite de l'ébullition. Retirez la casserole du feu.

3. Dès que les pommes de terre sont assez tièdes pour être manipulées, pelez-les. Passez-les ensuite au moulin à légumes (grille la plus fine) dans une grande casserole à fond épais. Posez-la sur feu doux. Desséchez les pommes de terre en les remuant vigoureusement pendant 4 à 5 minutes avec une spatule en bois. Cette opération permet d'obtenir une purée plus onctueuse une fois finie. Commencez maintenant à incorporer les 3/4 du beurre, petit à petit, en remuant vigoureusement pour amalgamer parfaitement chaque parcelle de beurre et rendre la purée lisse et légère. Ajoutez ensuite lentement les 3/4 du lait bouillant en un mince filet continu, en mélangeant toujours vigoureusement jusqu'à ce que le lait soit entièrement incorporé.

4. Passez la purée à travers un tamis très fin dans une autre casserole à fond épais. Remuez-la énergiquement et si elle vous semble encore un peu sèche et lourde, incorporez le reste de beurre et de lait en mélangeant les deux ingrédients à la fois. Goûtez pour rectifier l'assaisonnement. (Vous pouvez préparer la purée 1 heure à l'avance. Mettez-la dans une casserole au bain-marie rempli d'eau frémissante. Remuez de temps en temps pour la garder bien lisse.)

Des purées parfaites : l'un des ustensiles de cuisine les plus efficaces est tout simplement le tamis, formé de deux cercles en bois qui s'emboîtent l'un dans l'autre en tenant bien tendue une toile de crin ou de nylon, ou une toile métallique à mailles plus ou moins serrées. Cet écran plat permet d'obtenir de meilleurs résultats qu'une passoire à fond arrondi. Vous pouvez passer une farce, une marmelade, une purée, un légume cuit, un appareil pâteux, un beurre composé, etc., en appuyant dessus avec une raclette ou un pilon, de manière à obtenir une texture très fine et régulière.

Quand s'annonce l'automne

Composez ce menu lorsque vous trouvez encore sur le marché de belles tomates appétissantes, mais comme il y a déjà de la fraîcheur dans l'air, préparez une purée de pommes de terre bien fondante et un succulent rôti de bœuf. Commencez le repas avec un pouilly-fumé bien frais de la vallée de la Loire, puis, avec la viande, débouchez une bouteille de votre meilleur bourgogne rouge. Avec le gâteau au chocolat, dénichez dans votre cave ou chez votre caviste un vin de dessert sucré, si possible un malaga.

*Tartes friandes aux tomates,
poivrons et basilic*

*Rôti de bœuf en croûte de sel
aux herbes*

Purée de pommes de terre

Tarte au chocolat amer

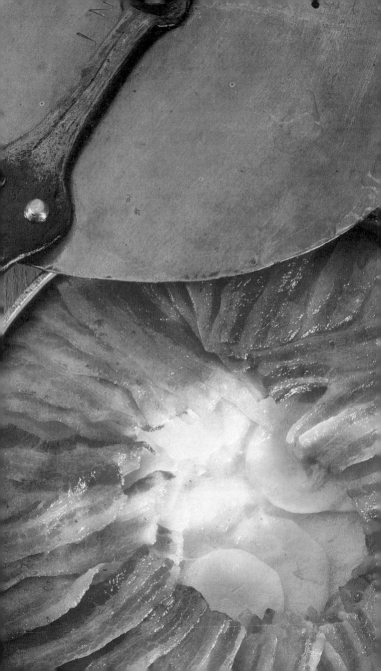

POMMES DES VENDANGEURS

Avec ce délicieux plat de pommes de terre, une bonne salade verte s'impose, assaisonnée d'une vinaigrette à l'ail. Servez en même temps un vin rouge tannique, un jeune vacqueyras par exemple. Comme les pommes de terre sont cuites sans crème ni lait ni œuf, le goût du légume reste intact et savoureux, juste relevé de lard et d'une touche de fromage. Ces pommes des vendangeurs accompagnent parfaitement le poulet rôti ou le rôti de bœuf.

Matériel : un plat à four rond de 23 cm de diamètre, de préférence à revêtement antiadhésif, ou une sauteuse en cuivre.

POUR 6 À 8 PERSONNES

15 g de beurre clarifié (voir page 300)
500 g de lard maigre en fines tranches sans la couenne

1,250 kg de pommes de terre BF 15
100 g de gruyère fraîchement râpé
poivre blanc du moulin

1. Préchauffez le four à 220 °C (thermostat 8).

2. Badigeonnez uniformément le fond et les parois du récipient de cuisson avec le beurre clarifié. Disposez dedans les tranches de lard en spirale, sur le fond et les côtés, en les disposant en rosace. Laissez les tranches retomber à l'extérieur du moule. Réservez.

3. Pelez les pommes de terre, rincez-les sous l'eau froide et épongez-les. Détaillez-les en fines rondelles, lavez-les de nouveau et épongez-les dans un torchon.

4. Disposez le tiers des rondelles de pommes de terre sur les tranches de lard et parsemez-les avec le tiers du fromage. Recommencez la même opération deux fois de suite en alternant les couches de pommes de terre et de fromage râpé. Ne salez pas car le lard et le fromage apportent suffisamment de sel. Rabattez les tranches de lard sur les pommes de terre.

5. Placez le moule ainsi rempli sur feu modéré pendant quelques secondes et mettez au four, pour que le lard commence à rissoler, puis couvrez le plat et enfournez-le à mi-hauteur. Faites cuire pendant 40 à 50 minutes, jusqu'à ce que les pommes de terre soient bien tendres quand on les pique avec un couteau.

6. Retirez le plat du four et mettez-le sur une grille. Laissez reposer à couvert pendant 15 minutes pour faciliter le démoulage. Démoulez les pommes de terre sur un plat de service chaud, poivrez largement et servez aussitôt.

LE GRATIN DES GRATINS

S i vous demandez à cent personnes différentes quel est, à leur avis, le meilleur gratin, vous obtiendrez cent réponses différentes. Pour ma part, le meilleur gratin est en principe le dernier que j'ai goûté, à condition qu'il soit réussi. Cette recette apporte un élément de réponse à cette question fondamentale : doit-on laver les pommes de terre ? Certains pensent qu'il faut les laver pour éliminer l'amidon qui n'a pas de goût. D'autres sont d'un avis contraire. Comme c'est vous le chef, choisissez votre méthode. Ou bien essayez cette recette des deux façons et goûtez celle qui vous plaît le mieux.

Matériel : un plat à gratin ovale de 23 × 33 cm.

POUR 6 À 8 PERSONNES

1,5 kg de pommes de terre BF 15
1 litre de lait entier
1 bouquet garni :
plusieurs tiges de persil, feuilles
de céleri et brins de thym enveloppés
dans du vert de poireaux et ficelés
noix muscade fraîchement râpée

30 g de beurre doux
sel de mer et poivre blanc du moulin
25 cl de crème fraîche épaisse
160 g de gruyère fraîchement râpé
1 gousse d'ail coupée en deux
dans la longueur

1. Préchauffez le four à 190 °C (thermostat 5).

2. Pelez les pommes de terre et coupez-les en fines rondelles. Lavez-les éventuellement pour éliminer l'amidon puis épongez-les à fond dans un torchon.

3. Mettez-les dans une grande casserole, ajoutez le lait, le bouquet garni et 15 g de beurre. Salez et ajoutez la muscade râpée au goût. Faites chauffer sur feu modéré en remuant de temps en temps pour que les pommes de terre n'attachent pas au fond de la casserole. Baissez le feu et faites cuire environ 10 minutes en remuant de temps en temps jusqu'à ce que les pommes de terre soient tendres, mais sans se défaire. Égouttez-les.

4. Mélangez par ailleurs dans un bol la moitié de la crème fraîche et la moitié du fromage râpé. Réservez.

5. Frottez le plat à gratin avec la gousse d'ail, puis enduisez-le avec le reste de beurre. Versez la moitié des pommes de terre (sans le lait) dans le plat à gratin. Ajoutez la muscade râpée de nouveau, poivrez et versez par-dessus le reste de crème et le reste de fromage râpé. Ajoutez enfin la seconde moitié des pommes de terre, poivrez et ajoutez la muscade râpée, puis recouvrez le tout avec le mélange de crème et de fromage râpé.

6. Enfournez à mi-hauteur et faites cuire pendant environ 1 heure jusqu'à ce que le gratin soit doré et croustillant. Servez aussitôt.

À propos d'ail : certains chefs estiment que le « truc » de frotter un plat à four avec une demi-gousse d'ail, que l'on jette ensuite, est une opération totalement superflue. En réalité, il s'agit de frotter le fond et les parois avec la gousse d'ail si énergiquement et si longuement qu'elle finit par se désintégrer en imprégnant parfaitement le plat de son parfum. Pendant la cuisson, cette essence d'ail aromatise peu à peu les pommes de terre et le lait du gratin en ajoutant une touche essentielle à son assaisonnement.

GÂTEAU DE
POMMES DE TERRE

Accord d'or et de vert avec une touche de brun et de rose : les couleurs de ce chaleureux gâteau de pommes de terre me font penser au printemps. C'est un superbe plat complet qui ne demande comme accompagnement qu'une salade verte à la vinaigrette et un verre de vin blanc pour être parfait. N'oubliez pas de goûter le jambon avant de faire la recette : s'il vous paraît très salé, diminuez la proportion de sel lors de la préparation.

Variante : vous pouvez faire cuire ce gâteau dans des petits moules à tartelettes individuels à revêtement antiadhésif qui offrent une présentation plus soignée. Sinon, utilisez un moule à tarte en porcelaine à feu de 27 cm de diamètre.

POUR 6 À 8 PERSONNES

1 kg de pommes de terre BF 15	*sel fin et poivre blanc du moulin*
1 c. à soupe bombée	*noix de muscade fraîchement râpée*
(20 g environ) de gros sel de mer	*4 jaune d'œufs*
60 g de beurre doux	*125 g de jambon de Bayonne*
à température ambiante	*finement haché*
2 oignons moyens finement hachés	*4 cuillerées à soupe de ciboulette hachée*

1. Préchauffez le four à 150 °C (thermostat 3-4). Beurrez le fond et les parois d'un moule rond. Réservez.

2. Pelez les pommes de terre, mettez-les dans une casserole et couvrez-les largement d'eau froide. Salez et faites cuire à frémissement pendant environ 20 minutes (la lame d'un couteau doit pénétrer facilement à cœur).

3. Pendant ce temps, mélangez dans une poêle 15 g de beurre et les oignons. Assaisonnez légèrement et faites chauffer sur feu moyen pendant 3 à 4 minutes, jusqu'à ce que les oignons soient transparents et bien tendres. Retirez du feu et réservez.

4. Dès que les pommes de terre sont cuites, égouttez-les à fond. Passez-les au tamis ou dans un moulin à légumes grille fine. Si les pommes de terre sont grosses, coupez-les en deux ou en quatre. Mettez cette purée dans une terrine. À l'aide d'une cuiller en bois, incorporez le reste de beurre et les jaunes d'œufs, un par un. Ajoutez la muscade râpée au goût. Continuez à travailler la pâte vigoureusement jusqu'à consistance bien homogène. Elle doit avoir un aspect lisse et compact.

5. Incorporez enfin les oignons, le jambon haché et la ciboulette. Versez cette préparation dans le moule beurré et lissez le dessus avec le dos d'une cuiller. Enfournez à mi-hauteur et faites cuire pendant 45 à 50 minutes jusqu'à ce que le gâteau de pommes de terre soit ferme et le dessus doré.

6. Retirez le moule du four et démoulez le gâteau. Posez-le sur un plat de service, la face bien dorée sur le dessus. Découpez en parts et servez chaud ou à température ambiante.

Bien faire sauter : quand on fait la cuisine, certains gestes sont instinctifs, comme de remuer la poêle sur le feu pour faire sauter des ingrédients, en croyant ainsi être plus efficace. Souvent, il est préférable de laisser la cuisson se faire toute seule, notamment dans le cas des pommes de terre. Il faut qu'elles soient bien colorées d'un côté avant de les retourner. De cette façon, elles ne collent pas à la poêle et cuisent régulièrement.

POMMES « CHANTEDUC »

Pendant un week-end à la campagne, Joël Robuchon a préparé ce plat dans ma cuisine. J'ai fait office d'assistante (plus exactement, j'ai lavé la vaisselle), tandis qu'il confectionnait plusieurs recettes pour le dîner. Ce gratin de pommes de terre est parfaitement caractéristique de sa manière, qui consiste à faire la cuisine par petites étapes successives. Mais à la fin, le résultat mérite bien ces efforts, tant le mélange des saveurs et des arômes est réussi.

Matériel : 1 plat à gratin de 23 × 33 cm.

POUR 8 PERSONNES

Préparation de la tomate concassée à l'oignon :	*1 c. à soupe de sucre en poudre*
	1,5 kg de pommes de terre BF 15
4 c. à soupe d'huile d'olive extra-vierge	*40 cl de bouillon de volaille*
2 oignons de taille moyenne coupés	*(voir page 307)*
en deux et émincés finement	*30 g de beurre doux fondu*
sel fin de mer et poivre blanc	*4 c. à soupe de persil plat*
du moulin	*ciselé*
3 gousses d'ails hachées	*1 grosse gousse d'ail coupée en deux*
5 tomates moyennes épépinées,	*2 c. à café de thym frais*
pelées et concassées	

1. Préchauffez le four à 220 °C (thermostat 8).

2. Préparez d'abord la concassée à l'oignon : dans une grande poêle, mettez 2 cuillères à soupe d'huile et les oignons en même temps. Salez et poivrez. Faites-les cuire jusqu'à ce qu'ils soient tendres et translucides, pendant environ 8 minutes.

3. Faites chauffer le reste d'huile dans une autre grande poêle sur feu moyen. Ajoutez les tomates, le sucre, l'ail haché, salez et poivrez. Continuez à faire cuire jusqu'à ce que la préparation épaississe, pendant 10 minutes.

4. Mélangez les oignons et les tomates, et poursuivez la cuisson pendant environ 10 minutes. Goûtez et rectifiez l'assaisonnement.

5. Pendant ce temps, préparez les pommes de terre. Pelez-les, lavez-les et coupez-les en très fines rondelles. Lavez-les à nouveau et épongez-les à fond. Mettez à part le quart des pommes de terre dans un saladier pour la garniture finale.

6. Frottez le fond du plat à gratin avec la gousse d'ail puis enduisez-le avec 15 g de beurre.

7. Mélangez dans un grand saladier le reste des pommes de terre avec la tomate concassée, l'oignon, le persil plat ciselé, et remuez bien le tout avec vos mains. Versez cette préparation dans le plat à gratin et lissez le dessus avec le dos d'une cuiller. Versez par-dessus suffisamment de bouillon de volaille pour le mouiller à hauteur.

8. Mélangez dans un saladier le quart de pommes de terre mises de côté et 15 g de beurre. Versez cette préparation sur le dessus du plat déjà rempli de pommes de terre et lissez à nouveau le dessus. Parsemez de thym.

9. Enfournez le plat à mi-hauteur et faites cuire pendant 1 heure et demie environ : les pommes de terre doivent être moelleuses et avoir absorbé presque tout le liquide, le dessus étant doré. Servez aussitôt.

Pour émincer les oignons : si vous voulez détailler des oignons en obtenant des rondelles en demi-lunes qui se détachent facilement les unes des autres, pelez-les, puis coupez la base au ras du bulbe ainsi que l'autre extrémité ; coupez ensuite chaque oignon en deux dans la hauteur, posez les demi-oignons à plat sur une planche à découper et émincez-les le plus finement possible.

La pomme de terre et l'acidité : le moindre ingrédient acide empêche les pommes de terre de cuire à cœur, il est donc préférable d'éviter le vin blanc quand on prépare un gratin. Si les tomates sont les bienvenues pour la couleur, il faut toutefois ajouter une touche de sucre en même temps pour réduire l'acidité qu'elles produisent.

FRICASSÉE DE
CHAMPIGNONS SAUVAGES

Voici une méthode simple et parfaite pour tirer le meilleur parti d'un assortiment de champignons sauvages. Chaque variété est saisie à part sur feu vif avec une touche d'huile d'olive, ce qui permet de préserver leur texture délicate. Au dernier moment, on les réunit ensemble en ajoutant un peu de beurre pour fixer les saveurs. Même si vous n'avez à votre disposition que deux ou trois variétés de champignons sauvages (en complétant les proportions avec des champignons de Paris), vous serez surpris par l'intensité des arômes qui se dégagent du plat. Servez-le pour accompagner une viande ou une volaille rôtie. Comme garniture, il vous faut environ 500 g de champignons assortis pour 4 personnes. S'il y a un reste, servez-le en vinaigrette avec de l'estragon haché ou garnissez-en une omelette. Parmi les variétés recommandées, choisissez des cèpes, des trompettes-de-la-mort, des girolles et toutes les espèces du genre russule. Les champignons de culture comme les shiitake et les pleurotes sont également excellents dans cette fricassée.

POUR 4 PERSONNES

500 g de champignons assortis,	*1 échalote finement émincée*
de cueillette et de culture	*1 c. à soupe de persil plat ciselé*
4 c. à soupe d'huile d'olive extra-vierge	*1 c. à soupe de ciboulette ciselée*
sel fin de mer et poivre blanc	*1 c. à soupe de pluches de cerfeuil*
du moulin	*(facultatif)*
30 g de beurre doux	

1. Préparez les champignons : nettoyez-les et parez les queues ; s'ils sont très propres, contentez-vous de les brosser. S'il faut les laver, passez-les rapidement sous l'eau froide et égouttez-les dans une essoreuse à salade. Si les champignons sont petits, laissez-les entiers ; s'ils sont gros, coupez-les en quatre dans la hauteur.

2. Faites cuire chaque variété de champignons séparément de la même façon, sauf les trompettes-de-la-mort qu'il faut faire suer avant la cuisson finale. Pour 125 g de champignons nettoyés, faites chauffer 1 cuillerée à soupe d'huile dans une petite poêle. Quand elle commence à fumer, ajoutez les champignons et faites-les sauter en remuant la poêle pendant 2 minutes. Égouttez-les et salez-les. Réservez. Faites cuire les autres champignons.

3. Les trompettes-de-la-mort doivent tout d'abord rendre leur eau, sinon la fricassée sera trop mouillée. Mettez-les dans une casserole sans matière grasse et salez-les. Couvrez la casserole et laissez les champignons chauffer sur feu vif pendant 1 minute jusqu'à ce qu'ils aient rendu leur eau de végétation. Égouttez-les en les pressant. Réservez-les.

4. Faites fondre le beurre dans une grande poêle à revêtement antiadhésif. Ajoutez l'échalote, une pincée de sel et cuisez-la. Ajoutez les trompettes-de-la-mort, faites-les sauter et adjoignez tous les champignons sautés. Faites chauffer les champignons en les remuant, puis ajoutez les fines herbes. Resalez si nécessaire et poivrez au goût. Répartissez la fricassée sur des assiettes de service et servez aussitôt.

À propos de champignons : qu'ils soient de culture ou de cueillette, les champignons sont des produits très fragiles. Choisissez-les toujours de toute première fraîcheur : non seulement ils sont chers, mais leur nettoyage demande du temps. Il faut toujours les consommer rapidement, dès qu'ils sont cueillis ou achetés sur le marché. Si vous devez les conserver 24 heures, ne les enveloppez pas dans un sac en plastique, sinon ils vont vite moisir. Mettez-les dans un panier ou une boîte bien aérée. Lorsque vous choisissez des champignons sauvages, vérifiez bien les pieds : s'ils sont piqués de petits trous, ne les prenez pas car ils risquent d'avoir des vers.

CONFIT DE CHÂTAIGNES, NOIX, FENOUIL ET OIGNONS

Ce confit est un exemple du talent que possède Joël Robuchon pour associer des parfums entre eux, en utilisant notamment un même ingrédient à la fois cru et cuit. Ici, par exemple, le bulbe de fenouil est cuit avec les châtaignes, mais on utilise aussi ses pluches vertes pour garnir le dessus du confit. Si vous avez du mal à trouver des fenouils bien garnis en feuillage vert, soyez sans crainte : en coupant les bulbes en deux, vous trouverez des petites pousses vertes à l'intérieur. Avec sa palette de saveurs d'hiver et ses arômes profonds, cette préparation constitue une garniture si nourrissante et chaleureusement exquise que je pourrais presque la servir en plat principal, suivi d'une salade. Il faut pourtant avouer que ce mélange délicieusement fondant de châtaignes fraîches et de noix, de fenouil et de petits oignons est particulièrement riche : un peu à la fois suffit ! Proposez-le pour accompagner un plat de gibier, une pintade ou un poulet rôti. Confectionné avec des ingrédients bien frais, ce confit donne l'impression d'avoir été préparé à l'huile de noix. Juste avant de servir, décorez-le de petits brins de fenouil vert. Si vous avez fait rôtir en même temps une volaille, une viande ou un gibier, arrosez le confit avec quelques cuillerées du jus de cuisson.

POUR 8 À 10 PERSONNES COMME GARNITURE

500 g de châtaignes fraîches
(360 g si elles sont pelées)
1 l d'huile d'arachide
20 petits oignons grelots pelés
sel de mer
1 c. à soupe de sucre
75 g de beurre
25 cl de bouillon de volaille
(voir page 307)
1 bulbe de fenouil détaillé en fine
julienne, en réservant les pluches

1 bouquet garni : plusieurs tiges de persil,
feuilles de céleri et brins de thym,
enveloppés dans du vert de poireau
et solidement ficelés
4 échalotes coupées chacune en huit
dans la hauteur
60 g de cerneaux de noix fraîches
quelques c. à soupe de jus de rôti
(facultatif)
poivre blanc du moulin

1. Pour peler facilement les châtaignes, commencez par les « cerner » : avec un petit couteau bien aiguisé, faites une incision sur la face arrondie de chaque châtaigne, en entamant à la fois l'écorce et la pellicule brune située en dessous. Versez l'huile dans une grande casserole ou en friteuse de 2 litres. Faites-la chauffer à 160 °C. Faites frire les châtaignes par 5 ou 6 à la fois en les laissant 3 minutes dans le bain d'huile, jusqu'à ce que l'écorce se retrousse de chaque côté de la fente. Égouttez-les à fond. Lorsqu'elles sont refroidies, pelez-les en retirant à la fois l'écorce et la pellicule brune située dessous. (Vous pouvez préparer les châtaignes la veille. Conservez-les au réfrigérateur dans une boîte hermétique. Sortez-les à l'avance pour les utiliser à température ambiante.)

2. Faites bouillir une grande casserole d'eau salée et faites-y blanchir les petits oignons pendant 2 minutes. Égouttez-les. Prenez une grande casserole dotée d'un couvercle. Mettez-y les oignons, ajoutez le sucre et 15 g de beurre. Faites chauffer sur feu doux, salez et poivrez. Couvrez et laissez cuire doucement pendant 20 minutes, jusqu'à ce que les oignons soient bien tendres ; surveillez la cuisson et secouez la casserole de temps en temps pour empêcher les oignons de brunir. Égouttez et réservez.

3. Préchauffez le four à 200 °C (thermostat 6-7).

4. Faites fondre 60 g de beurre dans une grande cocotte sur feu moyen. Ajoutez les châtaignes et faites-les cuire en remuant la cocotte pendant 15 minutes jusqu'à ce que les châtaignes soient dorées et bien tendres. Surveillez-les bien pour les empêcher de roussir. Ajoutez le bouillon et le bouquet garni. Portez à ébullition sur feu vif.

5. Glissez la cocotte au four et faites braiser les châtaignes à découvert pendant 15 à 20 minutes jusqu'à ce que le liquide soit presque entièrement évaporé. Mais il doit toujours en rester un peu sinon les châtaignes vont se dessécher : si nécessaire, arrosez-les avec le liquide de cuisson pour qu'elles restent bien moelleuses.

6. Pendant ce temps, faites chauffer à nouveau les oignons. Incorporez la julienne de fenouil et les échalotes. Faites cuire le tout pendant 5 à 10 minutes. Ajoutez ensuite les noix et poursuivez la cuisson pendant 1 à 2 minutes de plus.

7. Lorsque les châtaignes ont absorbé presque tout le liquide, ajoutez le mélange aux oignons et le jus de rôti si vous en avez. Mélangez et goûtez pour rectifier l'assaisonnement. Versez le tout dans un plat creux bien chaud. Garnissez de pluches de fenouil et servez.

ENDIVES « MEUNIÈRE »

Avant de découvrir la recette des endives « meunière », j'avoue que les endives cuites ne me disaient pas grand-chose, alors que je les aime beaucoup crues, comme salade d'hiver. Tradition-nellement, les endives sont d'abord braisées à couvert dans le four dans un peu d'eau, de jus de citron et de sucre. Dans cette recette, en revanche, elles sont pochées dans beaucoup d'eau salée bouillante, citronnée et sucrée. Ainsi elles sont plus moelleuses et moins amères. Ces endives sont parfaites comme garniture, notamment avec un canard ou un faisan rôti.

POUR 4 PERSONNES

sel de mer et poivre blanc du moulin   *8 endives*
3 c. à soupe de jus de citron   *2 c. à soupe de beurre*
2 c. à soupe de sucre

1. Lavez et épongez les endives. Éliminez les feuilles tachées ou brunies. Parez les pointes et retirez le petit cône amer à la base de chaque endive à l'aide d'un petit couteau pointu. Remplissez une grande casserole d'eau et portez à ébullition. Salez, ajoutez le jus de citron et 1 cuillerée à soupe de sucre. Plongez les endives dans ce liquide et faites cuire à gros bouillons pendant 30 minutes. Lorsque les endives sont bien tendres, égouttez-les à fond et mettez-les sur une assiette les unes à côté des autres. Laissez tiédir. (Ne vous en faites pas si les endives brunissent : elles vont de toute façon colorer au beurre. Vous pouvez préparer la recette jusqu'à ce moment plusieurs heures à l'avance : couvrez-les jusqu'à emploi.)

2. Pressez chaque endive entre vos mains pour en éliminer l'eau de cuisson.

3. Faites fondre le beurre dans une grande sauteuse sur feu moyen. Lorsqu'il est chaud, ajoutez les endives en les rangeant sur une seule couche. Saupoudrez-les de sucre, salez et poivrez. Laissez-les colorer 3 minutes, retournez-les et faites-les colorer encore 3 minutes de l'autre côté. Égouttez-les. Servez-les aussitôt dans un légumier.

PRINTANIÈRE DE LÉGUMES

Aussi odorant et coloré que parfumé, ce mélange de légumes de printemps plein de fraîcheur et de croquant est un plat qui enthousiasmera même ceux qui ne sont pas gros amateurs de légumes. Servez-le avec un gigot d'agneau, du rôti de bœuf ou un simple poulet rôti. Si vous ne disposez pas de tous les légumes, peu importe. C'est l'idée de la variété et des couleurs qui est importante, quel que soit le nombre précis de légumes utilisés.

POUR 4 PERSONNES

12 petites carottes nouvelles parées, avec 2,5 cm de fane	90 g de haricots verts extra-fins
4 c. à soupe de sucre en poudre	90 g de petits pois frais écossés
120 g de beurre	90 g de fèves fraîches
sel fin au goût	90 g de pois gourmands effilés
12 petits navets nouveaux parés, avec 2,5 cm de vert	500 g d'asperges vertes, seulement les pointes, liées en bottillon
200 g de petits oignons grelots	90 g de girolles parées et nettoyées (ou champignons de Paris)
1 cœur de céleri-branche, racine et feuilles parées, branches séparées	jus de 1/2 citron poivre blanc du moulin

1. Dans une petite sauteuse munie d'un couvercle hermétique, mettez les carottes, 1 cuillerée à soupe de sucre et 15 g de beurre. Mélangez et faites chauffer sur feu modéré. Salez et poivrez, couvrez juste d'eau et posez le couvercle. Faites cuire 20 à 25 minutes jusqu'à ce que les carottes soient tendres et l'eau évaporée. Égouttez et réservez.

2. Mettez les oignons dans la même sauteuse, ajoutez 1 cuillerée à soupe de sucre et 15 g de beurre. Salez et poivrez, couvrez et faites cuire à feu doux 20 à 25 minutes jusqu'à ce que les oignons soient tendres. Remuez la sauteuse de temps en temps pour éviter de laisser brunir les oignons. Égouttez et réservez. Faites cuire les navets et le céleri de la même façon.

3. Préparez une grande terrine d'eau glacée. Remplissez une grande casserole d'eau et faites-la bouillir. Salez et ajoutez les haricots verts. Faites-les cuire environ 4 minutes. Égouttez-les avec une écumoire et plongez-les dans l'eau glacée. Égouttez-les de nouveau et réservez-les. Répétez cette opération avec les petits pois, les fèves et les pois gourmands, en changeant l'eau de cuisson pour chaque légume.

4. Remplissez d'eau une petite casserole profonde et faites-la bouillir. Ajoutez du sel et le bottillon d'asperges en le mettant debout, pointes en l'air. Faites cuire environ 4 minutes jusqu'à ce que le bas des pointes soit croquant. Rajoutez de l'eau bouillante pour couvrir les pointes et poursuivez la cuisson pendant 3 à 5 minutes. Égouttez-les avec une écumoire et plongez-les dans l'eau glacée. Égouttez de nouveau et réservez.

5. Mettez les champignons dans une petite sauteuse, ajoutez le jus de citron et 15 g de beurre, et faites chauffer sur feu modéré. Salez et poivrez. Faites cuire environ 5 minutes.

6. Faites bouillir une grande casserole d'eau avec du sel. Mettez les haricots verts, les fèves, les petits pois et les pois gourmands dans une passoire et plongez celle-ci dans l'eau bouillante pendant 1 minute pour réchauffer les légumes. Égouttez-les à fond.

7. Réunissez tous les légumes dans une grande sauteuse, ajoutez 45 g de beurre et faites réchauffer ce mélange sur feu doux en remuant délicatement pendant 2 minutes. Goûtez pour rectifier l'assaisonnement. Versez la printanière dans un plat chaud et servez aussitôt.

Plaisirs d'automne

Lorsque les champignons sauvages font leur apparition sur le marché, il ne faut pas rater l'occasion et profiter de l'offre au bon moment. Si vous ne trouvez pas de champignons de cueillette, rabattez-vous sur des variétés d'élevage : c'est une garniture parfaite pour les viandes et les volailles grillées. Un menu d'automne peut commencer par la fricassée de champignons, continuer avec le délicieux lapin à la moutarde et se terminer avec la tarte aux pommes. Comme suggestions de vin, pensez à un bordeaux rouge léger avec les champignons et le lapin, un sauternes avec la tarte.

Fricassée de champignons sauvages

*Lapin sauté aux fèves et
aux petits oignons*

Tarte aux pommes

COURGETTES FRITES

À l'époque où les courgettes sont si abondantes que vous ne savez plus comment les cuisiner, n'hésitez pas à préparer cette merveilleuse recette d'été. Servez-les en amuse-gueules dans une corbeille en osier, comme un monceau de pépites d'or. Un conseil de Joël Robuchon : les fleurs de courgettes peuvent se faire frire de la même façon, mais comme elles sont plus délicates, le bain de friture ne doit pas être aussi chaud.

POUR 4 À 6 PERSONNES

500 g environ de grosses courgettes bien fraîches	*sel fin de mer et poivre blanc du moulin*
80 g de farine fluide	*120 g de chapelure fraîche*
2 gros œufs	*2,5 l d'huile d'arachide*
2 c. à soupe d'huile d'arachide	*pour le bain de friture*

1. Pelez les courgettes et détaillez-les en rondelles régulières de 5 mm d'épaisseur environ. Réservez-les.

2. Préparez la panure. Versez la farine dans une assiette creuse. Dans une seconde assiette creuse, cassez les œufs et mélangez-les avec l'huile ; salez et poivrez largement. Mettez la chapelure dans une troisième assiette.

3. Versez l'huile dans une grande marmite de 3 litres ou dans une friteuse. Faites-la chauffer à 180 °C.

4. Pendant ce temps, enrobez les courgettes. Trempez les rondelles une par une dans la farine et secouez-les pour en faire tomber l'excès. Passez-les ensuite dans les œufs battus et égouttez-les. Trempez-les ensuite dans la chapelure en les enrobant régulièrement sur les deux faces. Réservez les rondelles de courgettes côte à côte sur du papier absorbant. Elles doivent toutes être enrobées avant que vous commenciez à les faire frire.

5. Faites frire les rondelles de courgettes par fournées de 6 à la fois, en les laissant 2 à 3 minutes dans l'huile bouillante. Quand elles sont bien dorées et bien croustillantes, égouttez-les avec une écumoire et posez-les sur le papier absorbant. Salez. Vous pouvez servir ensemble un mélange de courgettes et de fleurs de courgettes. Pour celles-ci procédez de la même façon, mais chauffez le bain d'huile à 140 °C seulement.

Herbes frites en garniture : voici une idée gourmande, exquise et décorative, pour accompagner notamment du poisson. Prenez des feuilles entières de basilic, de persil, de sauge ou de céleri et faites-les frire comme dans la recette des courgettes ci-dessus, mais en chauffant l'huile à 140 °C seulement.

TAGLIATELLE AUX COQUES

Voici une recette qui vous en donne deux fois pour votre argent ! Non seulement vous dégustez les succulentes petites noix de chair des coquillages, mais vous tirez aussi profit du jus des coques, tout aussi savoureux. Joël Robuchon le fait réduire fortement pour qu'il soit très parfumé, puis il ajoute à cette réduction de la crème fraîche et un peu de beurre. Les pâtes en absorbent tout l'arôme, relevé de thym frais : surtout ne prenez pas de thym séché.

POUR 4 PERSONNES

1 kg de coques	*50 g de beurre très froid coupé*
sel de mer et poivre blanc du moulin	*en petits morceaux*
250 g de tagliatelle fraîches	*2 c. à soupe de thym frais*
20 cl de crème fraîche	

1. Si nécessaire, faites dégorger les coques. Brossez-les soigneusement sous le robinet d'eau froide. Jetez celles qui ont une coquille cassée ou qui ne se ferment pas quand on les frappe. Mettez les coques dans un plat creux et poivrez-les largement.

2. Versez 25 cl d'eau dans la partie inférieure d'une grande marmite à vapeur et faites-la bouillir. Mettez les coques dans un plat logeant dans la marmite et faites-les cuire à la vapeur en les retirant au fur et à mesure qu'elles s'ouvrent. Toute l'opération ne doit pas prendre plus de 10 minutes. Jetez les coques qui ne sont pas ouvertes. Laissez le jus de cuisson dans le plat. Extrayez les noix de chair des coques et mettez-les dans une jatte.

3. Placez une double épaisseur de mousseline mouillée dans une passoire. Versez le jus de cuisson contenu dans le plat, à travers la passoire directement sur les coques. Remuez-les dans ce liquide pour éliminer le sable qui pourrait encore rester et pour faire gonfler les coques dans leur propre jus. Avec une écumoire, prélevez les coques et mettez-les dans un bol. Couvrez-les pour éviter qu'elles ne se dessèchent. Passez le liquide à travers une double épaisseur de mousseline et réservez-le.

4. Versez 3 litres d'eau dans un grand faitout et portez-les à ébullition. Ajoutez 2 cuillerées à soupe de sel, puis les pâtes. Faites-les cuire jusqu'à ce qu'elles soient tendres, mais encore un peu fermes sous la dent, c'est-à-dire *al dente*. Prélevez les pâtes avec une écumoire et mettez-les dans une passoire pour les égoutter. Remuez-les pour éliminer le maximum d'eau.

5. Versez le jus de cuisson des coques dans une grande casserole et faites-le bouillir vivement pendant 6 à 7 minutes : il doit réduire à 8 cl. Incorporez la crème fraîche en fouettant, toujours sur feu vif, puis laissez réduire pendant 2 à 3 minutes pour faire épaissir la sauce et la rendre onctueuse. Retirez la casserole du feu et incorporez le beurre en parcelles, en remettant de temps en temps la casserole sur le feu pour que le beurre se mélange intimement en fondant et que la sauce épaississe. Ajoutez les pâtes égouttées et mélangez. Couvrez et laissez chauffer sur feu très doux pendant 1 à 2 minutes pour permettre aux pâtes d'absorber la sauce. Goûtez pour rectifier l'assaisonnement. Ajoutez les coques et remuez. Répartissez les pâtes aux coques avec la sauce dans des assiettes creuses bien chaudes et parsemez de thym frais. Servez aussitôt.

Vin conseillé : un vin blanc subtil, riche et pas trop sec comme le puligny-montrachet ou le meursault-charmes, deux grands bourgognes.

Pour nettoyer les coques : comme ces coquillages vivent en général sur des fonds sableux, ils ont tendance à être sableux eux-mêmes. Rien n'est plus désagréable que de sentir du sable crisser sous ses dents quand on déguste des coques. Pour voir si elles contiennent du sable, ouvrez-en quelques-unes et goûtez. Si c'est le cas, faites-les dégorger dans de l'eau salée (en comptant 1 cuillerée à soupe de gros sel par litre d'eau froide). Brossez les coquilles sous le robinet, puis mettez-les dans une cuvette d'eau salée et laissez-les à température ambiante pendant 3 heures. Retirez-les ensuite une par une, en laissant le sable dans la cuvette : vous serez étonné de la quantité de sable qu'elles ont pu rejeter.

PÂTES FRAÎCHES
AUX CHAMPIGNONS
ET AUX POIVRONS

Voici un plat de pâtes délicieusement parfumé et qui semble plaire à tout le monde. La touche de vinaigre avec le beurre en fin de préparation ajoute une variante insolite et très plaisante. Pour un dîner, je sers ce plat en entrée, avant un poulet rôti ou un gigot d'agneau. Au déjeuner, il peut se suffire à lui-même. Le vinaigre que comporte l'assaisonnement est en proportion suffisamment modeste pour permettre un accompagnement de vin : choisissez par exemple un bon rosé de Provence.

POUR 4 PERSONNES

4 gros champignons de Paris (125 g environ), lavés et épongés
2 c. à soupe de jus de citron fraîchement pressé
2 c. à soupe d'huile d'olive extra-vierge
1 oignon moyen coupé en petits dés
sel fin de mer et poivre blanc du moulin
1 gros poivron rouge taillé en petits dés

1 gros poivron vert taillé en petits dés
2 c. à soupe de vinaigre de xérès
45 g de beurre doux en morceaux
Pour les pâtes :
125 g de gros sel
10 cl d'huile d'olive
380 g de tagliatelle ou de fettucine fraîches

1. Taillez les champignons en petits dés et mélangez-les dans un bol avec le jus de citron pour les empêcher de noircir. Réservez.

2. Faites chauffer l'huile dans une grande poêle sur feu moyen. Lorsqu'elle est bien chaude, ajoutez les oignons et salez. Faites cuire environ 2 minutes jusqu'à ce qu'ils soient tendres et translucides. Ajoutez ensuite les poivrons et poursuivez la cuisson pendant 5 minutes. Ajoutez enfin les champignons et faites cuire encore 3 minutes. Goûtez pour rectifier l'assaisonnement. Ne laissez pas trop cuire le mélange de légumes : il ne doit pas roussir ni attacher au fond du récipient.

3. Retirez la poêle du feu et ajoutez le vinaigre. Remuez et réservez.

4. Versez 6 litres d'eau dans une grande casserole et portez-la à ébullition sur feu vif. Ajoutez 10 cl d'huile d'olive. Salez et versez-y les pâtes. Faites-les cuire jusqu'à ce qu'elles soient *al dente*. Égouttez-les avec une écumoire et mettez-les dans une passoire. Remuez-les pour éliminer le maximum d'eau de cuisson.

5. Versez-les dans un plat de service creux, ajoutez le mélange de légumes et remuez. Ajoutez enfin le beurre et remuez à nouveau. Goûtez pour rectifier l'assaisonnement et servez.

Vin conseillé : un bon rosé de Provence.

Le sel dans l'eau de cuisson : l'eau non salée se met à bouillir plus vite que si elle est salée. Lorsque vous faites cuire à l'eau des pâtes ou des légumes, il est donc plus commode de saler à la fin. Si vous prenez cette habitude, vous n'aurez pas besoin de réfléchir à la question : ai-je ou non salé l'eau de cuisson ? En général, 2 cuillerées à soupe de gros sel suffisent pour saler 3 litres d'eau et vous aurez ainsi des pâtes ou des légumes salés à point. Autre conseil : lorsque vous égouttez les pâtes, retirez-les de la casserole de cuisson à l'aide d'une écumoire pour les mettre dans la passoire. Vous éviterez ainsi de verser en même temps l'amidon avec l'eau de cuisson à nouveau sur les pâtes, ce qui n'améliore pas leur goût.

Poivre noir ou poivre blanc : les avis sont partagés sur la question de savoir si le poivre noir a meilleur goût que le blanc ou inversement. La plupart des gens préfèrent la saveur plus affirmée et l'arôme plus puissant du poivre noir, dont les grains cueillis avant maturité sont ensuite séchés au soleil, alors que le poivre blanc, récolté très mûr, est débarrassé de sa coque par lavage et séché au soleil. Généralement, la différence entre les deux variétés est assez subtile et le blanc paraît moins piquant. Joël Robuchon n'utilise que du poivre blanc fraîchement moulu, mais plutôt pour des raisons d'esthétique que de goût proprement dit, car il n'aime pas que des grains de poivre noir viennent déparer des mets aux teintes claires.

RATATOUILLE

Voici une recette classique où chaque détail compte, ce qui fait toute la différence. Égouttez le jus des tomates après les avoir pelées et épépinées : vous obtiendrez une sauce plus riche et plus savoureuse. La technique qui consiste à débiter les légumes en petits bâtonnets peut sembler à première vue un peu fastidieuse, mais attendez de goûter le résultat... Les légumes dégagent ainsi davantage de saveur et bien que la ratatouille ne soit pas un plat soi-disant « raffiné », cette présentation lui donne une certaine élégance. Joël Robuchon est contre la pratique de faire dégorger au sel des légumes comme l'aubergine, ce qui les rend mous et détrempés. Le concentré de tomates et le safran dans cette recette sont facultatifs : utilisez-les à votre convenance pour rectifier l'assaisonnement.

POUR 8 À 10 PERSONNES

10 tomates moyennes (1 kg environ)
2 oignons moyens finement hachés
25 cl d'huile d'olive extra-vierge
sel fin de mer et poivre blanc du moulin
1 poivron vert pelé et finement émincé
1 poivron rouge pelé et finement émincé
1 bouquet garni : plusieurs tiges de persil et de basilic, feuilles de céleri et brins de thym enveloppés dans du vert de poireau et ficelés

4 gousses d'ail émincées
1 c. à café de concentré de tomates (facultatif)
6 ou 7 petites courgettes (650 g environ), lavées, parées et détaillées en petits bâtonnets
2 c. à café de thym frais
3 petites aubergines (750 g environ), pelées et détaillées en petits bâtonnets
1 pincée de safran (facultatif)

1. Pelez et épépinez les tomates. Récupérez le maximum de jus possible et passez-le. Si le jus passé ne donne pas 25 cl, complétez le volume avec un peu d'eau. Concassez les tomates en petits dés. Réservez.

2. Mélangez dans une grande poêle les oignons, 6 cl d'huile et une pincée de sel. Faites cuire sur feu doux pendant 5 minutes jusqu'à ce qu'ils soient tendres et translucides. Ajoutez les poivrons et une pincée de sel. Couvrez et poursuivez la cuisson pendant 5 minutes de plus. Ajoutez les tomates, mélangez et faites cuire encore 5 minutes.

3. Ajoutez le jus des tomates, le bouquet garni et l'ail. Goûtez pour rectifier l'assaisonnement. Couvrez et faites cuire sur feu doux pendant 30 minutes. Ne prolongez pas inutilement la cuisson : les légumes doivent être cuits mais ne pas se transformer en purée. Si les tomates manquent de saveur, ajoutez le concentré.

4. Pendant ce temps, dans une grande poêle, faites chauffer 12 cl d'huile sur feu moyen. Lorsque celle-ci est chaude, ajoutez les courgettes et faites-les colorer pendant 5 minutes. (Ne salez pas les courgettes avant de les faire cuire, sinon elles rendent leur eau de végétation et n'ont plus de goût.) Égouttez-les dans une passoire pour éliminer l'excédent d'huile. Ajoutez-leur le thym, salez et poivrez. Réservez.

5. Dans la même poêle, faites chauffer le reste d'huile sur feu moyen. Ajoutez les aubergines et faites-les cuire environ 5 minutes jusqu'à ce qu'elles soient légèrement dorées. Égouttez-les dans une passoire également. Salez et poivrez. Ajoutez les courgettes et les aubergines au mélange d'oignons, de poivrons, et de tomates. Goûtez pour rectifier l'assaisonnement. Si vous le désirez, ajoutez le safran. Couvrez et faites cuire sur feu doux pendant 30 minutes.

6. Servez chaud ou à température ambiante, comme garniture de légumes. La ratatouille se conserve au réfrigérateur pendant plusieurs jours dans un récipient couvert.

Pour peler les tomates : voici une méthode rapide. Retirez le pédoncule, puis piquez la tomate au bout d'une longue fourchette à deux dents et tenez-la au dessus d'une flamme en la faisant tourner pendant 1 minute jusqu'à ce que la peau se fendille. Ne prolongez pas la cuisson sinon la tomate risque de s'écraser. Ce procédé est préférable à celui qui consiste à plonger les tomates dans une casserole d'eau bouillante : dans ce cas, elles deviennent trop aqueuses.

Le repas du coin du feu

C'est en réalité le menu d'un repas que j'ai préparé avec Joël Robuchon un soir d'hiver en Provence où il faisait froid. Nous avons déménagé la table de la salle à manger juste devant la cheminée et nous avons fait honneur à cette délicieuse cuisine. Choisissez un bordeaux rouge pour commencer et un gewurztraminer vendange tardive pour finir.

Gigot d'agneau rôti et persillé

Pommes « Chanteduc »

Pain de campagne

Clafoutis aux poires, vanille et anis étoilé

TOMATES
À LA PROVENÇALE

Classique, savoureux et parfumé, ce plat de tomates accompagne à merveille un poulet rôti ou un rôti de bœuf. Elles sont également délicieuses comme plat unique. En faisant revenir les tomates à l'huile avant de les faire cuire au four, on obtient une saveur plus profonde et plus riche. Comme c'est une recette facile, n'hésitez pas à la préparer pour une grande tablée.

Matériel : un grand plat ovale à gratin de 25 × 41 cm.

POUR 8 PERSONNES

Pour la garniture du dessus :	Pour les tomates :
1 tranche de pain de mie écroûtée	*6 cl d'huile d'olive extra-vierge*
4 c. à soupe de feuilles de persil plat ciselées	*8 tomates moyennes coupées en deux dans l'épaisseur*
sel fin de mer	*sel fin de mer*
	2 c. à café de thym frais
	4 belles gousses d'ail émincées finement

1. Préchauffez le four à 200 °C (thermostat 6-7).

2. Préparez la garniture : mettez le pain dans le bol d'un robot et réduisez-le en miettes. Ajoutez le persil, l'ail et actionnez l'appareil pour bien mélanger. Salez et réservez.

3. Faites chauffer l'huile dans une très grande poêle sur feu moyen. Lorsqu'elle est chaude, mettez-y autant de tomates que peut en contenir le récipient sur une couche, face coupée contre le fond, et faites-les rissoler sans les remuer jusqu'à ce qu'elles soient colorées, presque caramélisées, pendant 3 à 4 minutes. Retirez les tomates de la poêle et mettez-les, face cuite dessus, dans le plat à gratin ovale (il doit être assez grand pour contenir toutes les tomates les unes à côté des autres sur une seule couche). Lorsque toutes les tomates sont rissolées et rangées dans le plat, versez par-dessus le jus de cuisson que contient la poêle. Salez légèrement.

4. Répartissez le mélange mie de pain-persil-ail sur les tomates en le parsemant régulièrement. Ajoutez le thym.

5. Enfournez à mi-hauteur et faites cuire à découvert, jusqu'à ce que le dessus soit bien doré et les tomates grésillantes. Servez aussitôt.

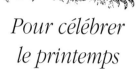

Pour célébrer
le printemps

Il est peut-être encore trop tôt pour déjeuner dehors, mais sans doute pas pour se mettre dans l'atmosphère. Ce menu me fait aussitôt penser aux premiers beaux jours, aux primevères et aux premières fraises. Débouchez une bouteille de champagne bien frappé pour accompagner les petits choux au fromage et mettez au frais pendant ce temps-là une bouteille de condrieu. Avec le dessert, revenez au champagne.

Gougères

Nage de langoustes aux aromates

Le Fraisalia

Desserts

LE FRAISALIA

Si vous rêvez du plus magnifique des gâteaux aux fraises, voici la recette qu'il vous faut. Élégant, délicieux : l'idéal pour ceux qui aiment les desserts raffinés. Il est également remarquablement léger, pas trop sucré et bien garni de fruits frais. Choisissez surtout des fraises parfaites, bien mûres et très parfumées, sinon ça ne vaut pas la peine de vous donner tout ce travail. Si vos fraises ne sont pas tout à fait assez mûres à votre goût, saupoudrez de sucre celles qui servent à fourrer l'intérieur et laissez-les reposer pendant quelques minutes. Pour obtenir une chantilly bien relevée, prenez de la crème fraîche liquide ou mélangez un quart de lait entier avec trois quarts de crème fraîche. Avec les restes – parures de la génoise, morceaux de fraises et chantilly –, préparez des petits puddings aux fruits : mélangez les ingrédients et remplissez-en des ramequins.

Matériel : poche à douille équipée d'une petite douille cannelée et feuilles de carton.

POUR 8 À 12 PERSONNES

1 génoise de 20 cm de diamètre (voir page 312)	75 g de gelée de fraise ou de groseille
65 g de sucre en poudre	**Pour la chantilly :**
1 c. à soupe de kirsch	1 gousse de vanille bien pleine
625 g de petites fraises bien mûres, équeutées	50 cl de crème fraîche liquide
	60 g de sucre glace

1. Découpez deux disques en carton de la même taille que la génoise (vous pouvez aussi utiliser les fonds amovibles de deux moules à tarte). Glissez un disque sous la génoise pour lui servir de support et mettez le second de côté : il vous servira à finir l'assemblage du gâteau. (Si vous utilisez un fond de moule, vous n'avez besoin que d'un seul disque en carton.)

2. Préparez un sirop. Versez le sucre en poudre dans une petite casserole et ajoutez 19 cl d'eau, faites chauffer sur feu modéré. Mélangez pour dissoudre le sucre et laissez bouillonner doucement pendant 5 minutes. Écumez la mousse qui se forme à la surface. Versez 3 cuillerées à soupe de sirop dans un bol et ajoutez le kirsch. Laissez refroidir. Jetez le sirop qui n'est pas parfumé.

3. Préparez la génoise. À l'aide d'un grand couteau-scie, prélevez soigneusement le tiers supérieur du gâteau en veillant à ne pas briser ce disque assez mince. Mettez-le de côté. En vous servant d'un petit couteau pointu, dentelé si possible, découpez l'intérieur sur tout le pourtour en laissant une paroi régulière de 1 cm d'épaisseur sur les côtés et au fond. Prenez maintenant un couteau à longue lame pointue et étroite : commencez par retirer le centre de la génoise en la découpant en parts comme un gâteau. Avec vos mains, retirez tout l'intérieur. (Cette partie sera réduite en miettes : inutile de la retirer intacte.) Attention seulement à ne pas endommager les parois et le fond. Réservez la génoise ainsi évidée.

4. Mettez dans un mixer les morceaux de génoise que vous venez de retirer et réduisez-les en miettes. Réservez-les.

5. Préparez la chantilly. Tout d'abord, retirez les graines de la gousse de vanille : aplatissez-la, fendez-la en deux et grattez les graines avec une petite cuiller. Mettez-les dans le bol (bien froid) d'un mixer électrique. (Réservez la gousse elle-même pour préparer du sucre vanillé : voir page 311.) Ajoutez la crème et fouettez le mélange jusqu'à ce qu'il forme des pics entre les branches du fouet. Tout en continuant à faire marcher l'appareil, ajoutez le sucre glace en une seule fois. Fouettez 15 secondes jusqu'à ce que la chantilly soit bien ferme. Mettez-la au réfrigérateur.

6. Commencez l'assemblage du gâteau : à l'aide d'un pinceau à pâtisserie, humectez le fond de la génoise évidée avec le sirop. Avec le reste de sirop, badigeonnez également le dessous du couvercle, mais évitez de le détremper sinon il risque de se briser.

7. Étalez une couche fine et régulière de chantilly dans le fond de la génoise et le long des parois. Prélevez les plus belles fraises et gardez-les pour le dessus. (Sachez qu'il vous en faut environ 500 g pour garnir l'intérieur du gâteau : essayez la meilleure disposition sur le fond de moule comme si vous garnissiez une tarte.) Rangez les fraises sur la couche de chantilly, les unes à côté des autres, pointe vers le fond, en les serrant au maximum. Elles n'ont pas besoin d'être rangées à la perfection, mais elles ne doivent pas dépasser les parois de la génoise. Si nécessaire, couchez-les sur le côté ou coupez-les en deux. Assurez-vous surtout que le centre du gâteau est bien garni de fraises, sinon il risque de s'affaisser. Recouvrez les fraises de chantilly de manière que la crème arrive juste au ras de la génoise et remettez en place le couvercle.

8. À l'aide d'une spatule en métal, étalez une couche fine et régulière de chantilly sur le dessus du gâteau et sur les côtés, à l'extérieur. Parez les fraises réservées du côté large pour qu'elles présentent une face plane, en vous assurant qu'elles auront toutes à peu près la même hauteur. Disposez-les en cercles concentriques bien réguliers sur le dessus du gâteau, en commençant par l'extérieur. Mettez le gâteau au réfrigérateur. Vous pouvez le préparer jusqu'à ce moment plusieurs heures à l'avance et le garder au réfrigérateur jusqu'à la dernière étape.

9. Préparez le glaçage. Versez la gelée de fruit dans une petite casserole et faites-la chauffer sur feu doux pendant 2 à 3 minutes jusqu'à ce qu'elle soit bien fondue. Vous pouvez ajouter si nécessaire 1 cuillerée à café d'eau pour la diluer. Laissez tiédir.

10. Sortez le gâteau du réfrigérateur. À l'aide d'un pinceau à pâtisserie, enduisez de glaçage le dessus des fraises de la garniture. Soulevez le gâteau d'une main et avec l'autre recouvrez le pourtour d'une couche régulière de miettes de génoise. Mettez le reste de chantilly dans la poche à douille cannelée et déposez un feston de chantilly sur le tour du gâteau et une rosette entre chaque fraise. Servez aussitôt. Vous pouvez aussi le mettre au congélateur 2 heures avant de le servir.

Bien lire la recette : réussir ou rater une recette dépend bien souvent de la faculté du cuisinier à bien se concentrer sur le sujet. Que la recette soit simple ou compliquée, il est indispensable de suivre les conseils suivants :

1. Lire la recette en entier avant de faire son marché.

2. Tout en la lisant, visualiser les différentes opérations.

3. Avant de commencer à cuisiner, mesurer, peser, découper et tailler les ingrédients. C'est pourquoi j'inclus souvent la quantité d'eau dans la liste des ingrédients : quand vous en avez besoin, vous l'avez sous la main à la bonne quantité et à température ambiante. Chez moi, je dispose tous les ingrédients nécessaires pour chaque plat sur un plateau séparé, pour éviter toute erreur ou confusion.

4. Du calme ! Si vous avez dépassé la troisième étape, vous avez déjà fait la moitié du travail.

CROQUANTS AUX POIRES

L e jour où vous aurez maîtrisé la confection de ce dessert de bout en bout, vous estimerez qu'un diplôme de pâtisserie ne serait pas immérité ! J'avoue avoir hésité avant de m'attaquer à la crème pâtissière et au feuilletage caramélisé, pour tenter d'obtenir un résultat aussi spectaculaire que le chef-d'œuvre de Philippe Gobet. Mais finalement, les différentes pièces du puzzle ne présentent pas trop de difficultés, d'autant plus que tous les éléments peuvent se préparer un jour à l'avance, sauf le feuilletage qui sera confectionné et cuit quelques heures avant de faire l'assemblage, juste avant de servir. Une variante qui joue la simplicité : à la saison des poires, pour un dessert rapide à préparer, confectionnez simplement le coulis de poires enrichi de sirop vanillé à l'anis et servez-le tout chaud avec les poires caramélisées.

POUR 8 PERSONNES

Pour le sirop vanillé à l'anis :
1 gousse de vanille bien gonflée
33 cl d'eau
100 g de sucre
4 pièces d'anis étoilé
Pour la crème pâtissière :
25 cl de lait entier
1 gousse de vanille bien gonflée
2 jaunes d'œufs
50 g de sucre
10 g de farine
10 g de fécule
Pour le caramel liquide :
50 g de sucre
6 c. à soupe d'eau chaude

Pour les poires caramélisées :
2 poires Williams pelées, épépinées
et coupées en quartiers
45 g de beurre clarifié (voir page 300)
Pour le coulis de poires :
2 poires Williams pelées, épépinées
et coupées en petits dés
4 c. à soupe de jus de citron
fraîchement pressé
1 c. à soupe d'eau-de-vie de poire
1 gousse de vanille bien gonflée
Pour le feuilletage caramélisé :
200 g de pâte feuilletée (voir page 314)
sucre glace et feuilles de menthe

1. Préparez le sirop : fendez la gousse de vanille en deux, aplatissez-la et grattez les graines avec une petite cuiller, mettez-les dans un bol. (Conservez la gousse pour préparer du sucre vanillé, voir page 311.) Versez l'eau dans une grande casserole, ajoutez le sucre, mélangez et portez à ébullition. Retirez du feu, ajoutez les pièces d'anis étoilé et les graines de vanille. Couvrez. Laissez infuser pendant 20 minutes. (Ne laissez pas infuser plus longtemps, sinon le sirop aura un goût âcre.) Passez le sirop au chinois. Mettez-le de côté.

2. Pour la crème pâtissière, préparez d'abord la gousse de vanille comme dans l'étape précédente. Passez sous l'eau froide une casserole moyenne (pour éviter que le lait n'attache quand il cuit), versez-y le lait, ajoutez la vanille et portez à ébullition sur feu vif.

Pendant ce temps, mélangez au fouet dans un bol les jaunes d'œufs et le sucre jusqu'à consistance jaune pâle et mousseuse. Incorporez rapidement la farine et la fécule en fouettant, sans trop travailler le mélange, sinon le gluten se développe dans la farine. Dès que le lait arrive à ébullition, versez-en un tiers sur le mélange aux œufs et fouettez pour bien mélanger. Reversez la préparation dans la casserole sur feu vif et fouettez constamment avec le reste de lait pendant environ 1 minute, jusqu'à ce que la préparation se mette à bouillir. Retirez la casserole du feu et versez la crème dans une jatte. Couvrez-la d'un film plastique pour éviter la formation d'une peau.

3. Préparez le caramel liquide. Mélangez le sucre et 3 cuillerées à soupe d'eau chaude dans une petite casserole. Laissez reposer le mélange pendant 10 minutes pour que le sucre commence à se dissoudre. Posez la casserole sur feu doux et remuez constamment. Lorsque le sucre est complètement dissous et que le liquide est clair, montez le feu et faites bouillir vivement. Remuez sans arrêt pendant 6 minutes sur feu vif jusqu'à ce que le sirop épaississe et devienne ambré en dégageant un bon parfum de caramel. Retirez du feu, ajoutez 3 cuillerées à soupe d'eau chaude et remuez. Le mélange doit être bien fluide. Laissez tiédir, puis incorporez-le en fouettant dans la crème pâtissière. (Cette crème pâtissière au caramel peut se préparer un jour à l'avance. Conservez-la au réfrigérateur dans un récipient hermétique. Elle devra être à température ambiante au moment de servir.)

4. Pour les poires caramélisées : faites chauffer le beurre clarifié dans une grande poêle. Lorsqu'il commence à grésiller, mettez-y les quartiers de poires et faites-les sauter pendant environ 5 minutes jusqu'à ce qu'ils soient bien dorés sur toutes les faces. Déglacez la poêle avec 12 cl du sirop vanillé à l'anis et poursuivez la cuisson en remuant jusqu'à ce que le liquide soit épais et presque caramélisé, en arrosant continuellement les fruits avec le jus pour les parfumer et les attendrir. Versez le contenu de la poêle dans une terrine et réservez. (Vous pouvez préparer les poires un jour à l'avance. Gardez-les au réfrigérateur dans un récipient fermé. Elles devront être à température ambiante au moment de servir.)

5. Pour le coulis de poires, préparez la gousse de vanille comme dans l'étape 1. Réservez les graines. Mélangez les dés de poires et le jus de citron dans une petite casserole. Ajoutez 25 cl de sirop vanillé à l'anis. Portez à ébullition sur feu vif et faites cuire en remuant de temps en temps pendant 15 minutes jusqu'à ce que les fruits soient bien tendres. Ajoutez les graines de vanille et remuez pour mélanger. Passez le tout au mixer puis ajoutez l'eau-de-vie de poire au coulis obtenu et réservez-le. (Ce coulis peut être préparé un jour à l'avance. Mettez-le au réfrigérateur dans un récipient fermé. Il devra être à température ambiante au moment de servir.)

6. Pour la pâte feuilletée, partagez le pâton en quatre portions égales. Abaissez aussi finement que possible chaque portion de pâte sur le plan de travail légèrement fariné, pour former des rectangles de 13 × 50 cm. Recoupez ensuite chaque rectangle en deux (13 × 25 cm). Posez-les côte à côte sur une grande tôle à pâtisserie. Éliminez l'excès de farine avec un pinceau, puis parez chaque rectangle avec un couteau. Piquez ces rectangles et mettez-les au réfrigérateur pendant 30 minutes au moins.

7. Préchauffez le four à 220 °C (thermostat 8).

8. Sortez les rectangles de feuilletage du réfrigérateur. Posez par-dessus une autre tôle pour presser la pâte et l'empêcher de trop gonfler. Enfournez le tout à mi-hauteur et réduisez aussitôt la température du four à 200 °C (thermostat 6-7). Faites cuire jusqu'à ce que le feuilletage commence à colorer, environ 10 minutes. Retirez la tôle du dessus et poursuivez la cuisson à découvert pendant encore 5 minutes jusqu'à ce que les rectangles soient uniformément dorés.

9. Sortez les feuilletés du four. Pendant qu'ils sont encore chauds, parez les rectangles pour qu'ils mesurent environ 5 × 10 cm. Saupoudrez largement chacun d'eux de sucre glace, en tamisant celui-ci sur les feuilletés. Faites chauffer le gril du four et glissez les feuilletés saupoudrés de sucre par en dessous pendant 1 à 2 minutes jusqu'à ce qu'ils soient caramélisés. Surveillez de près car le sucre brûle vite. (Les feuilletés peuvent être cuits plusieurs heures à l'avance. Gardez-les à température ambiante dans un récipient hermétique.)

10. Assemblez les croquants. Sur chaque assiette de service, posez un feuilleté, côté caramélisé dessus. Versez sur chaque rectangle une cuillerée de crème pâtissière au caramel, puis un quartier de poire caramélisé au milieu et posez par-dessus un autre rectangle feuilleté, côté caramélisé dessus. Saupoudrez de sucre glace et versez le coulis de poires tout autour. Garnissez de feuilles de menthe et servez aussitôt.

Vin conseillé : un muscat de Beaumes-de-Venise.

TARTE FINE
AUX POMMES

J'aime sans réserve cette délicieuse tarte aux pommes bien dorée. La réussir est un jeu d'enfant et les lamelles de pommes disposées comme les pétales d'une marguerite en font une présentation très élégante. La fine couche de compote sur le fond de la tarte ajoute une note moelleuse qui contraste agréablement avec le croustillant des fruits. Servez cette tarte chaude, avec éventuellement une boule de crème glacée à la cannelle (voir page 286). Pour plus de raffinement, essayez de choisir des pommes de même taille.

Matériel : un vide-pomme.

P O U R   8   P E R S O N N E S

1 fond de tarte en pâte feuilletée de 27 cm de diamètre, partiellement cuit et sans bordure	*3 c. à soupe de sucre vanillé (voir page 311)*
2 gousses de vanille bien gonflées	*15 g de beurre*
5 pommes à cuire, Golden Delicious ou reinettes	*30 g de beurre fondu*
	2 c. à soupe de sucre vanillé
	sucre glace pour le décor

1. Fendez les gousses de vanille en deux, ouvrez-les et aplatissez-les. Grattez les graines avec une petite cuiller et mettez-les de côté dans une tasse. (Utilisez les gousses elles-mêmes pour confectionner du sucre vanillé, voir page 311.) Pelez et épépinez les pommes. Coupez-les en petits cubes. Mettez-les dans une casserole moyenne sur feu modéré, ajoutez 3 cuillerées à soupe d'eau, le sucre et les graines de vanille. Couvrez et laissez cuire jusqu'à ce que les pommes soient bien tendres, 10 minutes environ. Surveillez de près pour qu'elles n'attachent pas. Retirez du feu, ajoutez le beurre et mélangez. Passez au mixer et réservez. Vous devez obtenir 20 cl de compote.

2. Préchauffez le four à 220 °C (thermostat 8).

3. Lorsque la compote de pommes est froide, versez-la sur le fond de la tarte et lissez-la avec une spatule pour l'étaler en couche fine.

4. Pelez les trois pommes restantes. Retirez le cœur et les pépins avec le vide-pomme. Émincez les pommes horizontalement aussi finement que possible, en utilisant une mandoline, un éminceur électrique ou un couteau bien aiguisé. Découpez en outre une rondelle de pomme de 4 cm de diamètre à l'aide d'un emporte-pièce pour le décor final.

5. Garnissez la tarte : commencez par la bordure extérieure en faisant se chevaucher les rondelles de pommes pour couvrir à la fois le trou central et la couche de compote. Badigeonnez cette bordure de beurre fondu. Mettez en place la seconde rangée, en chevauchant la première et les trous des rondelles de pommes. Badigeonnez de beurre fondu. Garnissez le centre avec les rondelles restantes et couvrez le trou central avec le rond de pomme. Badigeonnez de beurre fondu et saupoudrez de sucre vanillé.

6. Enfournez à mi-hauteur et faites cuire 20 à 25 minutes jusqu'à ce que les pommes soient légèrement dorées. Sortez la tarte du four et saupoudrez-la généreusement de sucre glace alors qu'elle est encore chaude. Préchauffez le gril du four et passez la tarte sous le gril pendant 1 à 2 minutes en surveillant bien pour éviter de laisser brûler. Servez chaud avec de la glace à la cannelle (voir page 286).

Vin conseillé : un sauternes jeune.

PETITS POTS DE CRÈME À LA VANILLE

S imple, facile, fondant sur la langue et bon marché, cet entremets figure parmi mes favoris. Lorsque j'ai du monde à table, je n'hésite pas à servir ces petits pots de crème : les invités aiment beaucoup les desserts individuels.

Matériel : 8 ramequins ou petits pots en porcelaine à feu de 10 cl de contenance.

POUR 8 PERSONNES

40 cl de lait	*4 jaunes d'œufs*
2 belles gousses de vanille fendus en deux	*65 g de sucre en poudre*

1. Préchauffez le four à 165 °C (thermostat 4). Préparez une grande casserole d'eau bouillante pour le bain-marie. Réservez-la.

2. Faites trois fentes dans un morceau de papier sulfurisé et tapissez-en un plat à rôtir creux, assez grand pour contenir les ramequins. Placez les moules dans ce plat, sur le papier, et réservez.

3. Versez le lait dans une casserole moyenne, ajoutez la vanille et faites chauffer jusqu'à ébullition. Retirez la casserole du feu, couvrez et laissez infuser la vanille pendant 15 minutes.

4. Mettez les jaunes d'œufs et le sucre dans le bol d'un mixer électrique et mixez jusqu'à ce que le mélange soit épais et jaune citron. Réservez.

5. Portez à nouveau à ébullition le lait parfumé à la vanille, puis versez-le doucement sur le mélange œufs-sucre en laissant tomber un filet mince et continu, tout en fouettant sans arrêt. Passez cette crème à travers un tamis fin. Laissez reposer 2 à 3 minutes, éliminez la mousse qui s'est formée en surface.

6. Répartissez la crème dans les ramequins rangés dans le plat creux. Versez suffisamment d'eau chaude tout autour pour qu'elle arrive à mi-hauteur des ramequins. Posez par-dessus une feuille de papier d'aluminium pour éviter qu'une peau se forme en surface. Enfournez à mi-hauteur et faites cuire de 30 à 35 minutes : la crème doit être prise sur le pourtour mais encore tremblotante au centre.

7. Retirez le plat du four et sortez délicatement les ramequins de l'eau. Couvrez-les et mettez-les au réfrigérateur pendant au moins 2 heures et jusqu'à 24 heures. Les pots de crème ne sont jamais démoulés, on les sert toujours dans les ramequins, bien frais.

Vin conseillé : un vieux banyuls.

CRÈME AU CHOCOLAT

C'est bon, c'est facile, c'est joli et c'est délicieux ! Ce sont des petits pots de crème au chocolat, un dessert idéal quand on reçoit car ils se préparent sans problème un jour à l'avance. Pour plus d'élégance, faites-les cuire dans des petits ramequins décoratifs en porcelaine à feu et servez-les avec de la brioche chaude ou des madeleines au citron ou au chocolat (voir page 249).

Matériel : 6 ramequins ou petits pots individuels de 12 cl.

POUR 6 PERSONNES

13 cl de lait	20 cl de crème fraîche
90 g de chocolat noir amer cassé	3 gros jaunes d'œufs
en petits morceaux	65 g de sucre en poudre

1. Préchauffez le four à 165 °C (thermostat 4). Faites chauffer une grande casserole d'eau pour le bain-marie. Réservez.

2. Faites 3 fentes dans un morceau de papier sulfurisé et placez-le dans le fond d'un plat à four profond, assez grand pour contenir les six ramequins. Rangez-les dans le plat tapissé de papier et réservez. (Le papier va empêcher l'eau de bouillir et de faire des éclaboussures dans la crème.)

3. Faites chauffer le lait dans une casserole moyenne. Ajoutez le chocolat et mélangez. Retirez du feu et ajoutez la crème fraîche. Remuez pour bien mélanger. Laissez refroidir.

4. Mettez les jaunes d'œufs dans une jatte, ajoutez le sucre et mélangez, mais sans faire mousser. Versez doucement sur ce mélange le lait au chocolat en remuant sans arrêt. Passez le mélange à travers une passoire fine et laissez reposer pendant 1 heure.

5. Écumez la mousse qui a pu se former en surface. Répartissez la crème dans les ramequins et mettez ceux-ci dans le plat. Versez suffisamment d'eau pour qu'elle parvienne à mi-hauteur des ramequins. Couvrez le plat d'une feuille de papier d'aluminium pour éviter la formation d'une peau sur la crème. Enfournez à mi-hauteur et faites cuire pendant 30 à 35 minutes : la crème doit être prise sur le pourtour mais encore tremblotante au centre.

6. Sortez le plat du four et retirez délicatement les ramequins de l'eau. Mettez-les au réfrigérateur, à couvert, pendant au moins 2 heures (jusqu'à 24 heures). La crème doit être servie dans son petit pot, sans être démoulée, et bien froide.

Vin conseillé : un vieux maury.

ANANAS CARAMÉLISÉ
AU BEURRE VANILLÉ

D u chaud et du froid, du sucré et de l'acide : cette recette d'une simplicité étonnante réunit tous les atouts d'un magnifique dessert d'hiver. Il réchauffe le cœur et met les papilles en fête. Un vrai mirage tropical au cœur de décembre, lorsque l'ananas frais est au mieux de son parfum. Cette création me ravit par son savant mélange de saveurs : douceur du fruit et acidité du vinaigre, avec une touche de rhum capiteux et le riche accord du beurre et de la vanille. Servez le tout avec une boule de glace à la noix de coco et vous atteignez un sommet de pure gourmandise. Ce dessert gagne encore à être préparé plusieurs heures à l'avance : il suffit de le réchauffer au moment de servir. Chez Jamin, il est proposé avec une seule tranche d'ananas par personne. Lorsque vous le préparez chez vous, n'hésitez pas à en servir deux ou même davantage.

POUR 6 PERSONNES

Pour le beurre de vanille :	*1 ananas frais bien mûr*
45 g de beurre doux	*45 g de beurre clarifié*
3 gousses de vanille fraîche	*3 c. à soupe de rhum brun*
bien pleines	*2 ou 3 c. à soupe de vinaigre de cidre*
Pour le sirop :	*50 cl de glace à la noix de coco*
20 cl d'eau chaude	*(voir page 287)*
150 g de sucre en poudre	

1. Préparez le beurre de vanille. Aplatissez les gousses de vanille et fendez-les en deux dans la longueur. Grattez les graines de l'intérieur avec une petite cuiller et mettez-les dans un bol. (Réservez les gousses pour préparer par exemple du sucre vanillé, voir page 311.) Ajoutez le beurre et écrasez-le avec les graines à l'aide d'une fourchette. Passez le mélange à travers un tamis fin en vous servant d'une raclette à pâte. Réservez.

2. Préparez le sirop. Prenez une grande casserole, car le sirop risque de déborder si votre récipient est trop petit. Versez-y le sucre et l'eau chaude. Laissez reposer le mélange 10 minutes pour permettre au sucre de se dissoudre. Posez la casserole sur feu doux et remuez pour faire dissoudre complètement. Trempez un pinceau à pâtisserie dans de l'eau chaude et passez-le le long des parois de la casserole pour faire descendre les grains de sucre qui y seraient restés collés. Lorsque le sucre est dissous (le liquide est alors clair), réglez sur feu vif et portez à ébullition. Faites bouillir le sirop pendant 1 minute : un thermomètre à cuisson du sucre plongé au milieu du sirop doit indiquer 102 °C. Versez le sirop dans un bol et laissez-le refroidir.

3. Préparez l'ananas. Coupez transversalement les deux extrémités. Gardez quelques feuilles pour le décor final. À l'aide d'un grand couteau bien aiguisé, retirez soigneusement toute l'écorce. Découpez ensuite l'ananas horizontalement en 12 tranches régulières. Avec un petit couteau ou un emporte-pièce rond, évidez le cœur au centre de chaque tranche et jetez-le.

4. Faites chauffer le beurre clarifié sur feu vif dans une grande sauteuse à fond épais. Mettez-y les tranches d'ananas sur une seule couche. Faites-les cuire en plusieurs fournées, 2 à 3 minutes de chaque côté, jusqu'à ce qu'elles soient bien dorées.

5. Mettez les tranches d'ananas sur une assiette. Jetez le beurre de cuisson, puis remettez les tranches dans la sauteuse et ajoutez 2 cuillerées à soupe de vinaigre pour déglacer. Versez ensuite le rhum et le sirop. Faites cuire sur feu modéré pendant 10 minutes en remuant de temps en temps.

6. Égouttez les tranches d'ananas et mettez-les dans une autre sauteuse. Retirez du feu la sauteuse qui contient la sauce et incorporez le beurre de vanille, en faisant tourner le récipient jusqu'à ce que le beurre soit fondu. Goûtez la sauce et ajoutez éventuellement quelques gouttes de vinaigre.

7. Passez la sauce à travers une passoire fine sur les tranches d'ananas et faites réchauffer doucement le tout. Évitez toute ébullition sinon le beurre risque de se désagréger. (Vous pouvez préparer la recette jusqu'à ce moment plusieurs heures à l'avance. Réservez à couvert à température ambiante et faites réchauffer doucement au moment de servir.)

8. Pour servir : répartissez les tranches d'ananas sur des assiettes de service chaudes, à raison de 2 tranches par personne. Nappez de sauce et ajoutez une boule de glace à la noix de coco au milieu. Décorez avec des petites feuilles d'ananas et servez aussitôt.

Vin conseillé : un muscat de Beaumes-de-Venise.

SORBET AU
CHOCOLAT AMER

Un pur délice pour les amateurs de chocolat, et l'un de mes premiers souvenirs gourmands lorsque je suis arrivée à Paris ! Avec son sorbet noir et luisant, Joël Robuchon a fait revivre tous mes souvenirs... La recette est enfantine et ne demande que quelques minutes de travail. Veillez surtout à bien faire fondre le chocolat et laissez refroidir complètement le chocolat et le sirop avant de les mélanger, sinon le sorbet sera granuleux.

Matériel : une sorbetière d'une capacité de 1 litre.

POUR 75 CL DE SORBET

200 g de chocolat noir   50 cl d'eau
(Valrhona, Tobler ou Lindt),   200 g de sucre en poudre
cassé en tout petits morceaux

1. Mettez le chocolat dans la partie supérieure d'une casserole à bain-marie et maintenez l'eau frémissante. (La partie supérieure ne doit pas toucher l'eau, sinon le chocolat fond trop vite. Ne posez pas de couvercle sur le dessus, car des gouttelettes de vapeur tomberaient dans le chocolat et en modifieraient la texture.) Laissez fondre en remuant souvent et retirez du feu avant que tous les morceaux de chocolat soient fondus. La chaleur du récipient suffit à les faire tous fondre. Laissez refroidir complètement.

2. Préparez le sirop : versez le sucre dans une casserole de taille moyenne et ajoutez l'eau ; faites chauffer sur feu moyen en remuant jusqu'à ce que tout le sucre soit dissous. Retirez du feu et laissez refroidir.

3. Lorsque les deux préparations sont froides, mélangez-les dans une terrine, puis mettez ce mélange au réfrigérateur. Pour réussir le sorbet, il doit être très froid quand on le touche. Versez-le ensuite dans une sorbetière et actionnez l'appareil en suivant le mode d'emploi du fabricant.

TARTE AU CHOCOLAT AMER

Moelleuse, exquise, élégante : cette tarte est un pur délice qui présente en outre l'avantage d'être facile à faire. Une aubaine pour les amateurs de chocolat. Le lustre satiné du chocolat noir est une vraie merveille. Chez Jamin, cette tarte est préparée à la dernière minute pour être servie chaude, simplement saupoudrée de cacao en poudre ou accompagnée d'une boule de glace à la vanille. Mais vous pouvez la confectionner plusieurs heures à l'avance. Coupez-la en tranches très fines, car elle est particulièrement riche.

POUR 8 PERSONNES

20 cl de crème fraîche liquide
8 cl de lait entier
200 g de chocolat noir
(Valrhona ou Poulain brut de noir),
cassé en très petits morceaux
1 très gros œuf légèrement battu

cacao en poudre non sucré
(Van Houten) pour décorer (facultatif)
1 fond de tarte en pâte sucrée ou sablée
de 23 cm de diamètre, cuit à blanc
et refroidi (voir pages 320 ou 323)

1. Préchauffez le four à 190 °C (thermostat 5).

2. Versez la crème et le lait dans une casserole de taille moyenne et mélangez. Portez à ébullition sur feu moyen. Retirez la casserole du feu et ajoutez le chocolat. Remuez jusqu'à ce qu'il soit complètement fondu et que le mélange soit homogène. Laissez refroidir.

3. Lorsque le mélange est froid, incorporez l'œuf et fouettez jusqu'à consistance homogène.

4. Versez la préparation sur le fond de tarte. Enfournez à mi-hauteur et faites cuire jusqu'à ce que la crème soit ferme mais encore tremblante au centre, 12 à 15 minutes environ. Retirez la tarte du four et laissez-la refroidir sur une grille. Saupoudrez-la de cacao à votre goût. Servez tiède ou à température ambiante.

Vin conseillé : un bon malaga.

SALADE DE PÊCHES
ET DE FRAISES
AU CHAMPAGNE ROSÉ

Ce joli dessert d'été est un véritable hommage au soleil. L'accord des pêches, des fraises et du champagne rosé est à la fois élégant et coloré. Inutile d'utiliser ici votre millésime de champagne le plus rare, mais ne choisissez pas non plus une bouteille trop modeste. Meilleur est le champagne, meilleur est le dessert !

POUR 6 PERSONNES

1 l d'eau
650 g de sucre en poudre
250 g de fraises équeutées
3 pêches

le jus de 1 citron
1 bouteille de champagne rosé frappée
feuilles de menthe fraîche pour garnir

1. Préparez un sirop : versez le sucre dans une casserole, ajoutez 1 litre d'eau et portez à ébullition en fouettant constamment. Faites bouillir en fouettant pendant 1 minute. Retirez du feu et laissez refroidir.

2. Préparez les fruits : coupez les fraises en quartiers dans la longueur et mettez-les dans une grande jatte. Pelez les pêches et coupez-les en deux. Retirez les noyaux et recoupez chaque moitié de fruit en 4 tranches égales. Mettez les tranches de pêches dans la jatte avec les fraises, ajoutez le jus de citron et le sirop. Remuez délicatement, couvrez et mettez au réfrigérateur pendant une heure pour laisser aux arômes le temps de bien se mélanger.

3. Sortez la jatte de fruits du réfrigérateur. En vous servant d'une écumoire, répartissez les fruits dans 6 grandes coupes à champagne, en ajoutant 1 cuillerée à soupe de sirop par coupe.

4. Au moment de servir, débouchez la bouteille de champagne et versez-le sur les fruits juste pour les couvrir. Décorez avec des feuilles de menthe fraîche et servez.

Vin conseillé : un champagne rosé.

PALETS MOELLEUX
AU CHOCOLAT AMER

J e ne sais pas si vous êtes comme moi, mais je suis toujours à la recherche d'une nouvelle recette au chocolat. Celle-ci est à la fois simple et délicieuse, idéale pour un dîner, car ce sont des petits gâteaux individuels. J'adore les servir avec le sorbet au chocolat (voir page 237), mais vous pouvez aussi les présenter avec la crème anglaise (voir page 310) parfumée au café.

Matériel : 6 ramequins ou petits moules individuels (à tarte ou à savarin), de 8,5 cm de diamètre.

POUR 6 PERSONNES

110 g de beurre doux	*45 g de farine ordinaire tamisée*
90 g de chocolat noir amer	*40 g d'amandes en poudre*
(Lindt ou Valrhona),	*3 blancs d'œufs légèrement battus*
finement râpé ou haché	*1 c. à soupe de miel doux*
90 g de sucre glace tamisé	

1. Préchauffez le four à 175 °C (thermostat 4-5). Beurrez largement le fond et les parois de chaque petit moule et réservez-les.

2. Mettez 90 g de beurre dans une petite casserole et faites-le chauffer sur feu moyen. Le beurre commence par mousser et devenir blanc, puis il se clarifie et vire au doré en produisant de grosses bulles d'air. Lorsqu'il tourne au brun en donnant une odeur de noisette (au bout de 3 à 4 minutes), versez-le dans un bol pour stopper la cuisson. Réservez.

3. Faites fondre le chocolat : mettez-le dans la partie supérieure d'une casserole à bain-marie où l'eau est maintenue frémissante. (Attention : elle ne doit pas toucher l'eau, sinon le chocolat va fondre trop vite. Évitez par ailleurs de poser un couvercle sur la casserole : des gouttes d'eau vont tomber dans le chocolat et modifier sa texture.) Remuez souvent et retirez la casserole du feu avant que tout le chocolat soit fondu : la chaleur emmagasinée suffit à faire fondre le reste. Réservez.

4. Mélangez intimement dans le bol d'un mixer électrique équipé d'une spatule le sucre, la farine et la poudre d'amandes. Incorporez lentement le chocolat fondu et mélangez. Ajoutez les blancs d'œufs et le miel. Mélangez de nouveau. Ajoutez enfin le beurre et mélangez une dernière fois.

5. Versez la pâte dans les moules beurrés avec les 20 g restants. Rangez-les sur une tôle à pâtisserie et mettez celle-ci au réfrigérateur pendant 30 minutes pour raffermir la pâte.

6. Glissez la tôle dans le four à mi-hauteur et faites cuire les gâteaux pendant 10 minutes. Ils doivent être un peu moins cuits au centre. Posez-les sur une grille et laissez-les refroidir légèrement.

7. Démoulez les gâteaux sur des assiettes à dessert lorsqu'ils sont froids. Servez-les avec un sorbet au chocolat ou une crème anglaise au café.

Vin conseillé : un vieux banyuls.

Le chocolat bien à l'abri : le chocolat est l'un des ingrédients qui a le plus tendance à absorber les odeurs : conservez-le toujours bien enveloppé ou à couvert, soit dans son emballage d'origine, soit dans une boîte hermétique. Lorsque vous mettez au réfrigérateur un entremets ou un gâteau au chocolat pour plus d'une heure, assurez-vous qu'il est bien couvert, sinon vous risquez d'avoir un dessert au chocolat qui sent le fromage !

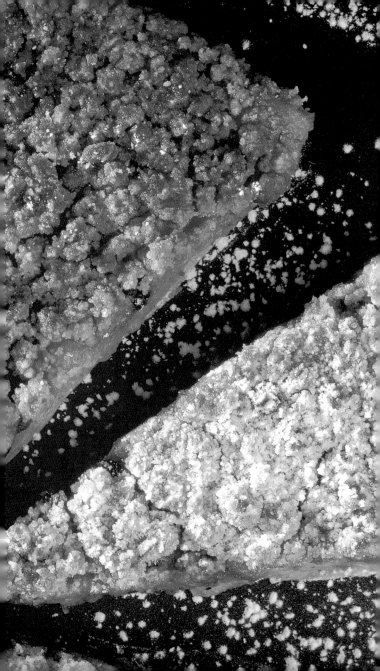

TARTE CROUSTILLANTE AUX POMMES

Il s'agit là de la recette de tarte aux pommes mise au point par le chef pâtissier de chez Jamin, Philippe Gobet, qui en donne une interprétation assez sophistiquée. Les pommes sont cuites sans sucre, parfumées d'une touche de calvados. Quand elles sont ramollies et dorées, elles sont garnies de raisins de Corinthe avec un mélange d'amandes et de sucre qui donne une exquise couverture dorée à la cuisson. Servez le tout avec de la crème glacée à la vanille ou de la glace à la cannelle et vous aurez un dessert unique. Vous remarquerez que, à la différence des tartes classiques où la croûte est précuite, ici, le fond et la garniture sont cuits ensemble car la pâte est particulièrement fine et fragile.

POUR 8 PERSONNES

1 croûte en pâte brisée (voir page 318, exécutez la recette jusqu'à l'étape 6)
Pour la garniture :
55 g de farine ordinaire tamisée
55 g de cassonade
45 g d'amandes mondées réduites en poudre fine
45 g de beurre doux à température ambiante

Pour les fruits :
6 grosses pommes Golden, pelées, épépinées, coupées en quartiers, puis en dés de 3 cm de côté
45 g de beurre clarifié (voir page 300)
6 cl de calvados
125 g de raisins de Corinthe
sucre glace

1. Préparez la garniture : mélangez dans un grand bol la farine, la cassonade et les amandes en poudre. Travaillez ces ingrédients avec vos doigts, puis ajoutez le beurre et continuez à travailler le mélange pendant quelques minutes jusqu'à ce qu'il ressemble à une grosse chapelure et que tout le beurre soit incorporé. Laissez reposer ce mélange pendant 20 minutes pour qu'il se raffermisse.

2. Préchauffez le four à 190 °C (thermostat 5).

3. Préparez les fruits : faites chauffer le beurre clarifié dans un grand poêlon sur feu vif. Lorsqu'il est chaud, ajoutez les pommes et faites-les cuire pendant 15 minutes en remuant souvent pour qu'elles dorent régulièrement. Retirez du feu, ajoutez le calvados et mélangez intimement pour que les pommes absorbent l'alcool. Approchez une allumette enflammée et faites flamber pour brûler l'alcool. Le mélange aux pommes doit être souple mais pas liquide. S'il y a trop de jus, versez les pommes dans une passoire fine pour éliminer l'excès de liquide.

4. Répartissez les pommes sur le fond de tarte en une couche régulière. Lissez le dessus avec le dos d'une cuiller. Ajoutez les raisins de Corinthe, puis la garniture aux amandes en appuyant légèrement avec vos doigts ou une spatule pour obtenir une couche bien régulière.

5. Enfournez à mi-hauteur et faites cuire pendant 20 à 30 minutes jusqu'à ce que le dessus soit bien doré. Saupoudrez de sucre glace. Servez chaud avec de la glace à la vanille ou à la cannelle.

Vin conseillé : un bon sauternes.

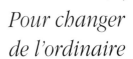

Pour changer
de l'ordinaire

Des crevettes sautées suivies d'une blanquette de veau vous donnent peut-être l'impression d'un repas très ordinaire. Mais il suffit qu'intervienne la touche de Robuchon pour que le quotidien, justement, sorte de l'ordinaire. Comme dessert, préparez une tarte aux prunes enrichie d'une crème aux amandes. Le choix des vins pourrait être le suivant : un condrieu de la vallée du Rhône pour commencer, un bourgogne léger (mercurey par exemple) avec le veau, puis un vin blanc doux avec la tarte aux fruits, par exemple un monbazillac.

Crevettes sautées au beurre

Blanquette de veau
aux légumes printaniers

Tarte aux prunes, crème d'amandes

LES MADELEINES
AUX CINQ PARFUMS

Que les amateurs de madeleines, ces exquis petits gâteaux dorés en forme de coquilles, lèvent le doigt, c'est à un vrai festival que je les convie. Elles sont bien moelleuses à l'intérieur, croustillantes à l'extérieur et délicieuses à tout moment, mais surtout si vous les servez tièdes, à la sortie du four. La recette de base est prévue pour 24 madeleines et vous pouvez parfumer chaque fournée avec l'arôme de votre choix : chocolat, citron, pistache ou noisette, sans oublier bien sûr la version « nature » au miel qui est un vrai classique. Après avoir confectionné des madeleines depuis plusieurs années, je me suis aperçue que c'est avec une pâte froide, très froide, que l'on obtient le délicieux petit « bombé » qui caractérise les bonnes madeleines. N'hésitez pas à laisser reposer la pâte au réfrigérateur pendant une bonne heure avant de la faire cuire. Pour obtenir des madeleines bien régulières, remplissez les alvéoles de la plaque, puis laissez-la reposer au froid.

Démouler sans problème : il n'y a rien de plus décourageant, quand on a préparé un délicieux gâteau ou des pâtisseries, que de voir la pâte rester à moitié collée au moule. N'oubliez jamais de bien beurrer vos moules, puis saupoudrez-les légèrement de farine : la pâte ne collera pas aux parois, même là où le beurre aura laissé des « trous ».

MADELEINES
AU MIEL

Il s'agit là de la formule de base des madeleines selon Joël Robuchon, mais, tout en restant dans les limites d'une seule recette, elle permet en réalité un nombre infini de variations. J'adore l'essayer avec l'un de ces miels si parfumés que l'on trouve sur les marchés de Provence. J'ai un faible notamment pour le miel de châtaignier, dont il faut savoir apprécier la force et la saveur, et que l'on estime en général trop robuste pour la cuisine. N'hésitez pas à préparer une fournée de madeleines parfumées avec différents miels et vous ne tarderez pas à inscrire cette recette parmi vos classiques préférés.

Matériel : 2 plaques à madeleines pour 24 pièces de 8 cm ; beurre et farine pour préparer les alvéoles.

POUR 24 MADELEINES

200 g de beurre doux	*6 gros blancs d'œufs*
200 g de sucre glace	*1 c. à soupe de miel très parfumé,*
80 g de farine ordinaire	*de châtaignier par exemple*
80 g d'amandes mondées réduites	
en poudre fine	

1. Beurrez régulièrement les alvéoles des plaques à madeleines et farinez-les légèrement. Secouez les plaques pour éliminer l'excès de farine. Réservez.

2. Mettez le beurre dans une grande casserole et faites chauffer sur feu moyen. Le beurre passe par différentes étapes : d'abord il fond et donne un liquide blanchâtre et mousseux, puis il devient clair et doré avec de grosses bulles. Lorsqu'il commence à brunir en donnant une odeur de noisette (5 minutes environ), versez-le dans un bol en métal ou en porcelaine à feu pour stopper la cuisson. Laissez refroidir.

3. Tamisez ensemble la farine et le sucre dans une terrine de taille moyenne. Incorporez les amandes en poudre. Réservez.

4. Fouettez les blancs d'œufs légèrement dans un bol. Ajoutez le mélange farine-sucre-amandes et fouettez pour mélanger intimement. Incorporez ensuite le beurre fondu et le miel.

5. Répartissez la pâte dans les alvéoles des plaques à madeleines à l'aide d'une grande cuiller ou d'une petite louche : elles doivent être pleines presque à ras bord. Mettez au réfrigérateur 1 heure pour raffermir la pâte.

6. Préchauffez le four à 190 °C (thermostat 5).

7. Enfournez les plaques à madeleines et laissez cuire 12 à 15 minutes jusqu'à ce que les madeleines soient légèrement dorées et fermes sous le doigt. Retirez les plaques du four. Tapez-les vivement contre une surface plane pour détacher les madeleines des alvéoles. Démoulez-les aussitôt en vous servant si nécessaire de la pointe d'un couteau. Laissez refroidir sur grille. Servez les madeleines tièdes ou à température ambiante. Lorsqu'elles sont complètement refroidies, vous pouvez les conserver plusieurs jours dans une boîte hermétique.

MADELEINES
AU CITRON

C hocolat ou citron ? Pour ma part, impossible d'avouer une préférence. Mais ces madeleines parfumées au zeste de citron et enrichies de miel sont d'une délicatesse extraordinaire. Les proustiens ne résisteront pas à l'envie de les tremper dans une tasse d'infusion de tilleul. À mon avis, elles demandent un parfum un peu plus affirmé, comme la verveine.

Matériel : 2 ou 3 plaques à madeleines pour environ 28 pièces de 8 cm ; beurre et farine pour préparer les alvéoles.

POUR 28 MADELEINES

200 g de beurre doux	6 gros blancs d'œufs
200 g de sucre glace	1 c. à soupe de miel très parfumé,
80 g environ de farine ordinaire	de châtaignier par exemple
80 g d'amandes mondées réduites	le zeste râpé de 2 citrons non traités
en poudre fine	6 cl de jus de citron fraîchement pressé

1. Beurrez régulièrement les alvéoles des plaques à madeleines et saupoudrez-les de farine. Secouez les plaques pour éliminer l'excès de farine. Réservez.

2. Faites fondre le beurre dans une grande casserole et laissez-le chauffer pendant 5 minutes sur feu moyen jusqu'à ce qu'il devienne noisette (voir page 250 la recette des madeleines au miel). Versez-le dans un bol en métal ou en porcelaine à feu pour stopper la cuisson. Laissez refroidir.

3. Tamisez ensemble le sucre et la farine dans une terrine de taille moyenne. Incorporez les amandes en poudre et réservez.

4. Fouettez les blancs d'œufs légèrement dans un bol. Ajoutez le mélange farine-sucre-amandes et fouettez pour mélanger intimement. Incorporez ensuite le beurre fondu, le miel, le zeste de citron et le jus de citron. Fouettez pour obtenir une préparation homogène.

5. Remplissez les alvéoles des plaques à madeleines avec une grande cuiller ou une petite louche : elles doivent être pleines presque à ras bord. Mettez au réfrigérateur pendant 1 heure pour raffermir la pâte.

6. Préchauffez le four à 190 °C (thermostat 5).

7. Enfournez les plaques à madeleines et faites cuire 12 à 15 minutes jusqu'à ce que les madeleines soient légèrement dorées et fermes sous le doigt. Retirez les plaques du four. Tapez-les vivement contre une surface plane pour détacher les madeleines de leurs alvéoles. Démoulez-les aussitôt en vous servant si nécessaire de la pointe d'un couteau. Laissez refroidir sur grille. Servez-les tièdes ou à température ambiante. Lorsqu'elles sont complètement refroidies, vous pouvez les conserver plusieurs jours dans une boîte hermétique.

MADELEINES
AU CHOCOLAT

Parmi les madeleines aromatisées, c'est sans aucun doute celles que je préfère. Ce sont comme des petits gâteaux individuels au chocolat, bien dodus et fermes à l'extérieur, avec un intérieur moelleux et fondant. La prochaine fois que vous recevrez à dîner, servez-les avec le sorbet au chocolat amer (voir page 237) : succès garanti !

Matériel : 2 ou 3 plaques à madeleines pour environ 30 pièces de 8 cm ; beurre et farine pour préparer les alvéoles.

POUR 25 À 30 MADELEINES

200 g de beurre doux	*80 g d'amandes mondées réduites*
150 g de chocolat noir (Valrhona, Lindt	*en poudre fine*
ou Tobler), cassé en petits morceaux	*6 gros blancs d'œufs*
200 g de sucre glace	*1 c. à soupe de miel doux,*
80 g environ de farine ordinaire	*lavande par exemple*

1. Beurrez régulièrement les alvéoles des plaques à madeleines et saupoudrez-les de farine. Secouez les plaques pour éliminer l'excès de farine. Réservez.

2. Faites fondre le beurre dans une grande casserole et laissez-le chauffer sur feu moyen pendant 5 minutes environ jusqu'à ce qu'il devienne noisette (voir page 250 la recette des madeleines au miel). Versez-le dans un bol en métal ou en porcelaine à feu pour stopper la cuisson. Laissez refroidir.

3. Mettez le chocolat dans la partie supérieure d'une casserole à bain-marie où l'eau est maintenue frémissante. Faites fondre en remuant souvent et retirez du feu avant que tous les morceaux soient fondus. La chaleur du récipient suffit pour les faire fondre. Laissez refroidir.

4. Tamisez ensemble le sucre et la farine dans une terrine de taille moyenne. Incorporez les amandes en poudre et réservez.

5. Fouettez les blancs d'œufs légèrement dans un bol. Ajoutez le mélange farine-sucre-amandes et fouettez pour mélanger intimement. Incorporez le beurre noisette et le miel, puis le chocolat fondu. Fouettez pour obtenir une préparation homogène.

6. Remplissez les alvéoles des plaques à madeleines avec une grande cuiller ou une petite louche : elles doivent être pleines presque à ras bord. Mettez au réfrigérateur pendant environ 1 heure pour raffermir la pâte.

7. Préchauffez le four à 190 °C (thermostat 5).

8. Enfournez les plaques et faites cuire 12 à 15 minutes jusqu'à ce que les madeleines soient toutes bien brunes et fermes sous le doigt. Retirez les plaques du four. Tapez-les vivement contre une surface plane pour détacher les madeleines de leurs alvéoles. Démoulez-les aussitôt en vous servant si nécessaire de la pointe d'un couteau. Laissez refroidir sur grille. Servez les madeleines tièdes ou à température ambiante. Lorsqu'elles sont complètement refroidies, vous pouvez les conserver plusieurs jours dans une boîte hermétique.

MADELEINES
AUX PISTACHES

L es amateurs de pistaches, et ils sont nombreux, vont adorer ces madeleines au goût original. Vous pouvez utiliser soit des pistaches réduites en poudre avec, en plus, un peu d'arôme à la pistache, soit simplement de l'arôme si vous ne trouvez pas de pistaches. Vous pouvez même ajouter quelques gouttes de colorant alimentaire vert pour distinguer ces madeleines des autres.

Matériel : 2 plaques à madeleines pour environ 24 pièces de 8 cm; beurre et farine pour préparer les alvéoles.

POUR 24 MADELEINES

200 g de beurre doux	*6 gros blancs d'œufs*
200 g de sucre glace	*1 c. à soupe de miel doux,*
80 g de farine ordinaire	*de lavande par exemple*
80 g de pistaches non salées,	*1 c. à café d'extrait de pistache*
pelées et réduites en poudre fine	*quelques gouttes de colorant*
(ou bien des amandes mondées	*alimentaire vert (facultatif)*
et réduites elles aussi en poudre fine)	

1. Beurrez légèrement les alvéoles des plaques à madeleines et saupoudrez-les de farine. Secouez les plaques pour éliminer l'excès de farine. Réservez.

2. Faites fondre le beurre dans une grande casserole et laissez-le chauffer 5 minutes environ sur feu moyen jusqu'à ce qu'il soit noisette (voir page 250 la recette des madeleines au miel). Versez-le dans un bol en métal ou en porcelaine à feu pour stopper la cuisson. Laissez refroidir.

3. Tamisez ensemble le sucre et la farine dans une terrine de taille moyenne. Incorporez les pistaches (ou les amandes) en poudre. Réservez.

4. Fouettez les blancs d'œufs légèrement dans un bol. Ajoutez le mélange farine-sucre-pistaches et fouettez pour bien mélanger. Incorporez ensuite le beurre fondu et le miel en fouettant pour obtenir une préparation homogène. Ajoutez enfin, toujours en fouettant, l'extrait de pistache et le colorant.

5. Remplissez les alvéoles des plaques à madeleines avec une grande cuiller ou une petite louche : elles doivent être pleines presque à ras bord. Mettez au réfrigérateur pendant environ 1 heure pour raffermir la pâte.

6. Préchauffez le four à 190 °C (thermostat 5).

7. Enfournez les plaques et faites cuire 12 à 15 minutes : les madeleines doivent être colorées uniformément et fermes sous le doigt. Retirez les plaques du four. Tapez-les vivement contre une surface plane pour détacher les madeleines de leurs alvéoles. Démoulez-les aussitôt, en vous servant de la pointe d'un couteau si nécessaire. Laissez refroidir sur grille. Servez les madeleines tièdes ou à température ambiante. Lorsqu'elles sont complètement refroidies, vous pouvez les conserver plusieurs jours dans une boîte hermétique.

MADELEINES
AUX NOISETTES

Les noisettes, pour moi, évoquent l'automne et l'hiver : je me vois très bien bavarder avec des amis dans ma cuisine, alors qu'il neige et que ces madeleines sortent du four en dégageant un délicieux parfum. Elles sont particulièrement exquises avec une coupe de glace à la vanille. Le hasard fait bien les choses : il faut 6 blancs d'œufs pour les madeleines et 6 jaunes d'œufs pour la crème glacée.

Matériel : 2 plaques à madeleines pour 24 pièces de 8 cm ; beurre et farine pour préparer les alvéoles.

POUR 24 MADELEINES

200 g de beurre doux	80 g environ de farine ordinaire
250 g de chocolat au lait aux noisettes	80 g de noisettes réduites en poudre fine
200 g de sucre glace	6 gros blancs d'œufs

1. Beurrez régulièrement les alvéoles des plaques à madeleines et saupoudrez-les de farine. Secouez-les plaques pour éliminer l'excès de farine. Réservez.

2. Faites fondre le beurre dans une grande casserole et laissez-le chauffer sur feu moyen pendant environ 5 minutes jusqu'à ce qu'il devienne noisette (voir page 250 la recette des madeleines au miel). Versez-le dans un bol en métal ou en porcelaine à feu pour stopper la cuisson. Laissez refroidir.

3. Mettez le chocolat cassé en petits morceaux dans la partie supérieure d'une casserole à bain-marie où l'eau est maintenue frémissante. Faites fondre en remuant souvent et retirez du feu avant que tous les morceaux soient fondus. La chaleur du récipient suffit pour les faire fondre. Laissez refroidir.

4. Tamisez ensemble le sucre et la farine dans une terrine de taille moyenne. Incorporez les noisettes en poudre et réservez.

5. Fouettez les blancs d'œufs légèrement dans un bol. Ajoutez le mélange farine-sucre-noisettes et fouettez pour mélanger intimement. Incorporez le beurre fondu et fouettez encore. Ajoutez enfin le chocolat fondu et fouettez pour obtenir une préparation homogène.

6. Remplissez les alvéoles des plaques à madeleines avec une grande cuiller ou une petite louche : elles doivent être pleines presque à ras bord. Mettez au réfrigérateur pendant 1 heure pour raffermir la pâte.

7. Préchauffez le four à 190°C (thermostat 5).

8. Enfournez les plaques et faites cuire 12 à 15 minutes jusqu'à ce que les madeleines soient uniformément colorées et fermes sous le doigt. Retirez les plaques du four. Tapez-les vivement contre une surface plane pour décoller les madeleines de leurs alvéoles. Démoulez-les aussitôt en vous servant si nécessaire de la pointe d'un couteau. Laissez refroidir sur grille. Servez les madeleines tièdes ou à température ambiante. Lorsqu'elles sont complètement refroidies, vous pouvez les conserver plusieurs jours dans une boîte hermétique.

CLAFOUTIS AUX CERISES

Voici comment Joël Robuchon interprète d'une manière originale ce grand classique du dessert qu'est le clafoutis. Les cerises comptent encore parmi les vrais fruits de saison : c'est un pur délice, mais elles posent des problèmes à la cuisson. À cause du jus qu'elles contiennent, les tartes ou les entremets sont souvent ramollis ou détrempés. Chez Jamin, voici comment on a résolu le problème. D'abord, les cerises dénoyautées sont cuites avec une touche de kirsch et de sucre, ce qui permet de réduire le jus tout en renforçant son parfum. Ensuite, avant la cuisson, les cerises sont enrobées de fines miettes obtenues avec les parures de la croûte en pâte sucrée. Comme la plupart des recettes, celle-ci est sujette à variations. Si vous préférez un clafoutis plus rustique, faites-le cuire sans fond de tarte directement dans un plat à gratin. En outre, dans un « vrai » clafoutis, les cerises ne sont pas dénoyautées. À vous de choisir...

Lorsque vous faites cuire la croûte à blanc, n'oubliez pas de réserver les parures. Laissez-les refroidir, puis réduisez-les au mixer en miettes fines.

Matériel : un fond de tarte en pâte sucrée cuit à blanc, de 23 cm de diamètre (voir page 320).

POUR 8 PERSONNES

500 g de cerises bigarreaux, noires de préférence	**Pour la pâte :**
2 c. à soupe de kirsch	2 gros œufs
25 g de sucre en poudre	100 g de sucre en poudre
	10 cl de crème fraîche
	10 cl de lait entier
	2 c. à soupe de miettes de pâte sucrée
	sucre glace pour garnir

1. Préchauffez le four à 220°C (thermostat 8).

2. Mettez les cerises dans un plat creux allant au four, ajoutez 1 cuillerée à soupe de kirsch et le sucre. Remuez pour faire dissoudre le sucre. Enfournez le plat à mi-hauteur et faites cuire environ 5 minutes jusqu'à ce que les cerises soient chaudes et laissent échapper de la vapeur. Retirez-les du four et égouttez-les. Laissez-les refroidir pendant environ 5 minutes. (Le jus de cuisson des cerises n'est pas utilisé dans cette recette, mais vous pouvez le garder pour parfumer la crème Chantilly par exemple.)

3. Baissez la température du four à 175°C (thermostat 4-5).

4. Préparez la pâte : fouettez les œufs pendant 1 à 2 minutes dans le bol mélangeur d'un mixer. Ajoutez le sucre et fouettez 1 à 2 minutes de plus jusqu'à consistance homogène. Incorporez enfin la crème fraîche, le lait puis le reste de kirsch. Fouettez encore et réservez.

5. Placez le fond de pâte sucrée précuit sur la tôle du four. Rangez-y les cerises sur une seule couche. Parsemez-les de miettes de croûte. Versez doucement la pâte aux œufs sur les cerises. (Si vous en avez trop, remplissez la croûte jusqu'au bord, faites cuire le clafoutis 5 minutes, puis ajoutez le reste de pâte.)

6. Enfournez le clafoutis à mi-hauteur et faites-le cuire 35 à 40 minutes jusqu'à ce qu'il soit bien pris et doré. Laissez-le sur la tôle et sortez-le du four pour le faire refroidir sur une grille.

7. Préchauffez le gril du four.

8. Lorsque le clafoutis est refroidi, saupoudrez régulièrement le dessus d'une épaisse couche de sucre glace. Glissez la tôle sous le gril, à 2,5 cm de la source de chaleur. Faites gratiner pendant environ 1 minute, jusqu'à ce que le sucre soit caramélisé et doré. Sortez la tôle du four et faites refroidir sur grille.

9. Servez à température ambiante soit avec de la crème Chantilly parfumée d'une touche de kirsch ou avec le jus de cuisson des cerises, soit avec de la crème glacée à la vanille (voir page 288).

Vin conseillé : un champagne rosé.

Que diriez-vous d'un vinaigre aux cerises ? J'aime bien avoir dans ma cuisine toute une gamme de vinaigres aromatisés pour agrémenter mes sauces de salade ou relever un simple assortiment de crudités. Voici comment obtenir un délicieux vinaigre aux cerises : recueillez simplement le jus de cuisson qui a coulé du clafoutis et ajoutez-le dans une bouteille de très bon vinaigre de vin rouge.

CLAFOUTIS AUX POIRES, VANILLE ET ANIS ÉTOILÉ

Cette recette est née d'une conversation que j'ai eue avec Joël Robuchon après lui avoir servi l'une des nombreuses versions d'un dessert que j'aime avec passion, le clafoutis, nom que l'on donne à toutes sortes de flans sans croûte garnis de fruits. Il me dit que l'anis étoilé et la poire allaient très bien ensemble. En discutant, nous avons pensé qu'une bonne dose de vanille compléterait très bien cet accord. Il ne me restait plus qu'à rédiger la recette de ce dessert exquis, particulièrement bienvenu en hiver lorsque l'arôme de l'anis étoilé emplit la cuisine de chaudes senteurs exotiques. (L'anis étoilé se réduit facilement en poudre dans un moulin à café ou à épices. Si vous ne trouvez pas d'anis étoilé, ou badiane, prenez à la place 1 cuillerée à café et demie de grains d'anis fraîchement moulus.)

Matériel : 1 plat à four creux de 27 cm de diamètre.

POUR 8 PERSONNES

10 g de beurre doux et 2 c. à café de sucre vanillé pour le plat	18 cl de crème fraîche
	18 cl de lait entier
1 gousse de vanille	3 gousses entières d'anis étoilé,
3 gros œufs à température ambiante	réduites en poudre fine
150 g de sucre vanillé (voir page 311)	1 c. à soupe d'eau-de-vie de poire
55 g de farine ordinaire tamisée	3 à 4 poires Williams (750 g environ)
1 pincée de sel	

1. Préchauffez le four à 200 °C (thermostat 6-7).

2. Beurrez le plat de cuisson et saupoudrez-le de sucre vanillé. Réservez.

3. Fendez la gousse de vanille en deux et grattez les petites graines noires de l'intérieur à l'aide d'une cuiller à café. Mettez-les de côté pour le clafoutis et réservez la gousse pour préparer du sucre vanillé.

4. Cassez les œufs dans le bol d'un mixer et fouettez-les jusqu'à ce que le mélange soit mousseux. Ajoutez les graines de vanille, le sucre vanillé, la farine, le sel, la crème fraîche, le lait, l'anis étoilé et l'eau-de-vie de poire. Mixez pendant 2 à 3 minutes jusqu'à consistance homogène, puis laissez reposer la pâte pendant 10 minutes.

5. Pendant ce temps, pelez les poires, coupez-les en quartiers et retirez le cœur et les pépins. Coupez chaque quartier de poire dans la longueur en 4 tranches régulières. Disposez-les en spirale dans le plat beurré et sucré. Versez ensuite la pâte sur les poires.

6. Enfournez le plat à mi-hauteur. Faites cuire pendant environ 40 minutes, jusqu'à ce que la pâte se boursoufle autour des poires et soit bien dorée. Laissez refroidir sur une grille. Servez tiède ou à température ambiante, mais évitez surtout de le mettre au réfrigérateur.

Vin conseillé : un gewurztraminer, vendanges tardives.

Le repos de la pâte : chaque fois que vous préparez une pâte à base de farine, il est toujours conseillé de laisser le mélange reposer environ 10 minutes avant de l'utiliser. En effet, lorsque la farine est mélangée avec un liquide, elle devient vivante et commence à « travailler ». En lui laissant un certain temps de repos, vous obtenez une pâte plus homogène en fin de préparation.

Clafoutis : cet entremets rustique du Limousin se prépare avec des cerises noires disposées dans un plat à four beurré, sur lesquelles on verse une sorte de pâte à crêpes. L'Académie française, gardienne du langage français, avait ainsi défini le mot : « sorte de flan aux fruits ». Elle dut céder devant les protestations des Limousins, dont elle adopta finalement la définition : « gâteau aux cerises noires ». Aujourd'hui, on prépare couramment des clafoutis aux cerises rouges et même à d'autres fruits (poires ou pommes notamment). Le mot clafoutis vient d'un mot de patois du Centre, *clafir*, qui veut dire « remplir ».

CONFITURE
D'ORANGES SANGUINES

Une marmelade d'oranges tiède, une part de gâteau au citron ou au chocolat et une tasse de chocolat fumant : que diriez-vous de ce petit intermède au milieu de l'après-midi ? L'idée de cette association est due à un souvenir d'enfance de Philippe Gobet, le chef pâtissier de chez Jamin, qui n'a pas oublié ses goûters d'écolier dans le Beaujolais. Confectionnée soit avec des oranges sanguines, soit avec des clémentines, cette marmelade est également exquise pour le petit déjeuner, sur des toasts chauds. Elle est facile et rapide à préparer : la précuisson des oranges entières évite à la peau de durcir lorsqu'elles sont cuites avec le sucre.

Matériel : des pots à confiture stérilisés de 25 cl chacun.

POUR ENVIRON 3 POTS

500 g de sucre en morceaux	*500 g d'oranges sanguines ou de clémentines non traitées, bien brossées et lavées*

1. Mettez les fruits entiers dans une grande marmite et couvrez-les d'eau froide. Posez un couvercle et portez à ébullition sur feu vif. Baissez le feu et laissez frémir pendant environ 30 minutes : la lame d'un couteau doit pouvoir transpercer facilement un fruit. Égouttez les fruits et laissez-les refroidir.

2. Ne pelez pas les oranges et coupez-les transversalement en tranches très fines. Retirez tous les pépins. Mettez les tranches d'oranges dans une grande bassine à confitures et ajoutez les morceaux de sucre. Réglez sur feu doux et faites cuire en remuant jusqu'à ce que le sucre soit dissous. Montez le feu et portez à vive ébullition en remuant pour éviter de laisser brûler. Faites cuire à gros bouillons pendant 5 minutes jusqu'à ce que les tranches de fruits soient transparentes et que la confiture commence à épaissir. (Pour vérifier le bon degré de cuisson : trempez une petite cuiller en métal bien froide dans la confiture bouillante ; si deux gouttes fusionnent et se détachent de la cuiller en formant un filet continu, la confiture est cuite).

3. Retirez la bassine du feu et écumez la confiture. Versez-la dans les pots et laissez refroidir. La confiture se conserve jusqu'à 1 mois au réfrigérateur dans un pot à fermeture hermétique.

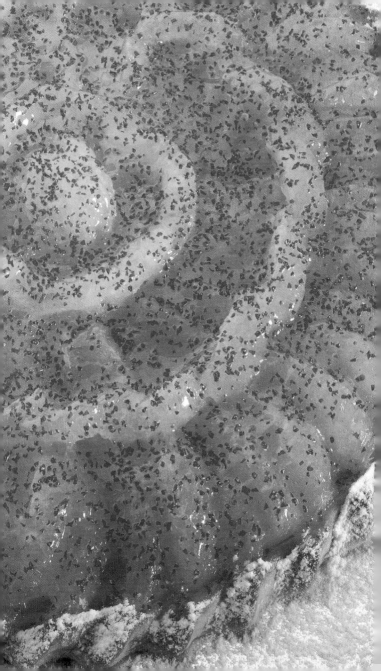

TARTE AU CITRON

Pour les amateurs de citron, cette tarte est un pur chef-d'œuvre. Je reconnais que, pour la réussir, il faut avoir la main habile et une bonne dose de patience, mais comme toutes les bonnes choses, le résultat en vaut largement la peine. Il vous rapportera des applaudissements émus.

Matériel : 2 grilles à pâtisserie posées sur 2 plats à rôtir.

POUR 8 À 10 PERSONNES

Pour la crème au citron :	*de diamètre, précuit et refroidi*
6 c. à soupe de jus de citron	*(voir page 320)*
fraîchement pressé	*les zestes de 3 citrons taillés en julienne*
100 g de sucre en poudre	*(réservez les citrons)*
75 g de beurre doux coupé	*6 cl de sirop de grenadine*
en petits morceaux	*250 g de sucre en poudre*
le zeste râpé de 1 citron	*8 citrons*
2 œufs	*100 g de marmelade d'abricots*
1 fond de tarte	*passée au tamis*
en pâte sucrée de 23 cm	*sucre glace pour garnir*

1. Préparez la crème au citron. Mettez dans une casserole moyenne le jus de citron et le sucre. Remuez pour mélanger. Posez la casserole sur feu vif, ajoutez le beurre et le zeste de citron râpé. Portez à ébullition en fouettant sans arrêt. Faites cuire environ 5 minutes, jusqu'à ce que le mélange épaississe. Retirez la casserole du feu et incorporez les œufs en fouettant jusqu'à ce qu'ils soient entièrement absorbés. Passez ensuite ce mélange à travers une passoire fine dans une casserole propre. Remettez la casserole sur feu doux et faites cuire en fouettant sans arrêt pendant environ 15 minutes, jusqu'à consistance épaisse. Versez la crème au citron dans une petite jatte, couvrez et mettez au réfrigérateur.

2. Préparez le zeste confit. Mettez les zestes en julienne dans une petite casserole et couvrez d'eau à hauteur. Portez à ébullition sur feu vif pour les faire blanchir. Dès que l'eau se met à bouillir, versez les zestes dans une passoire et égouttez-les. Remettez-les dans la petite casserole vidée et essuyée. Ajoutez le sirop de grenadine et faites chauffer sur feu moyen. Lorsque le liquide se met à bouillir, baissez le feu et laissez cuire pendant 15 minutes jusqu'à ce que les zestes soient rouge vif. Égouttez-les soigneusement. Avec un couteau bien aiguisé, retaillez les zestes aussi finement que possible. Réservez. (La crème au citron et le zeste confit peuvent être préparés plusieurs heures à l'avance.)

3. Préparez le sirop. Mettez le sucre dans une casserole moyenne, ajoutez 25 cl d'eau et faites chauffer sur feu moyen. Remuez doucement pour faire dissoudre le sucre. Humectez un pinceau à pâtisserie et passez-le le long des parois de la casserole pour empêcher le sucre de brûler. Laissez mijoter doucement pendant 5 minutes. Réservez.

4. Préparez les quartiers de citron. Coupez les deux extrémités d'un citron et posez-le debout sur le plan de travail. Avec un petit couteau, détachez une portion d'écorce en partant du haut. Prenez soin de retirer soigneusement toute la peau blanche située sous l'écorce. Continuez à peler ainsi le citron tout autour. Pour séparer les quartiers les uns des autres, commencez par en extraire un délicatement en introduisant la lame du couteau entre la pulpe d'un quartier et la membrane qui l'enveloppe. Pour extraire les quartiers suivants, procédez de la même façon en glissant le couteau entre la pulpe et la membrane. Le couteau doit vous servir à faire doucement sortir intact le quartier de citron de sa membrane, en laissant celle-ci collée à celle du quartier voisin. Pelez ainsi tous les citrons, y compris ceux utilisés pour le zeste, et retirez tous les quartiers. Rangez-les au fur et à mesure sur une grille. Ne retirez pas les pépins tout de suite : l'opération sera plus facile à faire une fois que les quartiers de citron seront confits.

5. Mettez à nouveau le sirop sur le feu pour l'amener à ébullition. À l'aide d'une écumoire, plongez quelques quartiers de citron dans le sirop. Laissez-les cuire dans le sucre pendant 2 à 3 minutes. Égouttez-les et posez-les sur une grille pour les faire refroidir et sécher. Faites ainsi confire au sucre tous les quartiers de citron en procédant par petites quantités.

6. Étalez une mince couche de crème au citron sur le fond de tarte en vous servant d'une mince spatule en métal. Disposez les quartiers de citron confit sur la crème en commençant par la rangée de l'extérieur. Les quartiers doivent se chevaucher légèrement. Retirez les pépins éventuels avant de mettre les quartiers en place. Réservez.

7. Faites réchauffer doucement la marmelade d'abricot dans une petite casserole pour la fluidifier. À l'aide d'un pinceau à pâtisserie, abricotez délicatement le dessus de la tarte au citron, puis parsemez-la des zestes de citron confit.

8. Pour finir, saupoudrez de sucre glace le rebord de la croûte, en protégeant la garniture avec une raclette à pâte. Servez à température ambiante.

GRATIN AUX FRAMBOISES

Je suis très sensible au raffinement élégant de ce dessert à la fois crémeux et parfumé. Le contraste entre la couche de gratin brûlante et les framboises bien froides et sucrées est absolument exquis. Comme ce plat se prépare entièrement à l'avance, c'est une solution idéale pour un dîner de réception. Pour changer, vous pouvez utiliser à la place des framboises des petits dés de mangue ou d'ananas, légèrement sautés dans un peu de beurre clarifié.

Matériel : 8 ramequins ou moules à tartelettes de 9 cm de diamètre; beurre pour les graisser.

POUR 8 PERSONNES

200 g de sucre en poudre	*5 blancs d'œufs*
4 c. à café de gélatine en poudre	*500 g de framboises fraîches*
12,5 cl de jus de citron	*sucre glace pour le décor*
12,5 cl de crème fraîche	*50 cl de coulis de framboises fraîches*
20 g de fécule de maïs	*(voir page 271)*
8 jaunes d'œufs	

1. Beurrez grassement les moules avec un pinceau et mettez-les de côté.

2. Versez 150 g de sucre dans une grande casserole, ajoutez 10 cl d'eau et faites chauffer sur feu vif. Portez à ébullition en remuant sans éclabousser les parois de la casserole, jusqu'à ce que le sucre soit dissous. Humectez un pinceau et passez-le sur les parois de la casserole pour éviter que des traînées de sirop ne brûlent. Poursuivez la cuisson jusqu'à ce que le sirop atteigne 120 °C sur l'échelle du thermomètre. (Si vous n'en avez pas : laissez tomber une goutte de sirop dans un verre d'eau froide, il doit former une boule et conserver sa forme dans le fond du verre.) Cette opération prend environ 5 minutes. Retirez la casserole du feu et réservez.

3. Mettez la gélatine et 6 cl d'eau froide dans un bol. Mélangez pour faire dissoudre et réservez.

4. Mettez le jus de citron dans une grande casserole sur feu vif, ajoutez la crème fraîche et la fécule de maïs. Fouettez sans arrêt jusqu'à ce que le mélange se mette à bouillir. Retirez du feu et ajoutez les jaunes d'œufs un par un en fouettant jusqu'à ce qu'ils soient bien incorporés. La préparation doit ressembler à une crème pâtissière bien épaisse. Remettez la casserole sur le feu et faites cuire pour faire encore épaissir pendant 2 minutes. Retirez du feu et ajoutez la gélatine en fouettant. Réservez.

5. Mettez les blancs d'œufs et le reste de sucre dans le bol d'un mixer et fouettez-les en neige bien ferme. Tout en continuant à faire marcher l'appareil, incorporez peu à peu le sirop de sucre aux blancs d'œufs en neige.

6. Ajoutez plusieurs cuillerées de cette meringue à la crème aux jaunes d'œufs en fouettant sans arrêt. Avec une spatule, incorporez délicatement le reste de meringue à la crème. Procédez doucement sans trop travailler la préparation, mais assurez-vous que le mélange est bien homogène.

7. Rangez les moules côte à côte sur une tôle à pâtisserie, en la tapissant d'une feuille de papier parchemin si vous prenez des petits cercles à tarte. Remplissez-les d'une couche de pâte en la versant délicatement à la cuiller. Disposez les framboises par-dessus sans les entasser. Recouvrez-les d'une seconde couche de crème. Mettez au réfrigérateur pendant au moins 2 heures pour raffermir la crème.

8. Préchauffez le gril du four.

9. Sortez les gratins du réfrigérateur et saupoudrez largement le dessus d'une couche régulière de sucre glace. Mettez-les sous le gril du four, à 2,5 cm de la source de chaleur environ. Faites-les gratiner pendant environ 2 minutes, jusqu'à ce que le sucre soit caramélisé. Si vous avez pris des cercles à tartelettes, posez chaque gratin sur une assiette à dessert, passez la lame d'un couteau le long du bord et retirez les cercles. Si vous avez pris des ramequins, décollez les gratins avec un couteau et démoulez-les délicatement en les renversant sur des assiettes. Versez le coulis de framboises autour des gratins et servez aussitôt. Le dessus doit être chaud et l'intérieur froid.

Vin conseillé : un champagne rosé.

COULIS DE FRAMBOISES

POUR 25 CL ENVIRON

250 g de framboises fraîches   *2 c. à soupe de jus de citron*
1 c. à soupe de sucre glace   *fraîchement pressé*

Mettez les framboises dans le bol d'un robot, ajoutez le sucre et le jus de citron. Mélangez. Actionnez l'appareil pour réduire en purée. Passez-la dans un tamis fin pour éliminer les graines. Mettez-la ensuite dans un récipient fermé. Ce coulis se conserve au réfrigérateur pendant 2 ou 3 jours. Congelé, il se garde jusqu'à 1 mois.

FEUILLANTINE
AU CHOCOLAT ET
À LA CANNELLE

Qui ne rêve pas de réussir au moins une fois l'un de ces splendides desserts qui arrache à vos invités des cris d'enthousiasme ? En voici un plus facile à réaliser qu'il n'y paraît. Si votre main ne tremble pas trop et avec un minimum de patience, vous êtes sûr de briller. Pour chaque portion, il s'agit de superposer des plaquettes de chocolat marbré, en les garnissant comme des sandwichs d'une étonnante mousse au chocolat parfumée à la cannelle. Un conseil de prudence : n'essayez pas de confectionner ce dessert si le temps est chaud et humide, sinon le chocolat risque de fondre dès que vous le sortirez du réfrigérateur. Les plaquettes peuvent se préparer plusieurs jours à l'avance et vous les découperez selon la forme de votre choix, disques, cœurs ou rectangles. Conservez les parures et brisez-les en petits morceaux réguliers pour les ajouter au reste de mousse : un dessert pour le jour suivant. Chez Jamin, les feuillantines sont servies avec une crème anglaise parfumée à la pistache, mais j'aime tout autant la crème anglaise classique à la vanille. Comme variante, essayez ce dessert avec des disques de chocolat noir, en plaçant entre chaque couche une cuillerée de crème fouettée et une seule couche de framboises fraîches. Servez avec un coulis de framboises (voir page 271).

Matériel : poche à douille (facultatif).

POUR 4 PERSONNES

Plaquettes au chocolat :	*finement concassé ou râpé*
100 g environ de chocolat noir	*30 cl de crème fleurette*
(Lindt Excellence par exemple),	*1/2 c. à café de cannelle en poudre*
finement concassé ou râpé	*1 c. à soupe de cacao en poudre non sucré*
100 g environ de chocolat blanc	*75 cl de crème anglaise à la vanille*
(Tobler Narcisse par exemple),	*(voir page 310)*
finement concassé ou râpé	***Pour garnir :***
Pour la mousse au chocolat	*4 cerises confites (facultatif)*
à la cannelle :	*feuilles de menthe fraîches*
200 g de chocolat noir,	

1. Préparez 4 morceaux de papier d'aluminium de 12,5 cm de large, assez longs pour tapisser le fond d'une tôle à pâtisserie. Utilisez 2 morceaux de papier d'aluminium pour tapisser une tôle et obtenir une surface de travail plane et uniforme. Recommencez la même opération avec une seconde tôle. Réservez.

2. Faites de la place dans votre réfrigérateur pour ranger les deux tôles.

3. Faites fondre les 2 chocolats pour les plaquettes. Mettez le chocolat blanc dans le haut d'une casserole à bain-marie avec de l'eau frémissante. (La partie supérieure ne doit pas toucher l'eau sinon le chocolat va fondre trop rapidement. Ne couvrez pas le récipient sinon des gouttelettes d'eau vont tomber dans le chocolat et en modifier la texture.) Remuez fréquemment et retirez du feu avant que tout le chocolat ne soit fondu. La chaleur du récipient suffit à le faire fondre en entier. Réservez. Répétez la même opération dans un autre bain-marie avec le chocolat noir.

4. Confectionnez les plaquettes. Avec une cuiller, faites tomber le quart du chocolat blanc fondu sur chaque bande de papier d'aluminium en formant des entrelacs. Répétez la même opération avec le chocolat noir en le faisant tomber sur le chocolat blanc. À l'aide d'une spatule, étalez les deux chocolats pour former une couche unie et marbrée. Avec un emporte-pièce rond ou un verre à parois minces de 7,5 cm de diamètre, découpez 12 disques dans ces couches de chocolat. Ne les détachez pas du reste du chocolat et placez les tôles au réfrigérateur pour faire durcir le chocolat. Ces prédécoupes et la réfrigération vont permettre de détacher plus facilement les délicates plaquettes. Faites durcir au réfrigérateur pendant environ 10 minutes.

5. Retirez les tôles du réfrigérateur. À l'aide du même emporte-pièce, découpez les disques de chocolat en reprenant les mêmes empreintes. Remettez au réfrigérateur pour permettre au chocolat de durcir complètement, pendant 1 heure environ.

6. Retirez les tôles du réfrigérateur. Détachez les feuilles de papier d'aluminium et retournez-les sur une surface propre. Avec une spatule, éliminez les pourtours des disques et dégagez-les avec précaution. La face qui était contre le papier est plus brillante et davantage marbrée. En montant les feuillantines, veillez à disposer la face brillante vers le haut. (Vous pouvez préparer ces disques de chocolat marbré plusieurs jours à l'avance. Dans ce cas, conservez-les en les rangeant soigneusement entre deux feuilles de papier sulfurisé dans une boîte qui ferme hermétiquement et mettez-la au réfrigérateur.)

7. Préparez la mousse. Mettez le chocolat dans un bol mélangeur de taille moyenne. Versez 10 cl de crème fraîche liquide dans une petite casserole et portez à la limite de l'ébullition sur feu doux. Retirez du feu et versez-la sur le chocolat. Fouettez jusqu'à l'obtention d'un mélange homogène. Ajoutez la cannelle et mélangez intimement. Réservez.

8. Dans le bol d'un mixer électrique, fouettez le reste de crème jusqu'à consistance bien ferme. Incorporez le mélange au chocolat avec une cuiller en bois, puis ajoutez le cacao en poudre et mélangez intimement. Réservez. (Vous pouvez préparer la mousse plusieurs heures à l'avance. Dans ce cas, couvrez-la et mettez-la au réfrigérateur.)

9. Pour l'assemblage, remplissez une poche à douille de mousse au chocolat. (Vous pouvez aussi étaler simplement la mousse sur les disques en chocolat à l'aide d'une cuiller.) Placez un disque, face brillante dessus, au milieu d'une assiette à dessert. Recouvrez-la d'une couche épaisse et régulière de mousse. Posez un deuxième disque par-dessus, face brillante à l'extérieur. Couvrez-la d'une seconde couche de mousse, puis placez un troisième disque en couvercle, face brillante dessus. Versez la crème anglaise tout autour de la feuillantine. Si vous le désirez, décorez chaque dessert d'une cerise confite et garnissez-le de feuilles de menthe. Servez aussitôt.

Vin conseillé : un banyuls.

Le chocolat est une denrée fragile : pour le travailler dans les meilleures conditions, veillez à respecter une atmosphère relativement fraîche (18 à 21 °C), sèche et sans courants d'air. Ne le faites pas chauffer à une température trop élevée, sinon il devient granuleux et perd de son arôme. Pour le faire fondre rapidement et uniformément, concassez-le ou râpez-le fine-ment en utilisant soit un couteau à large lame, soit un robot électrique.

TURBANS DE POMMES
À LA CANNELLE

Ce merveilleux dessert d'hiver est une délicieuse combinaison toute dorée de saveurs aigres-douces, où l'on retrouve à la fois de la vanille et des pommes, de l'ananas et de la glace à la cannelle. Ne vous laissez pas impressionner par la complexité apparente de la recette : elle est bien plus simple qu'il n'y paraît. Le seul vrai tour de main consiste à détailler les pommes en tranches très fines et régulières pour les en chemiser les moules. Ensuite, c'est un jeu d'enfant. Si vous utilisez des moules à revêtement antiadhésif, vous pouvez préparer ce dessert un jour ou deux à l'avance.

Matériel : 6 ramequins ou petits moules individuels (à tarte ou à savarin), de 8,5 cm de diamètre, 1 tôle à pâtisserie.

POUR 6 PERSONNES

Pour les pommes caramélisées :	*45 g de beurre clarifié (voir page 300)*
60 g de beurre fondu	*25 cl de vinaigre de cidre*
3 ou 4 pommes à cuire	*1 c. à café de miel*
100 g de sucre en poudre	*1/2 c. à café de cannelle en poudre*
Pour le beurre vanillé :	**Pour la sauce :**
4 gousses de vanille bien gonflées	*45 g de beurre*
90 g de beurre ramolli	*50 g de sucre en poudre*
Pour la farce aux fruits :	*7 cl de vinaigre de cidre*
200 g de chair d'ananas frais coupée	*1 l de glace à la cannelle*
en petits cubes de 1 cm de côté	*(voir page 286)*

1. Préchauffez le gril du four.

2. Badigeonnez de beurre fondu une tôle à pâtisserie. Pelez et évidez les pommes en les laissant entières. Parez-les aux deux extrémités pour que les rondelles soient uniformes. Mettez les parures de côté pour la farce. Coupez les pommes en deux verticalement, à travers la partie évidée au centre. Avec un couteau bien aiguisé ou une mandoline, détaillez les demi-pommes en lamelles régulières très fines pour obtenir des tranches en demi-lunes. Il vous en faut 15 par moule environ.

3. Rangez une partie des lamelles de pommes côte à côte sur la tôle sans qu'elles se touchent. Badigeonnez-les de beurre fondu, puis saupoudrez-les largement de sucre. Secouez la tôle pour éliminer l'excès de sucre.

4. Glissez la tôle sous le gril, à 5 cm de la source de chaleur, et faites colorer les pommes jusqu'à ce qu'elles soient caramélisées, pendant 2 à 3 minutes. Retirez-les du four et mettez-les sur une

grille pour les faire tiédir ; elles ne doivent pas refroidir complètement sinon elles vont durcir. Faites griller les lamelles de pommes restantes.

5. Dès que les lamelles de pommes ne sont plus brûlantes, chemisez chaque moule avec ces tranches caramélisées en les faisant se chevaucher légèrement. Elles doivent être disposées de manière à dépasser légèrement du moule. Réservez.

6. Pour le beurre vanillé, fendez les gousses de vanille en deux après les avoir aplaties. Grattez les graines avec une petite cuiller et mettez-les dans un bol. (Conservez les gousses vides pour préparer du sucre vanillé, voir page 311.) Ajoutez le beurre et malaxez le tout avec une fourchette. Passez ce mélange au tamis en l'écrasant avec une raclette à pâte. Partagez ce beurre de vanille en deux et réservez.

7. Mettez les cubes d'ananas dans une passoire sur une jatte et pressez-les pour faire sortir le jus. Mettez-en 2 cuillerées à soupe de côté pour la sauce. Coupez les parures de pommes en petits cubes. Il vous faut environ 200 g de pommes pour la farce.

8. Faites chauffer le beurre clarifié dans une poêle sur feu vif. Lorsqu'il commence à fumer, ajoutez les cubes d'ananas et faites-les sauter pendant 4 à 5 minutes en secouant la poêle de temps en temps. Ajoutez les pommes et mélangez. Poursuivez la cuisson en secouant la poêle de temps en temps, pendant encore 4 à 5 minutes. Ajoutez le vinaigre, le miel et la cannelle. Mélangez. Ajoutez la moitié du beurre vanillé et mélangez encore. Retirez du feu et versez le mélange dans une passoire fine pour l'égoutter. Réservez.

9. Avec une petite cuiller, remplissez largement chaque moule chemisé de lamelles de pommes avec la farce aux fruits, en appuyant avec le dos de la cuiller pour égaliser le dessus. Rabattez les lamelles de pommes par-dessus pour enfermer la farce. Enveloppez les moules ainsi garnis dans du film plastique et mettez-les de côté. (La préparation des turbans de pommes peut se faire jusqu'à cette étape deux jours à l'avance. Mettez-les au réfrigérateur.)

10. Juste avant de servir, préparez la sauce : faites fondre le beurre dans une casserole sur feu modéré. Incorporez le sucre en fouettant jusqu'à ce qu'il soit dissous. Portez à ébullition, puis ajoutez le vinaigre toujours en fouettant. Portez de nouveau à ébullition et faites bouillir 2 minutes. Ajoutez le jus d'ananas et poursuivez la cuisson pendant 4 minutes jusqu'à réduction de moitié. Retirez la casserole du feu et ajoutez le reste de beurre vanillé en fouettant. Passez la sauce au chinois et tenez-la au chaud au bain-marie.

11. Faites bouillir de l'eau dans la partie basse d'une marmite à vapeur. Posez les moules garnis, toujours enveloppés de film plastique, sur la grille et faites-les chauffer à la vapeur pendant environ 10 minutes.

12. Déballez délicatement les moules et retournez-les sur des assiettes de service. Fouettez la sauce et versez-la autour des turbans puis par-dessus. Posez une boule de glace à la cannelle au milieu. Servez aussitôt.

Vin conseillé : un grand sauternes.

TARTE AUX PRUNES
À LA CRÈME D'AMANDES

C hez Jamin, on prépare en général cette tarte à l'automne avec des reines-claudes, mais j'en ai aussi préparé de délicieuses avec des abricots bien fermes, des quetsches ou des petites nectarines. Un conseil du chef : si vous utilisez des prunes ou des fruits juteux à peau épaisse, placez-les toujours sur le fond de tarte peau dessous, face coupée dessus, sinon le jus qui coule des fruits risque de détremper la pâte. Votre tarte sera plus élégante si vous la préparez avec de la pâte feuilletée, mais vous pouvez très bien utiliser une pâte brisée ou sablée. Pour préparer la crème d'amandes, je préfère prendre des amandes entières blanchies que je réduis en poudre moi-même au mixer, car la poudre d'amandes achetée toute faite est rarement de très grande qualité.

POUR 8 PERSONNES

1 fond de tarte cuit à blanc en pâte feuilletée, brisée ou sablée de 23 cm de diamètre (voir pages 318 ou 323)
Pour la crème d'amandes :
90 g d'amandes entières blanchies
90 g de beurre doux à température ambiante

100 g de sucre en poudre
2 œufs à température ambiante
Pour la garniture :
1 kg environ de quetsches (ou reines-claudes, abricots, nectarines) coupées en deux et dénoyautées
sucre glace

1. Préchauffez le four à 175 °C (thermostat 4-5).

2. Préparez la crème d'amandes : réduisez les amandes en poudre fine au mixer. (Attention à ne pas faire marcher l'appareil trop longtemps, sinon vous obtiendrez de la pâte.) Incorporez le beurre et le sucre ; travaillez le mélange jusqu'à consistance homogène. Incorporez ensuite les œufs et mélangez intimement.

3. Versez la crème d'amandes sur le fond de tarte. Disposez les demi-fruits par-dessus, face coupée vers le haut.

4. Enfournez à mi-hauteur et faites cuire pendant environ 30 minutes, jusqu'à ce que la crème d'amandes soit bien dorée et gonfle autour des fruits.

5. Sortez la tarte du four et laissez-la refroidir sur une grille. Lorsqu'elle est froide, saupoudrez-la de sucre glace et servez à température ambiante.

MARBRÉ AU CITRON GLACÉ AUX DEUX CHOCOLATS

Ce dessert est un vrai feu d'artifice de saveurs, à base de pâte à biscuit classique délicatement parfumée au citron. Il est en effet masqué d'un glaçage marbré où alternent chocolat noir et chocolat blanc. C'est une création du chef pâtissier de chez Jamin, Philippe Gobet, qui n'a jamais oublié ces fabuleux goûters d'enfance passés à la campagne, au cœur du Beaujolais.

Matériel : 1 moule à cake de 28 × 10 cm ; beurre et farine pour le préparer.

POUR 12 À 16 PERSONNES

Pour la pâte :	le zeste râpé de 3 citrons
5 œufs	2 c. à soupe de rhum brun
350 g de sucre en poudre	**Pour le glaçage :**
1 pincée de sel fin de mer	100 g environ de chocolat blanc
270 g de farine ordinaire tamisée	finement concassé
10 g environ de levure alsacienne	100 g environ de chocolat noir
15 cl de crème fraîche	(Valrhona, Lindt ou Tobler),
90 g de beurre fondu	finement concassé

1. Préchauffez le four à 190 °C (thermostat 5).

2. Beurrez le fond et les parois du moule. Farinez-le, puis tapotez les côtés pour répartir régulièrement la farine et secouez-le pour en faire tomber l'excès. Réservez.

3. Versez les œufs, le sucre et le sel dans le bol d'un mixer électrique, et actionnez l'appareil jusqu'à ce que le mélange soit épais et couleur jaune citron.

4. Tamisez ensemble la farine et la levure. À l'aide d'une cuiller en bois, incorporez la farine et la levure au mélange œufs-sucre et mélangez intimement. Ajoutez enfin la crème, le beurre et le zeste de citron. Mélangez jusqu'à consistance homogène.

5. Versez la pâte dans le moule et enfournez celui-ci à mi-hauteur. Faites cuire pendant 40 à 45 minutes, jusqu'à ce que les angles soient brun doré. Le centre du gâteau doit s'enfoncer légèrement pendant la cuisson.

6. Sortez le gâteau du four, démoulez-le sur une grille et remettez-le délicatement à l'endroit. Piquez régulièrement le dessus du gâteau avec une fourchette à deux dents et versez doucement le rhum dans les trous. Laissez refroidir.

7. Lorsque le gâteau est complètement refroidi, faites fondre le chocolat. Mettez le blanc dans un bol et le noir dans un autre. Placez les deux bols dans une cocotte sur feu doux remplie d'eau frémissante. Remuez souvent et retirez du feu avant que tout le chocolat ne soit fondu : la chaleur suffit pour faire fondre les petits morceaux qui subsistent.

8. Versez doucement les deux chocolats sur le gâteau, en alternant les deux variétés, de manière à masquer le dessus et les côtés. Mélangez-les en surface avec une spatule en métal pour produire un effet marbré. Laissez en attente pour faire durcir le glaçage.

9. Pour servir, découpez le gâteau en tranches épaisses et proposez en même temps de la marmelade d'orange chaude (voir page 265) et du thé ou du chocolat chaud.

Vin conseillé : un très jeune sauternes.

SOUPE DE CERISES
À LA MENTHE

Cette soupe de fruits est un dessert parfait pour les beaux jours. Il évoque pour moi cette époque merveilleuse de la fin mai, lorsque les cerisiers ploient sous le poids des gros fruits rouges et luisants, bien gonflés de soleil. Cette recette m'a convaincue que la Maïzena, utilisée à petites doses, peut vraiment donner la consistance idéalement veloutée à cette soupe qui, sinon, ne donnerait qu'un simple jus peu consistant. Le mélange de cerises et de menthe est rafraîchissant à souhait. Servi dans des bols en porcelaine blanche, c'est un dessert ravissant. Ne le préparez pas trop à l'avance, quelques heures suffisent, pour conserver aux cerises toute leur délicatesse. Des madeleines tièdes seraient un accompagnement idéal.

POUR 6 À 8 PERSONNES

75 cl de vin rouge assez tannique,
côtes-du-rhône par exemple
90 g de sucre glace
2 c. à café de Maïzena dissoute
dans 1 c. à soupe d'eau

1 kg de cerises bigarreaux
dénoyautées
24 feuilles de menthe fraîche
avec la queue, liées en petit bouquet
8 feuilles de menthe fraîche ciselées
pour la présentation

1. Versez le vin dans une très grande casserole et portez à ébullition sur feu vif. Faites réduire de moitié en laissant bouillir pendant 5 minutes. Ajoutez le sucre glace et la Maïzena dissoute. Faites cuire encore 30 secondes en remuant sans arrêt pour faire épaissir. Ajoutez les cerises et portez de nouveau à ébullition.

2. Versez délicatement la soupe aux cerises dans une grande soupière et ajoutez le bouquet de menthe. Couvrez et laissez infuser pendant 30 minutes pour permettre aux arômes de bien se mélanger.

3. Pour servir, retirez le bouquet de menthe et répartissez la soupe dans des coupes individuelles. Mettez au réfrigérateur pendant 30 minutes. Avec une paire de ciseaux, ciselez les feuilles de menthe fraîche en fine julienne et parsemez-les à la surface de chaque coupe. Servez aussitôt.

GLACE À LA CANNELLE

La glace à la cannelle est un vrai délice avec n'importe quel dessert aux pommes ou aux poires. Chez Jamin, elle est servie avec l'élégant turban de pommes à la cannelle, exquis en hiver, ou des entremets individuels moulés, à la pomme et à l'ananas (voir page 277).

Matériel : une sorbetière d'une contenance de 1 litre.

POUR 1 LITRE DE CRÈME GLACÉE

40 cl de lait entier	*135 g de sucre semoule*
5 g de cannelle en poudre	*20 cl de crème fraîche liquide*
5 gros jaunes d'œufs	

1. Versez le lait dans une grande casserole sur feu vif. Ajoutez la cannelle et portez à ébullition. Retirez du feu. Couvrez et laissez infuser pendant 15 minutes.

2. Mettez les jaunes d'œufs et le sucre dans le bol d'un mixer électrique équipé d'un fouet. Fouettez le mélange jusqu'à ce qu'il devienne épais et jaune citron. Réservez.

3. Faites à nouveau bouillir le lait à la cannelle. Versez-en un peu sur les jaunes d'œufs en fouettant constamment, puis réunissez le lait et les jaunes d'œufs dans la casserole. Réglez le feu sur chaleur douce et faites cuire en remuant sans arrêt avec une cuiller en bois jusqu'à ce que le mélange devienne épais et prenne une consistance crémeuse. Ne laissez surtout pas bouillir. Passez le doigt sur le dos de la cuiller : si la crème est cuite, la marque doit rester. Cette cuisson demande environ 5 minutes. (Vous pouvez aussi vous servir d'un thermomètre : la température doit atteindre 85 °C).

4. Retirez la casserole du feu et ajoutez la crème fraîche liquide pour stopper la cuisson. Laissez refroidir complètement avant de faire prendre en sorbetière. Pour accélérer ce processus, versez la crème dans une grande jatte bien froide et placez celle-ci dans une terrine un peu plus grande, remplie d'eau avec des glaçons. Remuez de temps en temps. Trempez un doigt dans la crème : elle doit être froide au toucher. Cela demande environ 30 minutes.

5. Lorsque la crème est complètement refroidie, versez-la dans la sorbetière et faites-la prendre en suivant le mode d'emploi de l'appareil.

GLACE À LA NOIX
DE COCO

Un dessert très simple qui offre des résultats extraordinaires : n'est-ce pas le rêve pour une maîtresse de maison ? Il suffit tout simplement d'ouvrir une boîte de conserve et une bouteille de lait, puis de les mélanger avant de déguster une crème glacée délicieusement parfumée. Elle est conçue en principe pour accompagner l'ananas caramélisé (voir page 235), mais vous pouvez tout aussi bien la servir nature. Chez Jamin, cette glace est préparée avec la crème de noix de coco de la marque Coco Lopez.

Matériel : une sorbetière d'une capacité de 1 litre.

POUR ENVIRON 75 CL DE CRÈME GLACÉE

---

50 cl de lait entier   1 c. à café de rhum
38 cl de lait de noix de coco sucré

1. Versez le lait dans une grande casserole et portez-le à ébullition sur feu vif. Ajoutez le lait de noix de coco en remuant.

2. Passez le mélange dans une jatte à travers une passoire fine et incorporez le rhum. Laissez refroidir complètement avant de faire prendre en sorbetière. Pour accélérer le refroidissement, versez la crème dans une jatte très froide et placez cette jatte dans une terrine un peu plus grande, remplie de glaçons et d'eau. Remuez de temps en temps. Pour vérifier la température, trempez votre doigt dans le mélange : la crème doit être froide au toucher. L'opération demande environ 30 minutes.

3. Lorsque le mélange est complètement refroidi, versez-le dans une sorbetière et faites prendre au froid selon le mode d'emploi.

CRÈME GLACÉE
À LA VANILLE

Enfin une glace à la vanille digne de ce nom ! Ne lésinez pas sur la quantité de vanille si vous voulez une crème glacée qui soit vraiment parfumée. La touche de café en plus ajoute de la profondeur à l'arôme.

Matériel : une sorbetière d'une contenance de 1 litre.

POUR 1 LITRE DE CRÈME GLACÉE

4 belles gousses de vanille bien pleines	*6 jaunes d'œufs*
50 cl de lait entier	*150 g de sucre*
1 grain de café	*25 cl de crème fleurette*

1. Aplatissez les gousses de vanille et fendez-les en deux dans la longueur. Ouvrez-les et grattez les graines noires à l'aide d'une petite cuiller. Mettez-les dans un bol. Réservez les gousses vidées.

2. Versez le lait dans une grande casserole sur feu vif. Ajoutez les gousses de vanille et le grain de café. Portez de ébullition, puis retirez du feu. Couvrez et laissez infuser pendant 15 minutes.

3. Mettez les jaunes d'œufs, le sucre et les graines de vanille dans le bol d'un mixer électrique équipé d'un fouet. Fouettez jusqu'à ce que le mélange soit épais et jaune crème. Réservez.

4. Remettez la casserole avec le lait sur feu vif et portez de nouveau à ébullition. Versez un peu de lait bouillant sur le mélange aux jaunes d'œufs en fouettant constamment, puis réunissez le tout dans la casserole. Réglez le feu sur chaleur douce et faites cuire en remuant constamment avec une cuiller en bois jusqu'à ce que le mélange épaississe et prenne une consistance crémeuse. Ne laissez surtout pas bouillir. Passez votre doigt sur le dos de la cuiller : si la crème est cuite, la trace doit rester. Cette cuisson prend environ 5 minutes. (Vous pouvez aussi vous servir d'un thermomètre pour vérifier la cuisson : la température doit atteindre 85 °C.)

5. Retirez la casserole du feu et ajoutez la crème fleurette pour stopper la cuisson. Passez-la à travers une passoire à mailles fines. Laissez-la refroidir complètement avant de faire prendre en sorbetière. Pour accélérer ce processus, versez la crème dans un grand saladier très froid, puis placez cette jatte dans un autre saladier un peu plus grand rempli d'eau froide avec des glaçons. Remuez de temps en temps. Trempez votre doigt dans la crème : elle doit être bien froide au toucher. Cela demande environ 30 minutes.

6. Lorsque la crème est complètement refroidie, versez-la dans une sorbetière et faites prendre en suivant le mode d'emploi.

Un parfum de vanille : la vanille est aujourd'hui un parfum si courant qu'on en reconnaît rarement les arômes exotiques si extraordinaires. À condition de choisir une gousse bien pleine, noire, souple sous le doigt, un peu humide (la meilleure vient de Madagascar, de Tahiti ou de La Réunion), c'est un trésor aussi subtil qu'un grand champagne ou un bon cognac. D'ailleurs, la bonne vanille est toujours chère : ne la gâchez pas en la laissant sécher, car tout son arôme vient de la fine pellicule qui recouvre les graines à l'intérieur de la gousse. Celle-ci n'est pas très parfumée et peut même être assez amère.

MOUSSE AU
CHOCOLAT AMER

S i vous aimez la mousse au chocolat, voici un pur chef-d'œuvre, délicat, aérien. Plongez-y une cuiller et vous comprendrez aussitôt ce que veut dire le mot mousse. La version qu'en donne Joël Robuchon diffère légèrement de la recette classique : une touche de crème fraîche en plus, pour davantage de saveur et de complexité dans la texture.

Pour apporter une variante délicieuse à ce grand classique, ajoutez à la mousse une pincée – ou plus, à votre goût – de cannelle en poudre.

POUR 6 À 8 PERSONNES

150 g de chocolat noir	*1 c. à soupe de sucre vanillé*
(Valrhona, Lindt ou Tobler)	*(voir page 311)*
cassé en petits morceaux	*6 cl de crème fraîche épaisse,*
30 g de beurre doux à température	*très froide*
ambiante	*45 g de sucre glace*
4 gros œufs, jaunes et blancs séparés	

1. Faites fondre le chocolat dans la partie supérieure d'une casserole à bain-marie remplie d'eau bouillante, en remuant de temps en temps. Incorporez le beurre et mélangez intimement. Retirez du feu et versez le mélange dans une grande jatte. Laissez refroidir.

2. Versez les jaunes d'œufs dans le bol d'un mixer et ajoutez le sucre vanillé. Fouettez jusqu'à ce que le mélange soit mousseux et jaune pâle. Incorporez-le au chocolat fondu et mélangez jusqu'à consistance homogène.

3. Fouettez la crème fraîche au mixer jusqu'à ce qu'elle soit bien ferme. À l'aide d'une spatule en caoutchouc, incorporez-la au mélange à base de chocolat. Réservez.

4. Fouettez enfin les blancs d'œufs en neige en leur ajoutant le sucre glace : ils doivent être bien fermes, mais pas trop secs. Incorporez le tiers de ces blancs d'œufs en fouettant à la préparation au chocolat et mélangez intimement. Avec une spatule en caoutchouc, ajoutez le reste des blancs en neige. Procédez lentement et patiemment. Ne travaillez pas trop le mélange, mais assurez-vous qu'il ne présente plus de trace blanche. Versez la mousse dans un bol d'un litre de contenance. Couvrez et mettez la jatte au réfrigérateur pendant au moins 1 heure avant de servir.

Préparations de base

PAIN DE CAMPAGNE

Voici la recette de base du pain de campagne et du pain aux raisins et aux noix que l'on sert chez Jamin avec le plateau de fromages. Ces pains sont cuits deux fois par jour dans les cuisines du restaurant. Comme la pâte comprend une forte proportion de farine de seigle – laquelle est très pauvre en gluten –, ils ne lèvent pas autant que les pains à base de farine de blé. Ils sont aussi plus denses. Les temps indiqués pour le repos et la levée de la pâte sont les durées minimales qu'il faut respecter pour obtenir une texture bien ferme et agréable. C'est la recette qu'effectue chaque jour Philippe Gobet, chef pâtissier et boulanger chez Jamin.

Variantes :
Pain aux abricots secs : détaillez 250 g d'abricots séchés en fine julienne avec une paire de ciseaux et incorporez-les à la pâte à la fin du pétrissage, puis pétrissez encore 1 minute de plus. Ce pain est particulièrement délicieux avec du fromage de chèvre.
Pain aux raisins secs et aux noix : incorporez à la pâte 125 g de raisins de Corinthe et 125 g de cerneaux de noix à la fin du pétrissage, puis pétrissez encore 1 minute de plus.

POUR 1 GRAND PAIN

8 g de levure sèche de boulanger	500 g de farine ordinaire
ou 25 g de levure fraîche	250 g de farine de seigle
1 c. à café de sucre en poudre	15 g de sel de mer
50 cl d'eau tiède	1 c. à soupe de miel

1. Préparez le levain : dans le bol d'un mixer électrique équipé d'un double crochet ou d'une palette, mélangez la levure (émiettée s'il s'agit de levure fraîche), le sucre et 25 cl d'eau tiède. Mixez pour bien mélanger. Laissez au repos pendant 15 minutes.

2. Ajoutez à ce mélange 265 g de farine ordinaire et 125 g de farine de seigle. Pétrissez à vitesse réduite jusqu'à consistance homogène pendant 2 à 3 minutes. Le mélange doit être assez mou et très collant. Couvrez le bol d'une feuille de plastique ou d'un linge humide et laissez au repos à température ambiante pendant au moins 30 minutes.

3. Versez 25 cl d'eau tiède dans un verre mesureur et ajoutez le sel. Mélangez pour faire dissoudre. Prélevez 70 g de farine ordinaire sur la quantité restante et mettez-la de côté. Versez doucement l'eau salée sur la pâte précédente tout en incorporant, alternativement, le reste de farine de seigle et le reste de farine ordinaire. Il faut ajouter la farine petit à petit en l'incorporant soigneusement à la pâte avant d'en ajouter davantage. Pétrissez à vitesse réduite pendant 5 minutes. Ajoutez le miel et continuez à pétrir à vitesse réduite pendant 5 minutes de plus. Si nécessaire, incorporez la farine mise de côté et pétrissez encore 1 ou 2 minutes, jusqu'à ce que la pâte se décolle des parois du bol. La pâte doit être molle et collante à cause de la forte proportion de farine de seigle. (Les proportions exactes varient selon la température et l'humidité ambiantes.)

4. Versez la pâte sur le plan de travail légèrement fariné et pétrissez-la à la main pendant 1 minute. Ramassez-la en boule et remettez-la dans le bol du mixer. Couvrez de plastique ou d'un linge humide et laissez reposer pendant 40 minutes. La pâte doit lever légèrement.

5. Mettez de nouveau la pâte sur le plan de travail fariné et pétrissez-la pendant 1 minute. Ramassez-la en boule et mettez-la sur une tôle à pâtisserie légèrement farinée ou dans une grande terrine tapissée d'un linge. Couvrez d'un linge humide et laissez reposer à température ambiante pendant au moins 1 heure. La pâte doit lever légèrement.

6. Environ 40 minutes avant de faire cuire le pain, mettez dans le four une pierre à cuire et préchauffez le four à 245 °C (thermostat 9).

7. Mettez la boule de pâte sur la pierre à cuire. Avec la lame d'un couteau très aiguisé, faites plusieurs incisions en croix sur le dessus et sur les côtés du pâton pour qu'il puisse gonfler pendant la cuisson. Faites cuire pendant 20 minutes, puis baissez la chaleur à 190 °C (thermostat 5) et poursuivez la cuisson pendant encore 20 minutes, jusqu'à ce que le pain soit brun doré. Il doit sonner creux lorsque vous en tapotez le fond. Mettez le pain à refroidir sur une grille, en faisant en sorte que l'air circule tout autour pour qu'il soit bien ferme et croustillant. Ne le coupez pas en tranches avant qu'il soit complètement refroidi. S'il est encore tiède, il se tranche mal, la croûte est molle, et il est moins appétissant.

Palette ou crochets ? Lorsque je prépare de petites quantités de pâte, je préfère me servir pour la pétrir de la palette de mon mixer et non des habituels crochets à pâte, car le travail est ainsi beaucoup plus facile.

Un goût de miel : tous les produits sucrant, qu'il s'agisse de sucre en poudre, de mélasse ou de miel, facilitent la poussée des pâtes levées. Dans la recette de ce pain, il semble que la farine de seigle ait une affinité particulière avec une variété de miel riche et épaisse. Chaque fois que je le prépare, je m'amuse à changer de miel : c'est le miel de sarrasin mon préféré. Lorsque le pain est cuit, coupez-le en tranches et faites-les griller, puis tartinez-les avec le même miel : le parfum qui s'en dégage est une vraie splendeur. Quand vous utilisez du miel dans une pâte à pain, incorporez-le plutôt à la fin et non au début. De cette manière, l'arôme du miel est mieux préservé, et il accélère également la levée de la pâte.

PETITS PAINS PARISIENS

Chez Jamin, on prépare deux fournées par jour de ces petits pains individuels, croustillants et dorés. La consommation moyenne d'un convive au restaurant est de trois petits pains.

POUR 16 PETITS PAINS

8 g de levure sèche de boulanger
ou 25 g de levure fraîche
1 c. à café de sucre en poudre
30 cl d'eau tiède

10 g de sel fin de mer
500 g environ de farine ordinaire
à température ambiante

1. Préparez le levain : mettez la levure dans le bol mélangeur d'un mixer équipé de crochets à pâte ou d'une spatule, ajoutez le sucre et 25 cl d'eau tiède. Mixez, puis couvrez le bol avec un torchon propre et laissez lever pendant 15 minutes.

2. Pendant ce temps mélangez dans un petit bol le reste d'eau avec le sel. Réservez.

3. Pétrissez le levain à vitesse lente et versez doucement l'eau salée. Lorsque le mélange est homogène, incorporez la farine, petit à petit, et mélangez intimement pendant 2 à 3 minutes. La pâte doit se décoller des parois du bol. En fonction du degré d'humidité ambiante, toute la farine n'est pas nécessaire. Continuez à pétrir à vitesse lente pendant encore 12 minutes. La pâte doit être ferme, douce et juste légèrement collante.

4. Versez la pâte sur un plan de travail légèrement fariné et pétrissez-la doucement à la main pendant 1 minute. Couvrez-la d'un linge humide et laissez pousser pendant 40 minutes. La pâte double de volume.

5. Partagez la pâte en quatre portions égales. Roulez chaque portion en forme de boudin de 20 cm de long. Coupez ensuite chaque boudin en quatre morceaux égaux de 45 g chacun. Façonnez chaque morceau en boule en la roulant entre le plan de travail et la paume de la main. Formez un petit dôme et ramenez les coins par en dessous. Rangez les petits pains sur une tôle à pâtisserie, à 5 cm d'intervalle les uns des autres. (Selon la taille de votre four et les dimensions de la tôle, vous aurez peut-être besoin de deux tôles.) Couvrez les petits pains d'un linge humide et laissez pousser pendant 1 heure. La pâte double de volume.

6. Environ 40 minutes avant de faire cuire les pains, placez une pierre à cuire dans le four et préchauffez celui-ci à 245 °C (thermostat 9).

7. Juste avant de faire cuire, vaporisez la pierre avec de l'eau (un vaporisateur à plantes vertes fait très bien l'affaire). La vapeur va permettre la formation d'une croûte dorée. Enfournez la tôle en la posant sur la pierre. Faites cuire 12 à 15 minutes jusqu'à ce que les petits pains soient dorés. (Comme la plupart des fours ont des allures très variables, surveillez la cuisson attentivement et décalez la tôle si les petits pains semblent dorer trop vite.) Sortez la tôle du four et laissez refroidir les pains sur une grille – en permettant à l'air de circuler tout autour – pour obtenir une croûte ferme et croustillante. Servez à température ambiante, pas plus d'une heure après la cuisson si possible.

MAYONNAISE

Joël Robuchon utilise de l'huile de pépins de raisin lorsqu'il prépare une mayonnaise : en effet, une fois refroidie, cette mayonnaise ne fige pas comme elle le fait quand on emploie une autre huile. Assurez-vous que tous les ingrédients sont à température ambiante avant de commencer. L'émulsion – c'est-à-dire la suspension des particules d'huile dans la jaune d'œuf – prendra plus difficilement si l'huile ou les jaunes sont trop froids. Pour obtenir un meilleur résultat, passez le bol de préparation sous l'eau bouillante et essuyez-le avant d'y mettre les jaunes d'œufs.

POUR 30 CL DE MAYONNAISE

25 cl d'huile de pépins de raisin	*2 gros jaunes d'œufs*
(à défaut huile de maïs ou d'arachide)	*à température ambiante*
1 c. à soupe de moutarde blanche	*sel fin et poivre blanc du moulin*

1. Versez l'huile dans un récipient avec bec verseur.

2. Mettez les jaunes d'œufs dans un bol et fouettez-les jusqu'à ce qu'ils soient jaune pâle et épais. Incorporez la moutarde en fouettant, salez et poivrez. Fouettez jusqu'à consistance épaisse et lisse.

3. Sans vous arrêter de fouetter, versez l'huile petit à petit, à raison de quelques gouttes à la fois et fouettez jusqu'à ce qu'elle soit bien incorporée. Ne versez pas trop d'huile au début sinon l'émulsion ne prendrait pas. Dès que la mayonnaise commence à prendre, ajoutez doucement le reste d'huile en filet continu, en fouettant sans arrêt. Goûtez pour rectifier l'assaisonnement. Versez la mayonnaise dans un bol, couvrez et mettez au réfrigérateur. Cette mayonnaise se conserve pendant 5 jours.

SAUCE AU CURRY

À base de curry, de lait de noix de coco, de fruits et de légumes
émincés, cette sauce aux emplois multiples peut se préparer à
l'avance. Servez-la avec du poulet rôti, du riz ou des pâtes. C'est le
complément indispensable des brochettes de poulet que l'on sert
chez Jamin en amuse-bouche (voir page 33).

POUR 75 CL DE SAUCE

1 c. à café de beurre doux	*1 banane pelée et coupée en petits dés*
1 petit oignon finement haché	*75 cl de bouillon de volaille*
3 c. à soupe de farine fluide	*1 bouquet garni : plusieurs queues*
2 gousses d'ail	*de persil, feuilles de céleri et brins*
5 c. à soupe de poudre de curry	*de thym enveloppés dans du vert*
25 cl de lait de coco non sucré	*de poireau et ficelés*
1 pomme Golden Delicious pelée	*1 c. à café de concentré de tomates*
et taillée en petits dés	*1 tomate moyenne pelée, épépinée*
1 pomme Red Delicious pelée	*et concassée*
et taillée en petits dés	*sel fin de mer*

1. Mettez le beurre dans une petite casserole, ajoutez l'oignon et
salez. Faites chauffer sur feu modéré et laissez cuire pendant
2 minutes jusqu'à ce qu'il soit ramolli. Ajoutez la farine, remuez
pendant 2 minutes pour faire cuire la farine et laissez épaissir le
mélange. Ne faites pas colorer la farine. Ajoutez le lait de noix de
coco, la poudre de curry, les pommes, la banane, le bouillon, le
bouquet garni, les deux gousses d'ail, le concentré de tomates et la
tomate. Couvrez et laissez mijoter pendant 1 heure 30 pour faire
épaissir et laisser aux arômes le temps de bien se mélanger.

2. Versez le contenu de la casserole dans un mixer et retirez le
bouquet garni. Mixez pour réduire les ingrédients en purée fine.
Passez au chinois. La sauce peut être préparée 3 jours à l'avance.
Couvrez hermétiquement et mettez au réfrigérateur.

3. Pour servir, faites réchauffer doucement la sauce au bain-marie.

BEURRE CLARIFIÉ

Depuis que je connais Joël Robuchon, qui utilise le beurre clarifié avec beaucoup de doigté, j'en ai toujours un pot dans mon réfrigérateur. Il est particulièrement utile pour faire sauter des ingrédients – des pommes ou des poires notamment – quand on ne veut pas avoir dans le plat ces petites particules noires inévitable avec le beurre non clarifié.

POUR ENVIRON 18 CL DE BEURRE CLARIFIÉ

250 g de beurre doux

1. Coupez le beurre en petits morceaux et mettez-les dans une casserole au bain-marie. Faites chauffer sur feu doux. Lorsque le beurre est fondu, montez le feu sur moyen et laissez le beurre jusqu'à ce qu'il grésille : c'est le signe qu'il commence à « frire ». Retirez du feu et laissez les résidus se déposer au fond du récipient. Il doit y avoir une couche solide au fond et une couche de mousse sur le dessus. Vous pouvez aussi utiliser le four à micro-ondes : mettez le beurre dans un récipient de 1,5 litre de contenance (si vous prenez un récipient plus petit, le beurre risque de déborder et d'éclabousser tout le four). Couvrez-le de papier absorbant et faites cuire à pleine puissance pendant 2 minutes et demie. Retirez le plat du four et laissez reposer comme précédemment pour que les résidus se déposent.

2. À l'aide d'une cuiller, écumez la couche de mousse. Tapissez un tamis fin d'une mousseline mouillée et versez doucement le beurre fondu pour éliminer tous les résidus solides. Conservez le beurre clarifié dans un récipient hermétique au réfrigérateur : il se garde ainsi plusieurs semaines.

SAUCE FROIDE
POUR POISSONS,
COQUILLAGES ET CRUSTACÉS

POUR ENVIRON 25 CL DE VINAIGRETTE

10 cl (6 c. à soupe environ)   *10 cl de bouillon de crevettes*
de mayonnaise (voir page 298)   *(voir page 306)*
2 c. à soupe de vinaigre de vin rouge   *sel fin de mer*
6 cl de crème liquide   *et poivre noir du moulin*

Mélangez dans un bol la mayonnaise, le vinaigre, la crème et le bouillon en fouettant les ingrédients jusqu'à consistance homogène. Salez et poivrez au goût.

VINAIGRETTE
POUR SALADES VERTES

Faut-il une mesure de vinaigre pour trois mesures d'huile ou une mesure de vinaigre pour quatre d'huile ? Faut-il ajouter de l'ail, de la moutarde, du jus de citron, des fines herbes ? Toutes les variantes sont permises. Tout dépend de la verdure à assaisonner, de votre goût personnel et de la qualité des ingrédients que vous avez sous la main. Voici la recette de base de la vinaigrette utilisée chez Jamin pour assaisonner les fameuses petites salades vertes mélangées. La truffe est facultative, bien entendu, mais c'est un « plus » qui compte si vous préparez un dîner raffiné. Le choix des salades et des fines herbes, aussi variées que possible, est tout aussi déterminant.

POUR 15 CL DE VINAIGRETTE :

1 c. à soupe de vinaigre de vin rouge	*12 cl d'huile d'olive extra-vierge*
1 c. à soupe de vinaigre de xérès	*1 c. à soupe de truffe noire*
sel fin et poivre blanc du moulin	*hachée finement (facultatif)*

Fouettez dans un bol les deux vinaigres avec le sel, au goût. Ajoutez l'huile en la versant en filet et fouettez le mélange jusqu'à consistance homogène. Poivrez au goût. Ajoutez la truffe et mélangez.

Un bon truc : lorsque vous fouettez un liquide dans une terrine, le récipient a tendance à glisser sur le plan de travail. Le truc des professionnels consiste à placer un torchon plié sous la terrine pour l'empêcher de bouger.

COURT-BOUILLON
POUR CRUSTACÉS

A vec ses arômes de gingembre, de fenouil, d'anis et d'orange, ce court-bouillon merveilleusement parfumé est idéal pour faire cuire tous les crustacés. Vous pouvez le préparer plusieurs heures à l'avance et le porter de nouveau à ébullition quelques minutes avant de l'utiliser.

Matériel : une marmite de 8 litres.

POUR 4 LITRES

1 grosse carotte coupée en fines rondelles
1 gros oignon coupé en fines rondelles
1 branche de céleri émincée
2 belles gousses d'ail
15 g de gingembre frais pelé
1 bouquet garni : plusieurs tiges de persil, feuilles de céleri et brins de thym enveloppés dans du vert
de poireau et solidement ficelés
1 c. à café de graines de fenouil
1 c. à café de grains de poivre blanc
4 c. à soupe de gros sel de mer
1 pointe de badiane
50 cl de vin blanc sec
2 c. à café de vinaigre de vin blanc
le zeste râpé d'une orange

Versez 4 litres d'eau dans la marmite. Ajoutez la carotte, l'oignon, le céleri, l'ail, le gingembre, le bouquet garni, le fenouil, le poivre blanc, le sel et la badiane. Portez à ébullition sur feu vif. Couvrez, baissez le feu et laissez frémir pendant 20 minutes. Ajoutez le vin, le vinaigre et le zeste d'orange. Poursuivez la cuisson pendant encore 5 minutes. Pour une cuisson, portez le court-bouillon à vive ébullition avant d'y plonger les crustacés. (Une fois filtré, le court-bouillon se conserve au réfrigérateur pendant 2 jours au maximum.)

> *La cuisine au vin :* dans une recette comme celle-ci, qui associe des légumes et du vin, ajoutez toujours le vin à la fin. Si vous le mettez au début, son acidité empêche les légumes de cuire comme il faut.

FUMET DE POISSON,
FAÇON JOËL ROBUCHON

Voici un fumet qui vous changera de ce liquide passe-partout, en général plutôt neutre et qui passe inaperçu. En quoi le fumet de Robuchon est-il si différent ? C'est parce que les arêtes, les têtes et les parures de poissons, les éléments qui donnent le goût, sont mises à suer légèrement avant d'ajouter le liquide, ce qui donne une profondeur particulière aux arômes. Choisissez de préférence des poissons maigres, comme la rascasse ou la sole. Pour obtenir un fumet vraiment pur et aromatique, n'oubliez pas de laver à fond les parures, les têtes et les arêtes : rincez-les jusqu'à ce que la moindre trace de sang ait disparu et que l'eau soit bien claire.

POUR 80 CL DE FUMET DE POISSON

2 c. à soupe d'huile d'olive extra-vierge	gros sel de mer
1 échalote émincée	6 c. à soupe de vin blanc,
1 oignon moyen, haché	chardonnay par exemple
90 g de champignons émincés	bouquet garni : plusieurs queues
1 kg de parures, têtes et arêtes	de persil, feuilles de céleri et brins
de poissons maigres (sans les ouies),	de thym, enveloppés dans du vert
lavées à fond et concassées	de poireau et bien ficelés

1. Versez l'huile dans une grande casserole. Posez-la sur feu doux, ajoutez l'oignon, les champignons et l'échalote. Faites cuire pendant 5 minutes jusqu'à ce qu'ils soient ramollis. Ajoutez les têtes de poissons, les parures et les arêtes. Montez le feu et faites suer encore 5 minutes en remuant de temps en temps.

2. Assaisonnez légèrement. Ajoutez le vin et faites bouillir pendant 15 secondes pour en éliminer l'acidité. Versez 1,25 litre d'eau et ajoutez le bouquet garni. Faites mijoter doucement pendant 20 minutes.

3. Retirez la casserole du feu et laissez reposer 10 minutes pour permettre aux impuretés de se déposer au fond du récipient.

4. Tapissez une passoire avec une mousseline mouillée d'eau. Posez la passoire sur une grande terrine et prélevez le bouillon à la louche pour le passer (ne le versez pas directement dans la passoire). Lavez la casserole et versez-y de nouveau le bouillon passé. Faites-le bouillir jusqu'à réduction du liquide à 80 cl. Vous pouvez conserver ce fumet pendant plusieurs jours au réfrigérateur ou plusieurs semaines au congélateur.

Bien « passer » un bouillon : lorsque vous passez un bouillon ou un fumet, ne versez pas directement le liquide de la casserole à travers la passoire, sinon vous risquez de laisser passer des impuretés. Au contraire, laissez reposer le bouillon pendant au moins 10 minutes pour permettre aux impuretés de tomber au fond de la casserole, puis prélevez le liquide avec une louche pour le verser au fur et à mesure dans la passoire tapissée d'une mousseline mouillée d'eau.

BOUILLON DE CREVETTES

Quelle bonne idée que cette recette ! Elle remplace à elle seule tous les fumets de poisson, tant les arômes de ce bouillon sont d'une rare intensité. Vous constaterez bien vite qu'il peut intervenir dans toutes sortes de préparations.

POUR 1 LITRE DE BOUILLON

500 g de petites crevettes grises
1 bouquet garni : plusieurs tiges
de persil, feuilles de céleri et brins
de thym enveloppés dans du vert
de poireau et ficelés

1. Versez 1 litre d'eau dans une casserole. Ajoutez les crevettes et le bouquet garni. Faites chauffer sur feu moyen. Portez à ébullition et écumez les impuretés qui montent à la surface. Baissez le feu et laissez frémir pendant 15 minutes en écumant de temps en temps.

2. Retirez la casserole du feu, couvrez et laissez infuser pendant 15 minutes.

3. Tapissez une passoire avec une mousseline mouillée d'eau. Placez la passoire sur une terrine et transvasez le bouillon à l'aide d'une cuiller, mais sans le verser directement dans la passoire. Le bouillon se conserve plusieurs jours au réfrigérateur (ou plusieurs semaines dans le freezer) dans un bocal hermétiquement fermé.

BOUILLON DE VOLAILLE
(POULE AU POT)

Voici une excellente recette pour faire à la fois un savoureux bouillon de volaille et un dîner délicieux. Vous servirez la volaille pochée avec les légumes du pot, des cornichons, de la moutarde, du gros sel et du poivre du moulin. Le bouillon, passé et réduit, est conservé pour un usage ultérieur.

POUR 3,5 LITRES DE BOUILLON

2 kg d'abattis de volaille (cou, ailerons et pattes), lavés et épongés	*1 bouquet garni : plusieurs queues de persil, feuilles de céleri et brins de thym, enveloppés dans du vert de poireau et bien ficelés*
gros sel de mer	
2 gros oignons coupés en deux	*4 grosses carottes pelées*
2 clous de girofle	*4 poireaux avec le vert, parés, bien lavés et liés en bottillon*
1 poule de 2 kg, bridée	
3 gousses d'ail	*30 g de gingembre frais pelé*
	12 grains de poivre blanc

1. Préparez les abattis : mettez-les dans une grande marmite et couvrez d'eau froide. Portez à ébullition en écumant pour éliminer les impuretés qui montent à la surface. À l'aide d'une écumoire, égouttez les abattis dans un grand tamis. Rincez-les à l'eau, égouttez-les et réservez-les. Jetez l'eau de cuisson.

2. Préparez les oignons : piquez les demi-oignons l'un après l'autre au bout d'une longue fourchette à deux dents et exposez-les directement à la flamme de la cuisinière. Faites-les roussir, puis piquez les clous de girofle dans deux d'entre eux et réservez-les. L'oignon roussi donne davantage de goût au bouillon.

3. Rincez la marmite et remettez-y les abattis avec la poule. Couvrez d'eau froide et portez à ébullition sur feu vif. Écumez les impuretés qui montent à la surface. Salez et ajoutez tous les autres ingrédients. Baissez le feu et laissez frémir doucement pendant 3 heures en écumant si nécessaire.

4. Pour servir : égouttez d'abord la volaille et tenez-la au chaud. Avec une écumoire, retirez les légumes de la marmite. Jetez le bouquet garni, les gousses d'ail et le gingembre. Débridez la poule et déficelez les légumes. Découpez la volaille et placez les morceaux sur un grand plat chaud. Entourez-les de légumes. Servez aussitôt avec des cornichons, de la moutarde, du poivre du moulin et du gros sel.

5. Finition du bouillon : tapissez une passoire fine d'un torchon mouillé et placez le tout sur une jatte. Prélevez le bouillon à la louche pour le passer, mais ne le versez pas directement dans la passoire. Mesurez le liquide obtenu. S'il y a plus de 3,5 litres, versez-le à nouveau dans la marmite pour le faire réduire sur feu moyen.

Préparations de base en pâtisserie

CRÈME ANGLAISE
À LA VANILLE

L a crème anglaise est un entremets traditionnel à base d'œufs et de lait, délicatement parfumé à la vanille. Elle accompagne parfaitement les biscuits, génoises, brioches, charlottes ou puddings et complète classiquement les œufs à la neige.

Variante : pour parfumer la crème anglaise au café, ajoutez deux cuillerées et demie à soupe de café moulu en même temps que la vanille au moment où l'on fait infuser le lait. Filtrez ensuite celui-ci dans une passoire fine tapissée d'une mousseline et versez-le à nouveau dans la casserole.

POUR 75 CL DE CRÈME ANGLAISE

50 cl de lait entier	*6 jaunes d'œufs*
2 gousses de vanille bien pleines,	*100 g de sucre semoule*
fendues en deux	

1. Versez le lait dans une grande casserole, ajoutez les gousses de vanille et faites chauffer sur feu vif. Lorsque le lait commence à bouillir, retirez la casserole du feu, couvrez et laissez infuser pendant 15 minutes.

2. Mettez une grande jatte au réfrigérateur et remplissez un grand bol de glaçons. Réservez.

3. Versez les jaunes d'œufs et le sucre dans le bol d'un robot électrique. Mixez pour obtenir un mélange épais et blanchâtre. Réservez.

4. Remettez la casserole de lait sur feu vif et portez à ébullition. Versez un peu de lait bouillant sur le mélange œufs-sucre en fouettant constamment, puis versez ce mélange à nouveau dans la casserole. Réglez sur feu doux et faites cuire en remuant constamment avec une cuiller en bois jusqu'à ce que le mélange épaississe. Cette opération prend environ 5 minutes. Surtout ne laissez pas bouillir. Pour vérifier si la crème est cuite, passez votre doigt sur le dos de la cuiller : si le mélange est assez cuit, la trace doit rester visible. (Vous pouvez aussi utiliser un thermomètre à cuisson du sucre : il doit indiquer 85 °C lorsque la crème est cuite.)

5. Passez la crème dans une passoire fine et versez-la dans la jatte glacée. Retirez les gousses de vanille. Posez la jatte sur de la glace pour stopper la cuisson. Vous pouvez préparer la crème plusieurs heures à l'avance. Couvrez et mettez au réfrigérateur.

SUCRE VANILLÉ

Cette préparation se fait en un clin d'œil lorsque vous avez sous la main une gousse de vanille pour confectionner une crème anglaise ou un entremets parfumé à la vanille. N'oubliez pas que les gousses de vanille ne possèdent pas beaucoup de parfum en elles-mêmes, mais elles peuvent conférer leur arôme intense et pénétrant à un ingrédient comme le sucre.

POUR 800 G DE SUCRE VANILLÉ

4 gousses de vanille
800 g de sucre en poudre

Fendez les gousses de vanille en deux. À l'aide d'une petite cuiller, grattez les petites graines noires qui se trouvent à l'intérieur. Réservez-les pour un autre usage. Mettez les gousses vidées et le sucre dans un pot. Fermez-le hermétiquement et laissez-le reposer pendant plusieurs semaines pour que l'arôme de vanille pénètre bien le sucre. Utilisez ce sucre vanillé à la place de sucre en poudre normal lorsque vous préparez des desserts.

GÉNOISE

La pâte à génoise est l'une des rares préparations de pâtisserie qu'il faut chauffer légèrement avant de la faire cuire au four : cette chaleur commence à cuire la pâte, ce qui donne au gâteau toute son homogénéité. La préparation d'une génoise réussie à la perfection n'est pas une entreprise difficile, mais il faut suivre les instructions de la recette à la lettre. L'opération la plus délicate consiste à incorporer la farine en la répartissant régulièrement sans qu'elle alourdisse la pâte. Personnellement, je préfère me servir à ce moment-là d'un fouet à blancs d'œufs plutôt que de la traditionnelle spatule en bois. Surtout, choisissez un moule assez profond pour que la pâte puisse monter facilement pendant la cuisson. Pour ma part, je prends de préférence un moule à fond amovible. Dernière précision : cette recette est prévue pour un robot ménager. Si vous utilisez un mixer à main, n'oubliez pas d'augmenter légèrement les temps indiqués pour les mélanges, sinon la pâte n'aura pas le temps d'acquérir la consistance légère et aérée qui caractérise la génoise.

Variante : si vous désirez obtenir une génoise au chocolat, remplacez 2 cuillerées à soupe de la farine par 1 cuillerée à soupe de cacao en poudre tamisée.

Matériel : un moule à fond amovible de 20 cm de diamètre ; beurre fondu et farine pour préparer le moule.

POUR UNE GÉNOISE RONDE DE 20 CM DE DIAMÈTRE
────────────

20 g de beurre doux fondu   *135 g de sucre semoule*
(ou de beurre clarifié, voir page 300)   *135 g de farine ordinaire tamisée*
4 gros œufs

1. Préchauffez le four à 190 °C (thermostat 5).

2. À l'aide d'un pinceau à pâtisserie, badigeonnez largement le fond et les parois du moule avec du beurre fondu. Saupoudrez-le de farine et tapotez les côtés pour la répartir régulièrement. Secouez l'excédent de farine et mettez le moule de côté.

3. Préparez une casserole d'eau bouillante d'un diamètre suffisant pour y faire tenir le fond d'un bol mélangeur.

4. Mettez les œufs dans le bol mélangeur d'un robot ménager équipé d'un dispositif à fouets et fouettez les œufs jusqu'à consistance mousseuse. Tout en continuant à fouetter, ajoutez doucement le sucre en un filet continu. Fouettez pendant 2 à 3 minutes jusqu'à ce qu'il soit entièrement dissous.

5. Posez le bol mélangeur sur la casserole d'eau bouillante. À l'aide d'un fouet à blancs d'œufs ou d'un mixer à main, fouettez la préparation pendant une minute jusqu'à ce qu'elle soit juste chaude. (Testez la chaleur avec votre index replié.)

6. Retirez le bol mélangeur de la casserole et remettez-le sur le robot électrique. Actionnez l'appareil 2 à 3 minutes jusqu'à ce que la pâte ait doublé de volume. Elle doit avoir une consistance épaisse, une couleur jaune citron et former un ruban continu quand on la fait couler. (Si vous utilisez un mixer à main, l'opération prendra plus de temps : jusqu'à 15 minutes au total, selon la force de votre appareil.)

7. Ajoutez le beurre fondu ou clarifié, en veillant à ne pas prendre les particules solides de lait (le blanc) qui sont au fond de la casserole où il a fondu. Mélangez. Incorporez ensuite la farine à l'aide d'un fouet : procédez en plusieurs fois en mélangeant intimement avant d'en rajouter davantage. Veillez à remuer la pâte jusqu'au fond du bol pour éviter le moindre grumeau de farine. La pâte doit être homogène, mais ne la travaillez pas trop, sinon la consistance mousseuse obtenue au début avec les œufs battus sera perdue.

8. Versez la pâte dans le moule beurré et fariné, lissez le dessus à la spatule et enfournez à mi-hauteur. Faites cuire pendant 18 à 20 minutes : une aiguille enfoncée au milieu du gâteau doit ressortir sèche. Retirez la génoise du four et démoulez aussitôt. Laissez refroidir sur une grille.

PÂTE FEUILLETÉE

La pâte feuilletée se compose essentiellement de fines couches alternées de pâte et de beurre. En pliant et en abaissant la pâte plusieurs fois, on réalise une superposition parfaite des deux ingrédients. À la chaleur du four, le beurre fond et chauffe fortement, de sorte que les couches de pâte se séparent les unes des autres en gonflant. Les poches qui se forment sont dues à l'évaporation de l'eau contenue à la fois dans la pâte et dans le beurre. Lorsqu'une pâte feuilletée est correctement préparée, une abaisse de 3 mm d'épaisseur peut gonfler à la cuisson jusqu'à 10 cm de hauteur.

POUR 500 G DE PÂTE FEUILLETÉE
(ENVIRON 4 TARTES MOYENNES)

75 g de beurre fondu et refroidi	*250 g de farine tamisée*
1/2 cuillerée à café de sel fin	*150 g de beurre bien froid*

1. Versez dans un bol le beurre fondu et le sel. Ajoutez 6 cuillerées à soupe d'eau et mélangez.

2. Versez 200 g de farine dans le bol mélangeur d'un robot. Mettez en marche et versez doucement le mélange de beurre et d'eau salée dans le tube d'alimentation ; actionnez l'appareil jusqu'à ce que la pâte commence à former une boule. La pâte doit être assez molle mais pas collante. Ramassez-la pour former un carré aplati et régulier. Avec un couteau, faites une incision en X sur le dessus de la pâte. Enveloppez-la de papier sulfurisé et mettez-la au réfrigérateur pendant au moins 30 minutes.

3. Juste avant de retirer la pâte du réfrigérateur, posez le morceau de beurre bien froid sur un morceau de papier sulfurisé. Avec le rouleau à pâtisserie, aplatissez-le pour former un carré de 10 cm de côté. Servez-vous du papier pour égaliser les côtés. Dans l'idéal, le morceau de beurre aplati doit avoir la même consistance que la pâte.

4. Farinez légèrement le plan de travail, déballez la pâte et posez-la dessus. Avec un couteau, redessinez l'incision en X au centre de la pâte. Avec le plat de la main, appuyez sur les coins à partir du centre, en laissant au milieu un carré de pâte en relief : il doit être un peu plus grand que le carré de beurre de 10 cm de côté. Passez le rouleau à pâtisserie sur les coins de la pâte pour les abaisser. Le carré en relief au milieu doit être un peu plus épais que les coins. Posez le carré de beurre au centre de la pâte, là où elle est en relief. (Si nécessaire, ramassez légèrement le beurre pour qu'il ne déborde pas.) Rabattez les coins de pâte sur le beurre, l'un sur l'autre, comme pour faire une enveloppe en forme de carré. Avec le rouleau à pâtisserie, appuyez sur les angles pour les sceller, en vous assurant que le beurre est bien enfermé au milieu. Fermez soigneusement les angles, mais sans déformer le carré. Farinez légèrement.

5. Pour le premier double tour : abaissez le carré en un rectangle trois fois plus long que le carré d'origine. Pour un carré de 10 cm, le rectangle doit mesurer 38 à 40 cm de long. La largeur ne change pas. Effectuez une pression régulière en actionnant le rouleau pour que les angles restent droits et que la pâte ne s'élargisse pas. Éliminez l'excès de farine avec un pinceau à pâtisserie. Repliez la pâte en trois en amenant la partie la plus proche de vous aux deux tiers de la distance qui la sépare de l'autre bout, puis repliez l'autre morceau par-dessus. Vous devez obtenir un carré de trois couches de pâte mesurant 12 à 13 cm de côté. Faites-le tourner vers la gauche d'un quart de tour complet, de sorte que le côté « ouvert » des plis soit vers la droite et le côté « fermé » vers la gauche, comme pour un livre posé à plat sur une table. Abaissez le pâton en un rectangle de 38 x 13 cm et repliez-le à nouveau en trois : le premier tour est terminé. Faites tourner à nouveau la pâte repliée, en mettant le côté « ouvert » à droite, puis répétez encore une fois la double opération qui consiste à abaisser et à replier la pâte. Le premier double tour est effectué. Enfoncez deux doigts au milieu de la pâte pour marquer ce premier double tour. Enveloppez la pâte dans du papier sulfurisé et mettez-la au réfrigérateur pendant au moins 30 minutes.

6. Pour le deuxième double tour : procédez comme pour le premier tour. Déballez le pâton. Sur le plan de travail légèrement fariné, posez le côté ouvert des plis vers la droite et abaissez la pâte pour former un rectangle de 38 x 13 cm. Éliminez l'excès de farine avec un pinceau. Faites à nouveau tourner la pâte pour que le côté ouvert se retrouve à droite et répétez la même opération (abaissez et repliez la pâte). Le deuxième tour est effectué. Enfoncez le bout de deux doigts dans la pâte pour le marquer, enveloppez la pâte dans du papier sulfurisé et mettez-la au réfrigérateur pendant 30 minutes. (La pâte peut être préparée jusqu'à cette étape un jour à l'avance. Dans ce cas, emballez-la hermétiquement et gardez-la au réfrigérateur. Vous pouvez aussi la congeler, bien enveloppée, pendant plusieurs semaines. Décongelez-la à fond – pendant une nuit dans le réfrigérateur – avant de procéder au troisième double tour.)

7. Pour le troisième double tour : répétez exactement toute l'étape 6. Emballez la pâte dans du papier sulfurisé et mettez-la au réfrigérateur pendant 30 minutes. La pâte feuilletée est alors prête à l'emploi.

8. Pour un fond de pâte feuilletée partiellement cuit, sans bordure : partagez la pâte en 4 portions égales de 125 g chacune. Prenez-en une et réservez les autres pour un autre emploi. Beurrez le fond d'un moule à tarte à fond amovible de 27 cm de diamètre. Réservez-le.

Abaissez la pâte sur un plan de travail légèrement fariné, en formant un disque de 25 cm de diamètre. Posez le fond du moule sur l'abaisse, pour marquer la circonférence de la pâte. (Le feuilletage sera ensuite plus facile à découper une fois cuit.) Glissez le fond de tarte sous la pâte et posez-le sur une tôle à pâtisserie ; le feuilletage cuit sera ensuite plus facile à manipuler. Piquez le fond en de nombreux endroits et mettez l'abaisse au réfrigérateur pendant au moins 30 minutes.

9. Préchauffez le four à 230 °C (thermostat 9).

10. Sortez le fond de pâte du réfrigérateur. Posez par-dessus une autre tôle à pâtisserie pour l'empêcher de trop gonfler. Enfournez à mi-hauteur et baissez aussitôt la température du four à 220 °C (thermostat 7).

11. Faites cuire pendant environ 10 minutes, jusqu'à ce que la pâte commence à se raffermir. Sortez-la du four et parez soigneusement le tour avec un couteau à large lame bien aiguisée. Jetez les parures. Remettez le fond de tarte dans le four et faites-le cuire encore 5 minutes jusqu'à ce que les bords soient bien dorés. Laissez refroidir au moins 10 minutes (ou plusieurs heures) avant de le garnir.

Les conseils pour réussir un feuilletage

Le plan de travail : il doit être bien lisse et froid, plus grand que la taille du feuilletage abaissé. Le matériau idéal est le marbre, qui reste bien froid. Si le plan de travail vous semble trop chaud, posez dessus un plat creux rempli de glaçons pour le refroidir, mais assurez-vous qu'il est bien sec avant d'y abaisser la pâte. Il ne doit présenter aucune trace d'humidité lorsque vous commencez à travailler la pâte.

Le facteur temps : la pâte feuilletée demande du temps, et le repos de 30 minutes entre chaque tour doit être respecté. Chaque fois que vous travaillez la pâte, vous rendez la pâte plus élastique en libérant le gluten. Le temps de repos permet au gluten de se détendre tout en conservant le beurre à la bonne température. En abaissant et en manipulant la pâte, vous la réchauffez, ce qui donne au beurre davantage de chances pour qu'il s'infiltre bien entre les couches de pâte à la cuisson.

La bonne consistance : la pâte et le beurre doivent avoir tous les deux exactement la même consistance. C'est pourquoi il est important d'écraser le beurre avec un rouleau à pâtisserie, ce qui le rend plus souple et lui donne la consistance de la pâte dans laquelle il doit être incorporé.

L'emploi du rouleau : avant d'abaisser le carré de pâte en rectangle, pressez le dessus et les côtés avec le rouleau à pâtisserie, ce qui permet de mieux façonner le pâton. Lorsque vous manipulez le rouleau, faites en sorte que la pression soit régulière : si elle est trop forte d'un côté par rapport à l'autre, la pâte abaissée sera irrégulière et la pâte ne gonflera pas partout de la même façon. Par ailleurs, n'appuyez pas trop fort avec le rouleau, sinon le beurre risque de s'échapper sur les côtés. Ne percez pas les bulles d'air : elles disparaîtront toutes seules. Farinez autant que vous voulez en abaissant la pâte, mais une fois qu'elle est prête à cuire, éliminez toute la farine en excès.

Les « tours » : lorsque vous repliez la pâte sur elle-même, assurez-vous que les côtés sont bien superposés et que les trois couches de pâte sont bien égales. S'il y a le moindre écart entre les couches de pâte, le feuilletage ne gonflera pas comme il faut.

La cuisson : lorsque vous préparez de la pâte feuilletée pour l'une des recettes de cet ouvrage, abaissez la pâte, puis laissez-la reposer pendant au moins 30 minutes dans le réfrigérateur pour que le gluten se détende et que la pâte ne se rétracte pas à la cuisson. Piquez soigneusement le fond de tarte pour qu'il ne gonfle pas trop à la cuisson.

PÂTE BRISÉE

Légère et croustillante, cette pâte rapide et facile à préparer convient pour de nombreux usages, à la fois salés et sucrés. Comme toujours en pâtisserie, travaillez rapidement pour que le gluten contenu dans la farine n'ait pas le temps de se développer, ce qui rend le travail de la pâte plus facile.

Matériel : un moule à tarte à fond amovible de 23 cm de diamètre.

POUR UN FOND DE TARTE DE 23 CM DE DIAMÈTRE

135 g de beurre à température ambiante	*1 pincée de sel fin*
	3 ou 4 c. à soupe d'eau
270 g de farine ordinaire tamisée	*à température ambiante*
1 petit œuf légèrement battu,	*1 c. à café de beurre*
à température ambiante	*pour graisser le moule*

1. Mettez le beurre dans le robot ménager et réduisez-le à consistance légère et onctueuse. Ajoutez l'œuf et mélangez. Ajoutez l'eau et mélangez. Ajoutez la farine (sauf 2 cuillerées à soupe) et le sel ; actionnez l'appareil jusqu'à ce que toute la farine soit incorporée. Si la pâte est vraiment très collante, ajoutez le reste de farine et mélangez rapidement. La pâte ne doit pas former une boule compacte. Ne la travaillez pas trop.

2. À l'aide d'une raclette, versez la pâte sur une feuille de papier sulfurisé. Façonnez-la en boule avec vos mains, puis aplatissez-la pour former un disque. Enveloppez-la de papier sulfurisé et mettez-la au réfrigérateur pendant au moins 1 heure et jusqu'à 24 heures.

3. Pendant ce temps, beurrez le fond et les parois du moule à tarte.

4. Sur un plan de travail légèrement fariné, abaissez la pâte en un disque de 25 cm de diamètre. Posez-la dans le moule. Ne l'étirez pas. Laissez-la prendre naturellement sa place dans le moule, le long des parois. Avec vos doigts, poussez-la délicatement jusqu'aux bords. Il doit y avoir une bonne marge de pâte de 2,5 cm tout autour. Laissez-la former un rabat à l'extérieur. Piquez le fond de tarte dans le moule et mettez-le au réfrigérateur pendant au moins 1 heure. Si vous ne l'utilisez pas avant 24 heures, enveloppez-le de papier d'aluminium et mettez-le au réfrigérateur.

5. Préchauffez le four à 190 °C (thermostat 5).

6. Sortez du réfrigérateur le moule foncé de pâte. Déballez-le et posez-le sur une tôle à pâtisserie. (N'oubliez pas cette précaution, sinon vous retrouverez des particules de pâte carbonisée sur la sole de votre four.) Enfournez la tôle à mi-hauteur.

7. Pour une croûte partiellement cuite : comptez environ 5 minutes de cuisson, jusqu'à ce que la pâte commence à se raffermir. Sortez-la du four et parez soigneusement le pourtour en coupant à ras l'excès de pâte avec un couteau à large lame bien aiguisée, de manière à obtenir une bordure bien nette. Remettez au four et faites cuire 8 à 10 minutes jusqu'à ce que la croûte soit légèrement dorée. Laissez refroidir au moins 10 minutes (ou plusieurs heures) avant de garnir.

8. Pour une croûte complètement cuite : comptez 10 minutes de cuisson supplémentaires. Surveillez bien la croûte pendant la cuisson : les fours sont très différents les uns des autres, et la pâte peut roussir très vite. Laissez refroidir au moins 10 minutes (ou plusieurs heures) avant de garnir.

PÂTE SUCRÉE

Chez Jamin, cette pâte est préparée en quantités cinq fois supérieures à celle-ci, dans un grand robot ménager du genre Kitchen Aid ou Kenwood. Joël Robuchon préfère la préparer un jour à l'avance pour lui permettre de prendre du moelleux. Pour un seul fond de tarte, n'hésitez pas à vous servir également d'un robot ménager. Si vous êtes pressé, mettez la pâte 20 minutes dans le freezer au lieu d'une heure entière dans le réfrigérateur.

Matériel : 1 moule à tarte à fond amovible de 23 cm de diamètre ; beurre pour le graisser.

POUR UN FOND DE TARTE DE 23 CM DE DIAMÈTRE

1 gousse de vanille bien tendre	*2 jaunes d'œufs à température*
60 g de beurre à température	*ambiante*
ambiante	*150 g de farine tamisé*
60 g de sucre glace tamisé	*1 pincée de sel fin*

1. Aplatissez la gousse de vanille et fendez-la en deux dans la longueur. Avec une petite cuiller, grattez toutes les graines et mettez-les dans le bol d'un robot ménager. (Conservez la gousse pour préparer du sucre vanillé, voir page 311.)

2. Ajoutez le beurre dans le bol mélangeur et mixez jusqu'à consistance lisse et légère. Ajoutez le sucre et mixez jusqu'à ce que le mélange soit parfait. Il doit avoir la consistance d'un glaçage épais. Ajoutez les jaunes d'œufs et mixez. Ajoutez 135 g de farine et le sel ; mixez jusqu'à ce que la farine soit entièrement absorbée. Si la pâte vous paraît très collante, ajoutez le reste de farine et mixez rapidement. La pâte ne doit pas former une boule. Ne la travaillez pas trop.

3. En vous aidant d'une raclette à pâte, versez la pâte sur une feuille de papier sulfurisé. Aplatissez-la en cercle. Enveloppez-la et mettez-la au réfrigérateur pendant au moins 1 heure et jusqu'à 24 heures.

4. Beurrez le fond et les côtés du moule à tarte et mettez-le de côté. Sur un plan de travail légèrement fariné, abaissez soigneusement la pâte pour former un disque de 25 cm de diamètre. Placez-la dans le moule. N'étirez pas la pâte, mais posez-la juste au-dessus du moule et laissez-la prendre place naturellement le long des parois. Enfoncez-la délicatement avec le bout des doigts. Il doit y avoir une marge assez large de 2,5 cm tout autour. Laissez cette bordure retomber à l'extérieur naturellement. Piquez largement le fond de tarte et mettez-le au réfrigérateur pendant au moins 1 heure. Vous pouvez aussi l'emballer hermétiquement et le garder au réfrigérateur pendant 24 heures.

Pour une croûte plate : beurrez le moule et mettez-le de côté. Sur le plan de travail légèrement fariné, abaissez la pâte pour former un disque de 23 cm de diamètre. Mettez l'excédent de pâte de côté. Foncez le moule avec le disque de pâte.

Pour la bordure : prenez une petite portion de la pâte en excès et roulez-la en boule. Posez cette boule sur le plan de travail légèrement fariné et avec vos doigts bien à plat, roulez-la en boudin très fin, du diamètre d'une baguette environ. Exercez toujours la même pression lorsque vous la roulez. Avec un pinceau mouillé d'eau, humectez le tour du fond de tarte. Posez délicatement le boudin de pâte tout autour, le long de la bordure humectée d'eau. (Ainsi, les différents éléments resteront solidaires.) Répétez l'opération jusqu'à ce que toute la bordure soit complète, en humectant d'eau les différents tronçons pour qu'ils tiennent bien ensemble.

Pour la finition : avec l'extrémité ronde d'une baguette, pressez la bordure de pâte à intervalles réguliers pour obtenir un pourtour décoratif. Piquez largement le fond de pâte et mettez-le au réfrigérateur pendant 1 heure ou enveloppez-le et mettez-le au frais pendant 24 heures.

5. Préchauffez le four à 190 °C (thermostat 5).

6. Sortez le moule foncé de pâte du réfrigérateur. Déballez-le et posez-le sur la tôle du four. (N'oubliez pas ce détail, sinon vous retrouverez des petits morceaux de pâte calcinés sur la sole de votre four.) Enfournez à mi-hauteur.

Pour une précuisson à blanc : faites cuire le fond de pâte environ 5 minutes jusqu'à ce que la croûte soit raffermie. Sortez-le du four. À l'aide d'un couteau à large lame bien aiguisée, parez la croûte en retirant délicatement l'excédent de pâte pour obtenir une bordure bien nette. Remettez la croûte dans le four et faites-la cuire environ 15 minutes. Laissez-la refroidir 10 minutes (ou plusieurs heures) avant de la garnir.

Pour une cuisson complète : poursuivez la cuisson pendant 10 minutes. Surveillez la croûte de près : la température d'un four varie beaucoup d'une marque à l'autre et la pâte colore très vite et irrégulièrement. Laissez refroidir au moins 10 minutes (ou plusieurs heures) avant de garnir.

Les bons trucs : pour réussir vos pâtes de base, les solutions sont simples. D'abord, tous les ingrédients doivent être à la même température, de préférence celle de la pièce où vous travaillez : ainsi, il n'y aura pas de différence entre les ingrédients et ils pourront se mélanger au mieux les uns avec les autres.

Le beurre doit être parfaitement aéré pendant le mélange (le robot ménager est idéal pour cette opération), pour obtenir une pâte bien croustillante. Si la pâte est trop travaillée une fois que la farine est incorporée, elle sera dure et risquera de se rétracter à la cuisson.

Si la pâte est correctement préparée – avec des ingrédients à la même température, pas trop travaillée et le fond bien piqué à la fourchette une fois que la pâte est mise dans le moule –, vous n'avez pas besoin de remplir le fond de riz ou de haricots secs pour la faire cuire à blanc, car elle ne se rétractera pas et ne gonflera pas. En revanche, lorsque vous foncez votre moule avec la pâte, laissez celle-ci retomber largement tout autour. Posez le moule foncé sur la tôle du four et une fois que la pâte est saisie – après 5 minutes de cuisson environ –, coupez l'excédent de pâte pour obtenir une bordure bien nette.

PÂTE SABLÉE

La pâte sablée est l'une de celles que je préfère en pâtisserie, et cette formule, parfumée à la vanille et enrichie à l'œuf et aux amandes, est particulièrement délicieuse. Cette recette sert aussi à préparer des biscuits sablés : il suffit de l'abaisser à l'épaisseur voulue, d'y découper des ronds à l'emporte-pièce et de les faire cuire au four. Cette pâte est idéale comme fond pour l'extraordinaire tarte au chocolat de Joël Robuchon.

Matériel : un moule à tarte à fond amovible de 23 cm de diamètre.

POUR UN FOND DE TARTE DE 23 CM DE DIAMÈTRE

1 gousse de vanille bien gonflée et moelleuse	*60 g de sucre glace*
	100 g de farine blanche (T 45)
le jaune d'un très gros œuf, à température ambiante	*une pincée de sel fin*
	75 g de beurre doux
20 g d'amandes blanchies réduites en poudre fine	*à température ambiante*

1. Fendez la gousse de vanille en deux et aplatissez-la. À l'aide d'une petite cuiller, grattez les petites graines noires de l'intérieur. Mettez-les dans un bol, ajoutez le jaune d'œuf et mélangez. Réservez. (Conservez la gousse elle-même pour préparer du sucre vanillé, voir page 311.)

2. Mettez la poudre d'amandes et le sucre glace dans le bol d'un mixer et mélangez intimement. Ajoutez la farine et le sel, mixez de nouveau. Ajoutez enfin le beurre et mixez juste 10 secondes : le mélange doit ressembler à une chapelure grossière. Incorporez le jaune d'œuf avec les graines de vanille et actionnez le mixer 9 fois de suite, jusqu'à ce que la pâte prenne de la cohésion. Ne la travaillez pas trop : elle ne doit pas former une boule.

3. À l'aide d'une raclette, déposez la pâte sur une feuille de papier sulfurisé. Aplatissez-la en cercle, enroulez le papier et mettez le tout au réfrigérateur pendant au moins 1 heure (24 heures au maximum).

4. Pendant ce temps, beurrez le fond et les bords du moule à tarte. Réservez.

5. Sur le plan de travail légèrement fariné, abaissez la pâte pour former un disque de 25 cm environ et mettez-le dans le moule à tarte. N'étirez pas la pâte : laissez-la prendre sa place naturellement contre les bords du moule, puis, avec vos doigts, poussez-la très délicatement contre les bords. Vous devez avoir un rabat assez large, de 2,5 cm environ. Laissez-le retomber naturellement sur le rebord du moule. Piquez largement le fond de tarte et mettez-le au réfrigérateur pendant au moins 1 heure. Vous pouvez aussi l'emballer sans serrer dans du papier d'aluminium et le conserver au frais pendant 24 heures.

6. Préchauffez le four à 190 °C (thermostat 5).

7. Retirez le moule chemisé de pâte du réfrigérateur. Déballez-le et mettez-le sur une tôle à pâtisserie (ce qui vous évitera d'avoir des petites particules de pâte brûlée sur la sole de votre four). Glissez la tôle au centre du four préchauffé.

8. Pour une croûte cuite à blanc : faites-la cuire pendant 5 minutes, jusqu'à ce que la pâte commence à se raffermir ; retirez le moule du four et, à l'aide d'un couteau bien aiguisé, parez soigneusement le rabat de pâte et jetez-le pour obtenir une bordure bien nette et lisse. Poursuivez la cuisson pendant environ 15 minutes jusqu'à ce que la pâte soit légèrement dorée sur les bords. Laissez refroidir la croûte au moins 10 minutes (ou plusieurs heures) avant de la garnir.
Pour une croûte entièrement cuite : comptez 10 minutes de cuisson après avoir paré le bord. Surveillez attentivement la pâte. La température varie considérablement d'un four à l'autre, et la croûte peut dorer irrégulièrement et très vite. Laissez refroidir pendant au moins 10 minutes (ou plusieurs heures) avant d'ajouter la garniture.

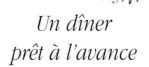

Un dîner
prêt à l'avance

J'aime beaucoup faire la cuisine entourée de mes amis, mais il y a des jours où l'on apprécie de tout préparer à l'avance pour jouir de la soirée comme les autres invités. Dans le menu qui suit, le foie gras a été cuit trois ou quatre jours auparavant et la ratatouille la veille, de même que le gratin de framboises. Seul le poulet est grillé à la dernière minute. Commencez le repas avec un gewurztraminer bien frais, puis servez le poulet avec un beaujolais. Si vous êtes d'humeur joyeuse, ouvrez une bouteille de champagne pour clore la fête.

Terrine de foie gras de canard
Poulet grillé en crapaudine
Ratatouille
Salade aux herbes fraîches
Gratin de framboises

INDEX

A

B

C

E

Q

R

S

TABLE DES MATIÈRES

Desserts

Préparations de base

Des mêmes auteurs

JOËL ROBUCHON

Ma cuisine pour vous,
Robert Laffont, 1986

Les Dimanches de Joël Robuchon,
Le Chêne, 1993

Le Cahier de recettes Joël Robuchon,
Le Chêne, 1994

Recettes du terroir d'hier et d'aujourd'hui,
Lattès, 1994

L'Atelier de Joël Robuchon,
Hachette, 1996

Cuisinez comme un grand chef (vol. 1),
TF1 Editions, 1997

Le Meilleur et le plus simple de la pomme de terre,
Robert Laffont, 1991

Le Meilleur et le plus simple de la France,
Robert Laffont, 1996

Cuisinez comme un grand chef (vol. 2),
TF1 Éditions, 1998

PATRICIA WELLS

La France gourmande,
Hachette, 1996

Les 200 meilleures recettes de bistrot,
Lattès, 1991 – Le Livre de Poche, 1993

L'Atelier de Joël Robuchon,
Hachette, 1996

Ma cuisine en Provence,
Lattès, 1997 - Le Livre de Poche, 1998

Trattoria,
Lattès, 1995

Les meilleures recettes des restaurants italiens,
Le Livre de Poche, 1999

Composition réalisée par MCP

IMPRIMÉ EN ESPAGNE PAR GRÁFICAS ESTELLA S.A.
Librairie Générale Française - 31, rue de Fleurus - 75278 Paris Cedex 6.
Dépot légal Éditeur : 66023 - 12/2005
Édition 5
ISBN : 2-253-08200-7

30/8200/5